Ciudad y Fe

Una introducción al estudio
de la geografía de las religiones
de Santiago de Chile
(1541-2018)

EDICIONES UNIVERSIDAD CATÓLICA DE CHILE
Vicerrectoría de Comunicaciones
Av. Libertador Bernardo O'Higgins 390, Santiago, Chile

editorialedicionesuc@uc.cl
www.ediciones.uc.cl

Ciudad y Fe.
Una introducción al estudio
de la geografía de las religiones
de Santiago de Chile
(1541-2018)

Abraham Gonzalo Paulsen Bilbao

©   Inscripción N° 2020-A-10839
      Derechos reservados
      Junio 2021
      ISBN N° 978-956-14-2829-4
      ISBN digital N° 978-956-14-2830-0

Diseño:
Francisca Galilea R.

Impresor:
Imprenta Salesianos S.A.

CIP-Pontificia Universidad Católica de Chile

Paulsen Bilbao, Abraham, autor.
Ciudad y fe: una introducción al estudio de la geografía de las religiones
de Santiago de Chile (1541-2018) / Abraham Gonzalo Paulsen Bilbao.
Incluye bibliografía.

1.   Geografía urbana – Chile – Santiago – Historia.
2.   Religión y geografía.
I.   t.

2021   918.3315+DDC23   RDA

FACULTAD DE HISTORIA,
GEOGRAFÍA Y CIENCIA POLÍTICA

Ciudad y Fe

Una introducción al estudio
de la geografía de las religiones
de Santiago de Chile
(1541-2018)

Abraham Gonzalo Paulsen Bilbao

EDICIONES UC

ÍNDICE GENERAL

INTRODUCCIÓN

¿Cómo y de qué forma se estructuran los paisajes urbanos religiosos en una ciudad como Santiago de Chile? ¿Qué relaciones existen entre las áreas sociales contenidas en una ciudad plurirreligiosa y las decisiones que adoptan los credos en materia de instalación de sus templos e infraestructura? ¿Puede establecerse la posibilidad de que, en un proceso de traslape espacial, el paisaje urbano evolucione en su condición de continente de lógicas de secularización a espacios de redención reciente? ¿Es la capital de Chile un dispositivo secularizado, secularizador y secularizante? Estas preguntas, considerando la ciudad de Santiago de Chile como caso de estudio, dieron cuerpo al trabajo que a continuación se presenta.

El estudio de la distribución de los templos desde dos enfoques permite responder a las interrogantes planteadas. El primero corresponde al paradigma de la geografía de las religiones, en el que se estudian los templos como materialidades que formaron parte de un paisaje o discurso urbano construido desde la fundación de la urbe, estudio que se formula a modo de superposiciones paisajísticas, ya que la ciudad puede concebirse como un mosaico temporo-espacial de continuidades y cambios morfológicos (Dando, 2009; Hervieu-Léger, 2005; Knott, 2005; Paulsen, 2005b; Racine &Walther, 2006; Rosendahl, 2009). El segundo enfoque es coherente con el hecho de que, en algunos casos, tanto la localización como la situación del edificio son claves que dan luces acerca de las relaciones entre lo religioso y otras fuentes sociales de poder, cuestión que es tratada por la geografía religiosa, corriente ligada con la fenomenología (McClelland, Foucault, & Clark, 1978; Nora, 1984; Pérez, 2004; Simpson, 2013), geografías de la percepción (Gensburger, 2008; Merleau-Ponty, 1980;

Merleau-Ponty & Landes, 2013; Sommer, 1974; Tuan, 1996, 2007), tradición humanística (Tuan, 1996, 2001) y las geosofías (Stump, 2008).

Por otra parte, las teorías actuales referidas al espacio geográfico (Cloutier, Martin-Matthews, Byrne, *et al.*, 2015; Massey, 1994, 2003, 2005; May & Thrift, 2001; Oslender, 2010; Thrift, 2003) permiten al geógrafo indagar acerca de las prácticas, representaciones y conductas de las religiones que se expresan mediante la producción de lugares de culto en el espacio, así como en aspectos tales como globalización, identidad, tradición, diferencia, modernización, entre otros, considerando que las manifestaciones del hecho religioso son hoy en día prácticamente ubicuas en la superficie planetaria, especialmente en lo que concierne a las religiones monoteístas (Champion, 1997; Kepel, 2005; Stepan, 2012; Turner, 2006).

Lo anterior desafía a la teoría y a la metodología de la geografía a revisar, pues conduce a aplicar al estudio de los credos las concepciones de espacio, lugar, locación y paisaje, con el fin de discriminar lo propio y específico de lo común y global, ya que prácticamente no existen lugares en el mundo en los que la religión no se manifieste bajo alguna forma e intensidad. Eso genera, entre muchas consecuencias, la multiescalaridad del fenómeno en convivencia con múltiples maneras de modificación que les son producidas desde lo local y también con la construcción de identidades o personalidades espaciales según la variable religiosa. Tal fue el caso de Santiago, que evolucionó desde un paisaje unirreligioso, recoletano y conventual, a otro plurirreligioso, dinámico y global, pese a lo cual los templos se mantienen como componentes estructurales fundamentales del paisaje urbano.

En lo que concierne a los aspectos internos de las edificaciones religiosas dedicadas al culto, recurriremos a los aportes de la geografía de lo religioso (Racine & Walther, 2006), la cual aborda el estudio de las propiedades del espacio sagrado, el modo como un área o un territorio adoptan dicho carácter, o cómo este es asignado por los individuos o por un grupo social específico. Este enfoque se relaciona con la fenomenología y aborda cualitativamente las conductas que los individuos y las colectividades adoptan, mediadas por las experiencias que mantienen en sus prácticas diarias con la dimensión de lo sagrado (Hervieu-Léger, 2005; Knott, 2005; Kong, 2001a; Thomas, 1997; Woodhead, 2011). En menor medida, también nos basaremos en algunos aspectos y propuestas de la geografía espiritual, que se orienta a la descripción y análisis de problemas de sentido, y al estudio de la influencia normativa de los sistemas de creencias (Racine & Walther, 2006).

La confluencia de paradigmas se explica en la complejidad del fenómeno religioso en todos sus aspectos. La instalación de templos –nuestro foco– no es un proceso que se pueda separar de racionalidades económicas, sociales, culturales, espirituales y estratégicas (por nombrar solo algunas de las vertientes comprometidas) que coexisten en la ciudad, con distintos niveles de relevancia según sea el caso. Todos estos componentes influyen en que exista un tipo específico de espacialidad asociado a la clave religiosa de las conductas y elecciones que individuos y grupos humanos adoptan en distintas escalas.

Por lo anterior, la geografía en general y la geografía de las religiones en particular tienen la tarea de estudiar la espacialidad de las creencias más relevantes de la población chilena, comparándola con las suscitadas por los procesos de secularización impulsados desde el Estado, con distinta fuerza y diversos enfoques desde su separación de la Iglesia de 1925 en adelante, entendiendo que la religión, como plantea Hervieu-Léger, ha encontrado una nueva pertinencia social, política y cultural en una modernidad en crisis (Hervieu-Léger, 2005). Tal esfuerzo es el que nos ocupará a lo largo de la presente obra.

Esta evolución de la modernidad en crisis coincidió con procesos de desacralización impulsados, incluso, desde el cristianismo. La primera desacralización corresponde al mundo natural, que fue despojado de su poder mágico, a lo cual siguió la política, en tanto se cuestionó el origen sagrado del problema del poder y la autoridad, y en tercer lugar la dimensión estética de la sexualidad, considerada ídolo (Cox, 1968, 1984). Estas desacralizaciones, más que generar la desaparición de la religión (por ejemplo, a causa de la secularización), provocaron la irrupción de nuevas formas de fe, que hicieron que las religiones tuvieran una extensión mayor a las de las estructuras y jerarquías eclesiásticas, con distintos objetos y niveles de significación (Dando, 2009; Jindra, 2011; Warf & Winsberg, 2010).

A continuación, apelando a la dimensión urbana del fenómeno religioso, daremos cuenta de la geografía del hecho religioso en Santiago de Chile, en el período comprendido entre 1960 y nuestros días. La geografía de las religiones que queremos desarrollar en las páginas siguientes parte de la consideración de los elementos materiales del fenómeno religioso presentes en esta ciudad, ya que estos posibilitan la descripción y análisis de la espacialidad asociada. Sostenemos que el espacio donde operan las religiones está unido a la temporalidad, de modo que lo pasado se hace presente y se transforma en causa de sucesiones que se construyen y fragmentan permanentemente, como también lo hacen otros procesos de carácter social y/o cultural. Sin embargo, pocos hechos o tipos de sucesos tienen la capacidad de las religiones de actuar entre los intersticios o las capas de espacios traslapados que constituyen la realidad cotidiana, invocando un pasado originario que, paradojalmente, para hacerse inmutable es recreado y proyectado como causa de futuros posibles que no son solo tiempos en disputa, sino también espacios que se están construyendo y modificando de manera permanente.

La mayor parte de las ideas aquí expresadas se fundan en tres grandes aportes: el primero, los resultados de la tesis doctoral "Las iglesias y la configuración del espacio social en Santiago de Chile (1541-2012)" de nuestra autoría; la segunda, el apoyo de la Facultad de Historia, Geografía y Ciencia Política de la Pontificia Universidad Católica de Chile que, mediante la apertura de un concurso orientado a publicar las investigaciones de los docentes, permite que este libro exista; y, tercero, el aporte de CONICYT-FONDECYT, por cuanto los insumos para la producción del presente texto se deben al financiamiento del Proyecto FONDECYT de Iniciación 2015-2018, número 11150541, titulado "La espacialidad de las áreas metropolitanas de Valparaíso, Santiago y Concepción (1960-2015): Religión y Sociedad en el contexto del pluralismo religioso y la secularización", que nos ha correspondido desarrollar en el rol de investigador principal. Corresponde agradecer a cada una de las instituciones mencionadas, así como también a académicos, amigos de toda la vida y a estudiantes, que han ayudado de muchos modos a la mejora de ideas, redacción, enfoques y contenidos en la presente publicación.

En el entendido de que la claridad de un texto depende, en gran medida, del orden con que el autor ordena las ideas en su mente, es que hemos organizado este libro en capítulos autónomos, donde cada uno responde una pregunta específica referida a la geografía de las religiones en Santiago de Chile desde 1960 a 2018. El **capítulo I** responde a la pregunta epistemológica, esto es, en él se justifica el abordaje escogido para describir y explicar la dinámica espacial de once credos. El **capítulo II** responde a una pregunta de contexto, esto es, cómo se comporta la religión en América Latina y el resto del país, analizando principalmente el comportamiento contemporáneo de los principales credos según diversas fuentes censales. También se analiza el aporte de las confesiones —especialmente, de la católica— a la educación del país, entendiendo a los establecimientos educacionales como espacios de socialización, divulgación de la fe, entrega de formación valórica para las familias y los estudiantes, y cultivo de las ciencias y humanidades sostenido en la visión cristiana del mundo. El **capítulo III** presenta la evolución histórica del comportamiento socioespacial de las religiones entre 1541 y 1960. Se construyó sobre la base de determinar los cambios producidos en la morfología urbana ante el paso desde una ciudad unirreligiosa a otra plurirreligiosa, en la cual se conformó un conjunto de áreas sociales caracterizadas por la presencia de a lo menos dos civilizaciones parroquiales: una, católica, donde los ritos y acciones sociales tienen su centro en una parroquia a cargo de un sacerdote, el cual debe plasmar la misión evangelizadora de la Iglesia mediante la administración preocupada de todos los habitantes de tal división geográfica. La otra civilización parroquial surgió reemplazando la figura del sacerdote por la de un pastor o líder religioso evangélico, que dirige el culto y apoya la conversión y compromiso de sus respectivos feligreses. El **capítulo IV** presenta algunos descubrimientos relacionados con la espacialidad religiosa actual en la capital de Chile, cuyo fin es responder a las preguntas que incluimos en el primer párrafo de esta introducción. Y cerramos el libro con un apartado de conclusiones, algunas de las cuales sugieren nuevas líneas de investigación y de oportunidades para la geografía de las religiones. Decidimos incluir la bibliografía empleada, como un aporte a quienes quieran seguir navegando por la temática religiosa por cuanto nos asiste la convicción de que queda mucho por hacer en el estudio de la importancia de las religiones en el desarrollo y morfología de las ciudades contemporáneas.

Un desafío que quedó a nuestro juicio pendiente fue reconocer otras expresiones religiosas que funcionan en la ciudad. Constatamos su existencia, pero lo hicimos sobre una base de datos y evidencias científicas insuficientes, quedando como tarea abordar temas como la reciente emergencia de cultos pentecostales y neopentecostales en vecindarios habitados por el estrato socioeconómico de mayores ingresos, las transformaciones del campo religioso asociadas a procesos migratorios recientes, y la transformación registrada en algunas congregaciones y denominaciones evangélicas a causa del empoderamiento de la mujer en cargos de liderazgo religioso y en la administración de las personas y de los recursos financieros de las iglesias. Por último, se hace necesario seguir profundizando en el estudio de las decisiones en materia de localización de templos y en las influencias de las variaciones en el mercado inmobiliario en la geografía de las religiones de Santiago, entre otros aspectos. Probablemente se trata de desafíos que darán origen a investigaciones inter y transdisciplinarias futuras.

Pido excusas por esta apostilla. En una de las tardes dedicadas a la redacción de estas líneas, nos enteramos de la muerte del académico e investigador de la Facultad de Letras, doctor Lésmer Montesino, a quien conocí en este último tiempo en un contexto de aprendizaje y trabajo conjunto. Un ser humano de tomo y lomo, afable, de sonrisa contagiosa y espíritu novel. Enseñaba lo mucho que sabía con gran vocación y modestia, pero lo que más recuerdo en este momento de escozor, pena y escándalo ante la muerte, es su compromiso con los pobres, con aquellos a los que nos cuesta investigar e, incluso, muchas veces, saludar. Vaya para el profesor Montesino un sentido homenaje.

Capítulo I
El estatus de la religión en la geografía moderna

Si tratar temas religiosos en la cotidianidad es una tarea que demanda actuar con algún nivel de precaución, más son las cautelas que deben adoptarse cuando se abordan aspectos referidos a la esfera religiosa desde una ciencia como la geografía. A pesar de que la religión constituye un tópico presente tanto en las diversas variedades de investigación geográfica como en el campo de estudios autónomo de la geografía de las religiones, creemos necesario clarificar las concepciones referidas a la religión y al hecho religioso que enmarcarán el análisis del comportamiento espacial de esta clave fundamental en la vida de los individuos y de las sociedades. De eso trata el presente capítulo, que está dirigido a los interesados en el análisis del rol de la religión en el desarrollo de la teoría geográfica en Occidente desde los orígenes modernos de la geografía hasta nuestros días.

La geografía de las religiones o el estudio religioso de lo sagrado que proponemos define a lo urbano como una categoría que supera lo espacial, transformándose en un concepto significativo que alude a las acciones de los practicantes, acciones que los involucran consciente y reflexivamente en la medida en que transforman, crean y recrean sus prácticas religiosas en una lógica actuarial que considera los diversos significados del *ethos* ciudadano. Por ende, la religión es un tópico susceptible de ser abordado geográficamente, cuestión que profundizaremos a continuación.

Religión, vocablo significativo en la evolución de la geografía moderna

La religión fue un objeto de estudio clave en el desarrollo de Occidente desde los orígenes de la racionalidad griega. Diversas teodiceas y creencias asociaban lo santo a la creación de un universo pleno y ordenado en el que lo religioso era considerado el punto de partida originario de la explicación del mundo. Los romanos agregaron a esta perspectiva la consideración de lo religioso como un componente identitario fundamental de la ciudadanía, lo cual se refleja, por ejemplo, en la estructura del panteón romano y en la existencia de una religión oficial que en parte encarnaba los ideales del Estado (Glacken, 1996). La relevancia de las religiones en ambas culturas explica la magnitud de trabajos que, desde numerosas aristas, estudiaban al fenómeno religioso como un componente esencial de sus respectivos órdenes sociales, abordando este tipo de temáticas en diversas escuelas y tradiciones de las ciencias humanas y sociales.

La relevancia anteriormente consignada se mantuvo sin contrapeso hasta la irrupción de la Modernidad europea con sus respectivas cuotas de secularización, a pesar de lo cual siguió influyendo tanto en la identidad individual y societal como en las relaciones entre individuo, sociedad, cultura y territorio (Berger, 1971; Cadge, 2017), como lo demuestran las aristas religiosas presentes en dinámicas sociales, geopolíticas y culturales de la coyuntura histórica (Claval, 1999). En términos epistemológicos, lo moderno implicó trasladar la verdad desde el verbo al sustantivo (Berman, 1993), prescindiendo de la verdad revelada como patrón organizador de las teorías y metateorías referidas al ser humano y sus circunstancias, lo cual no implicó la desaparición de la clave religiosa, sino la vigorización de contracorrientes, especialmente en el debate científico (Berger & Luckmann, 1996; Dussel, 2000; Jünger & Habermas, 1989; Lambek, 2005).

En el contexto del Romanticismo, las convicciones religiosas de Ritter tiñeron al pensamiento geográfico buscando los reflejos en la realidad y en el orden y los propósitos divinos (Capel, 1981). Lo mismo hicieron ciertos matices panteístas contenidos en la obra humboldtiana, específicamente al integrar bajo la forma de experiencias religadas sus observaciones del paisaje que conocía, apreciaciones con las cuales el ser humano se sentía integrado y no aislado de lo natural. También esta visión se distanció de la descripción puramente científica del universo imperante en Europa desde el siglo XVII y retocada por el Neoclasicismo del siglo XVIII, ya que incorporó nuevas formas estéticas derivadas de una filosofía que acogía el misterio y el esoterismo (Gerard, 2005; Wulf, 2017). Ambos intelectuales pusieron en igualdad de condición las discusiones referidas a la operación de leyes físicas universales que había evidenciado la revolución científica del siglo XVII, con controversias referidas a las diversas expresiones culturales de las creencias y cosmovisiones en el paisaje, ya que si había una ley universal aplicable al hecho humano esta tenía que buscarse en factores individuales y sociales, siendo la religión uno de estos factores diferenciadores.

Tanto Ritter como Humboldt aplicaron nociones más o menos semejantes de medio para dar cuenta de las relaciones entre los seres humanos, las sociedades y el mundo inanimado en estudios geográficos específicos: esta concepción coincidía con las ideas imperantes durante el Romanticismo, especialmente la postura de integrar en una sola explicación las vinculaciones entre el medio físico y las acciones humanas (Ortega, 2000; Unwin, 1995). Humboldt no consideraba a la religión como un tipo específico de acción social que aportara a la explicación de la diversidad de la cultura y de los paisajes sobre la superficie terrestre. Ritter, en cambio, la consideraba un componente de la cultura y de la identidad nacional, y sus análisis contenían visiones míticas, teleológicas y providencialistas más propias de un convencido luterano que de un científico. Por ejemplo, relacionaba las formas geométricas de los territorios con el destino de los pueblos que los habitaban, involucrando a la historia y a la geografía en una explicación cargada de ideologías y preconcepciones, ya que consideraba que eran conocimientos que debían vincularse para comprender una realidad organizada que expresaba la voluntad divina.

La geografía siguió evolucionando principalmente en la tradición alemana. Friedrich Ratzel instaló la clave religiosa en las discusiones referidas a la distribución de seres humanos, culturas y sociedades sobre la superficie planetaria (Celarent, 2013; Natter, 2005), postura que continuaron geógrafos regionalistas y culturales durante el siglo pasado. De paso, en el contexto de las geografías culturales, tomaba cuerpo la geografía de las religiones con estudios descriptivos y análisis causales al interior de las escuelas francesa y anglosajona (Deffontaines, 1948; Ivakhiv, 2006; Knott, 2005; Kong, 1990, 2001b; Levine, 1986; Tse, 2014). Por ejemplo, Eduard Hahn sindicó a las religiones y a la ideología como aspectos clave en la evolución del sistema económico característico de cada cultura, relevancia que se mantuvo en la geografía cultural alemana que aglutinó además a Hahn Schluter, Meitzen, Passarge y Semple; todos, discípulos de Ratzel (Wagner, 2002).

En el enfoque cultural, los paisajes eran el resultado de la aplicación de herramientas y técnicas para la dominación del entorno, siendo la religión una de las herramientas utilizadas por diversos grupos humanos. A partir de esta premisa se formuló una teoría general acerca de las relaciones entre religión y medioambiente en la que la religión, más que ser un elemento modificador (del medio geográfico), era producida o modificada por el medioambiente en el que se desenvolvía la colectividad, generándose distintas formas y niveles de pensamiento (Claval, 1999; Fernández, 2006).

Emile Durkheim leyó la *Antropogeografía* de Ratzel y destacó la rigurosidad y novedad del estudio en términos de pretender ser una teoría social total. A su juicio, sin embargo, en ello residía su gran debilidad ya que no era posible, recurriendo a los mismos principios, explicar la conducta de todas las sociedades, como pretendían hacerlo los geógrafos humanos. Al respecto Durkheim señaló: "Sin duda las influencias geográficas están lejos de ser despreciables, pero no tienen la preponderancia exagerada que se les concede…. Entre los rasgos constitutivos de los tipos sociales, no existe ninguno que pueda ser atribuido únicamente a las influencias del suelo y ambientales, puesto que las condiciones geográficas varían de un lugar a otro" (Durkheim, 1980, p. 123). Un discípulo de Durkheim, Marcel Mauss, planteó que los fenómenos sociales debían explicarse por claves sociales y no ambientales, postura cuyo resultado fue la reducción de la geografía al estudio de variables tales como distancia, espacio o posición, sin que avanzase al análisis de la morfología social, que se transformaba en el objeto de estudio casi exclusivo de la sociología (Mauss, 1979).

Francia, un nuevo *locus* para la geografía de las religiones

El protagonismo de la discusión geográfica acerca del fenómeno religioso se instaló en Francia desde fines del siglo XIX mediante los aportes de Paul Vidal de la Blache, a quien las lecturas de textos de Ritter y de la *Antropogeografía* de Ratzel lo inclinaron a destacar en los estudios geográficos al ser humano y a la cultura por sobre el medio, tendencia opuesta a la forma tradicional de analizar los fenómenos de la naturaleza y de la cultura a la fecha subsumidos en reglas, principios y leyes positivas y naturales que abundaban en ese entonces en la geografía. Centrándose en el ser humano, esta nueva propuesta para la geografía logró la unidad sobre la base de la naturaleza y la vida, y se dedicó a la búsqueda en la historia natural (específicamente, la geología) de métodos regionales a partir de los cuales superó los ripios del enfoque ratzeliano (Romero, 2001). Según Vidal de la Blache, la geografía tenía el encargo especial de estudiar cómo los acontecimientos históricos dinamizaban y modificaban al paisaje, por cuanto el ser humano tenía capacidades diferentes (según los lugares) de transformar la fisonomía de la tierra aplicando estrategias individuales y colectivas sobre el medio.

La geografía pasó a ser entonces una ciencia de los lugares y no de los seres humanos, ya que la cultura era el mecanismo que explicaba la capacidad que tiene el hombre de transformar la fisonomía de la tierra y el recurso mediante el cual se humanizan los paisajes definiendo géneros de vida, sustento del método regional, el gran invento de la obra vidaliana que posibilitaba el estudio de las relaciones entre las características ambientales y las formas de vida, especialmente expresadas a través del trabajo. Resultaba fundamental cautelar dos aspectos: (1) no había que confundir lo determinista (como única condición necesaria) con lo posible, y (2) que era necesario un conocimiento profundo de las unidades territoriales con el fin de seleccionar adecuadamente las variables a partir de las cuales describir y explicar las individualidades geográficas que en definitiva condicionan las posibilidades de adaptación de las colectividades. Se concibió a la cultura y la acción humana como factores decisivos de la transformación del espacio (Romero, 2001).

Desde el método regional, con el auxilio de la historia se formuló la teoría del posibilismo en una serie de monografías regionales, y así se forjó una nueva escuela cuya principal fortaleza fue haber restituido un lugar prominente al ser humano y sus hechos (la cultura, los géneros de vida), como objeto de estudio de la geografía. Este esfuerzo se vio beneficiado por la aparición de los mapas geológicos de Francia a escala 1:80.000 entre 1873 y 1903, los que servirían de base para la definición de regiones humanas a partir de las relaciones ser humano-medio por sobre el estudio de las limitantes que los factores naturales imponían a las sociedades (Capel, 1981).

La problemática religiosa no fue desarrollada por Vidal de la Blache, pero sí por sus sucesores. Jacques Weulersse analizó las modalidades de influencia de prácticas y edificaciones religiosas en las características de los espacios africanos y orientales (Weulersse, 1931, 1940). Lucien Febvre realizó un análisis histórico de las agrupaciones humanas en el que la religión era un elemento identificador y diferenciador de los espacios que estudiaba. Estos y otros trabajos, entre los que se cuentan las obras de Jean Brunhes (Brunhes, 1948), Pierre Deffontaines (Deffontaines, 1948) y Pierre Gourou (Gourou, 1966), dieron pie a la materialización de una geografía de las religiones como una línea de investigación asociada a los estudios culturales. En estos estudios los templos eran considerados manifestaciones culturales acerca de las que se podía reflexionar en virtud de los materiales que lo constituían, los signos que integraba (Dando, 2009), los ritos que se practicaban, su distribución geográfica y las vinculaciones entre este tipo de edificios (Brunhes, 1948), el entorno y el resto de los que conformaban al asentamiento en el que se encontraba (Dando, 2009; Vincent, Verdier, 1995).

La primera consecuencia de la maduración de este tipo de subdisciplinas fue el reemplazo del nombre Antropogeografía por el de "geografía humana", que incorporó durante la primera parte del siglo XX a un conjunto de estudios e investigaciones, a los que la geografía no había manifestado mayor preocupación con anterioridad, y a nuevos métodos cualitativos y cuantitativos provenientes de las ciencias sociales.

Pese a significar un importante avance en el tratamiento geográfico del problema religioso, los trabajos desarrollados por geógrafos de la religión de fines del siglo XIX y del XX han sido criticadas fundamentalmente por su carácter descriptivo y por una supuesta incapacidad para generar teorías formales (Ivakhiv, 2006; Park, 1994; Paulsen, 2005b; Proctor, 2006). Por ejemplo, Pierre Deffontaines, heredero de Vidal de la Blache, de la sociología de Max Weber y de la Escuela de los Annales, reflexionó acerca de la preeminencia de lo sagrado en la construcción urbana como una especie de elemento causal invariante presente en la gestación del hecho urbano. Se detuvo en la descripción, análisis y explicación de las formas como las religiones inscriben sus símbolos en la arquitectura y aportan a la interpretación de los elementos ambientales como manifestaciones de la divinidad (Deffontaines, 1948). La debilidad de este estudio es la propia de gran parte de los continuadores de la obra vidaliana, que consiste en que no logra dar cuenta satisfactoriamente de la especificidad de lo religioso en el ámbito territorial.

Estados Unidos de Norteamérica, una nueva caja de resonancia para la geografía de las religiones

Carl Sauer, formado a la vera del geógrafo alemán Alfred Hettner, consideraba a la religión un factor influyente en las modalidades de ocupación y uso del espacio (Sauer, 1975). Esta mirada se integró a una larga tradición investigativa que situaba a la religión como un ámbito de reflexión intensamente abordado por las ciencias humanas y sociales norteamericanas y que, en el caso de la geografía, más que generar una subdisciplina formó parte de estudios descriptivos-distributivos y de otros de índole cultural. Estos últimos se sustentaban en los conceptos "área cultural" y "paisaje cultural", propios de la escuela alemana de los siglos XIX y comienzos del XX, utilizados para estudiar las influencias (determinaciones) que factores como el suelo y el clima ejercían sobre todos los niveles de la vida social (Crang, 1998).

A partir de los trabajos de Sauer se constituyó una corriente de investigadores que se conoció como la "Escuela de Berkeley", desde la que se gestó un tipo específico de geografía cultural muy enraizada con la geografía histórica y con la geografía regional que produjo dos tipos de estudios. Un primer grupo corresponde a estudios acerca del territorio de los aborígenes norteamericanos, que criticó la forma como se llevó a cabo la conquista de América en todos los aspectos, incluido el ámbito religioso, línea investigativa que evolucionó hacia estudios referidos a las expresiones territoriales de lo formal y lo simbólico, a la identificación, descripción y explicación de ciertos principios organizadores de lo religioso y de lo sagrado en el territorio, y a una geografía urbana influida por la teoría social. Un segundo grupo se dedicó a la descripción y análisis de las formas y relieves norteamericanos y latinoamericanos (Flores, 2007).

La geografía de las religiones en la actualidad

Líneas investigativas actuales asociadas a los estudios urbanos y culturales intentan comprender el rol de lo religioso y de lo sagrado en la generación de atribuciones simbólicas a los espacios y edificios, en la organización espacial, en el control territorial, en la construcción de alteridad y en la evolución de las formas, como se vivencia lo sacro en la ciudad (Racine & Walther, 2006). Otra línea estudia las representaciones espaciales del fenómeno religioso y cómo este se relaciona recíprocamente con las condiciones del grupo social y del medio en que habita. Este enfoque entraña una oportunidad, pero también una amenaza: incorpora temas a la geografía humana y a la nueva geografía cultural, sumando variables sociales a las espaciales con el fin de construir explicaciones y teorizaciones más completas, ya que el "interés de los geógrafos por los fenómenos religiosos tiende también a ensancharse a todas las manifestaciones sociales que pueden agruparse bajo las voces de 'religión y espiritualidad'" (Racine & Walther, 2006, p. 483). Pero, al mismo tiempo, puede ocurrir un distanciamiento de lo geográfico si es que se intentan explicar estos fenómenos solo desde lo social, descuidando variables espaciales y prescindiendo del análisis territorial.

Con el fin de clarificar el rol de lo geográfico en el ámbito de lo religioso, Erich Isaac diferenció a una geografía religiosa de otra geografía de la religión, siendo la primera una preocupación de los teólogos y de los estudios de religiones comparadas, mientras que la segunda es propia de los geógrafos (Isaac, 1963). El ámbito propiamente geográfico se transforma permanentemente debido a la afluencia de nuevos autores y temas de investigación. En este sentido, Kong convocó a la producción de nuevas geografías concordantes con los planteamientos de la Modernidad que estudien los diferentes sitios de la práctica religiosa más allá de lo oficialmente sagrado y que incorporen elementos perceptivos, sensuales y sensoriales y la diversidad religiosa originada por los contextos simbólicos, históricos, culturales, demográficos, morales locales (Kong, 2001b). Este planteamiento fue apoyado por Holloway y Valins, quienes, basándose en los planteamientos de Foucault, conciben a lo religioso como un sistema específico de ética, moralidad, arquitectura, ideas de patriarcado, construcción de leyes, gobiernos, etc. (Foucault, 1980; Holloway & Valins, 2002).

La geografía brasileña ha aportado significativamente al desarrollo de la geografía de las religiones, destacando los trabajos de Zeny Rosendahl y Roberto Lobato Corrêa, quienes estudian la espacialidad de los credos, la dinámica y estructura de ciudades religiosas o hierópolis, y las prácticas religiosas, entre otras temáticas, integrando las ramificaciones culturales y las cultuales con lo morfológico a lo simbólico, desde lo que está a lo que se cree, vivencia o se inscribe. Dicha perspectiva permite, a nuestro juicio, interpretar la dimensión simbólica de aquello numinoso contenido en los templos, entendidos como sentidos y signos disponibles en el paisaje cultural urbano (Corrêa & Rosendahl, 2004; Rosendahl, 2009).

Lo anteriormente consignado evidencia que estudios empíricos susceptibles de ser clasificados como parte de las geografías de las religiones han evolucionado en una serie de tendencias, como geografía denominacional, paisajes y organización espacial de grupos religiosos particulares, el desarrollo de centros sagrados y peregrinación (Sopher & Gay, 2006), a lo cual se suman estudios postcoloniales y postmodernos (Kong, 2001b).

Conversión y Espacialidad

La experiencia de conversión resulta un punto de partida inobjetable para el análisis geográfico del fenómeno religioso, por cuanto la pertenencia a un credo está mediada por un cambio personal donde el individuo pasa de un estado de no creencia a un tipo específico de opción religiosa o bien pasa de la pertenencia a una fe a otra. La explicación de esta situación primero, y sus posibles efectos espaciales después, requiere considerar los aportes de teorías que abordan en diversas escalas las vertientes, dinámicas, procesos y patrones del cambio religioso, por cuanto la conversión no es únicamente una cuestión de interés individual constreñida a la esfera privada, sino que afecta a lo colectivo y se engarza con problemáticas referidas a la secularización, al modelo de desarrollo, formas de comprensión de mecanismos de provisión y ayuda, comportamiento del capital humano, social, simbólico, sinergético, cultural, ética del trabajo, proyectos de vida, concepciones de propiedad, decisiones inmobiliarias, educativas, sanitarias, políticas, reproductivas, sexuales, de género, étnicas, entre los muchos factores que se entrelazan con el hecho de convertirse a un credo, incluyendo posibles transformaciones espaciales (Woods, 2012).

Los procesos de conversión en la actualidad son concebidos como una de las tantas expresiones de interacción entre credos que coinciden en un espacio-tiempo determinado, interacción que en el caso chileno no siempre fue pacífica, sino que en algunas épocas fue la culminación de confrontaciones cargadas de violencia y con nefastas consecuencias: incluso en la actualidad hay quienes sindican a la conversión como una forma inflexible de conquista (Mills & Grafton, 2003) donde los individuos, más que protagonistas, son expresiones de la coexistencia dinámica y cambiante entre grupos e instituciones y del rol y estatus público de lo religioso en una sociedad determinada (Habermas, 2002, 2006; Jansen, 2011; Jindra, 2011).

La inserción del país, primero al imperio español como espacio marginal de conquista, y sus posteriores engarces a otros arreglos geopolíticos de larga duración redundaron en que algunas prácticas de modernización funcionaran como factores estructurales que incorporaron racionalidades occidentales modernizantes a la cultura en general y a la religión en particular. Weber planteó que la incorporación de mayores cuotas de racionalidad al dominio religioso producía transiciones entre credos al considerarse a uno más racional que al otro (Weber, 2001), lo cual fue ratificado, en casos de conversión de evangélicos a católicos en un trabajo de Alcaino y Mackenna (2017), donde parte de la explicación del cambio se asoció a la consecución de un mayor estatus por parte de individuos que habían sido formados en el credo evangélico que les impulsaba a armonizar, mediante el cambio de religión, su locus social con las prácticas de sus nuevos entornos (Alcaino & Mackenna, 2017). En otra dirección, el paso de católicos a evangélicos, en el contexto de la ocurrencia de procesos de modernización, puede explicarse mediante la ocurrencia de un proceso de privación relativa ya que el sentido de comunidad de los grupos evangélicos morigeró, de mejor modo que el catolicismo, la exclusión y postergación de parte de la masa proletaria excluida, anómica y postergada (Lalive d'Epinay, 2009; Marshall, 1991; Parker, 1993). Ambas explicaciones respecto al cambio religioso resultan parciales, si es que no consideran aspectos referidos al tejido social y al posicionamiento individual y colectivo, pero significan un punto de partida para analizar los efectos espaciales de cambios en las adscripciones religiosas en el paisaje urbano santiaguino, ya sea de un credo a otro, de abandono o descuelgue religioso, o de la emergencia de sincretismos, secularización, postsecularización.

Religión, religiosidad y espacialidades religiosas

Cuando los primeros cristianos vincularon "religio" con la adoración de la verdad, declararon al cristianismo como único camino que conduce a Dios, por cuanto había una única verdad que funcionaba en un dualismo fundamental entre el mundo humano y el mundo transcendente de lo divino (Knott, 2005). Dicho concepto fue evolucionando y desde el siglo V d. C. en adelante se transformó en un nombre referido a un conjunto de individuos que llevaban un estilo de vida en espacios determinados, diferentes a otros que se desplegaban en espacios seculares, a hechos que ocurrían en un tiempo profano y opuesto esencialmente a los tiempos reflexivos o espirituales dedicados a lo divino (Hervieu-Léger, 2005; Paulsen, 2005b; Vries, 2008).

El paso de sustantivo a verbo del concepto "religio" introdujo componentes de espacialidad a la problemática religiosa y, por extensión, profundizó la diferenciación entre este ámbito y lo secular (Delumeau, 1997), lo cual se extendió al tema del cuerpo, que es el punto de partida de toda construcción espacial, que se genera mediante la conjunción entre la experiencia perceptiva-cognitiva, las estructuras del conocimiento y el desarrollo de representaciones espaciales que se extienden a la vida social y orden cultural (Foster, 1988; Lakoff, 2011; Meentemeyer, 1989; Mitchell, 2009; Pratt, 2012; Seibert, Kraimer, & Liden, 2001). Desde y con el cuerpo acontece la sacralidad como proceso cognitivo ya que se definen nexos con lo propio y la corporalidad de otros, un territorio en lo cual se aglutina lo interno y lo externo (Anttonen, 2007). El rito deviene de la sacralidad y es entendido como una composición de elementos culturales cuyo producto es el espacio sagrado, en el cual estos componentes se distinguen y transgreden de tal manera que no es posible categorizarlos separándolos en dominios puramente corporales o territoriales. Los templos son entonces corporeidades que contienen cuerpos, casas, hogares u organismos donde reside lo Santo en lo sacro (Otto, 2016).

La vinculación que proponemos entre lo Santo, prácticamente como un categoría móvil, y lo sacro como un atributo que tiende a fijarse, nos permitirá estudiar los templos como expresiones espacio temporales de la religión y religiosidad características de individuos y sociedades, así como también de las concepciones que estos manejan acerca de la divinidad y lo divino (Paulsen, 2005b, 2015). Las ideas religiosas son inseparables de las concepciones referidas a la Iglesia (entendida como congregación) y al templo, por cuanto ambas aluden a la dimensión material y práctica (eminentemente colectiva) de ritos repetitivos y esenciales que los credos realizan en espacialidades diferenciadas reconocidas como sacras (Durkheim, 2008; Goody, 1961; Johnson, Christiano, Swatos, *et al.*, 2003; Küng, 2005; Pace, 2007; Woodhead, 2011).

Entonces, siendo la asociación sacralidad-espacialidad un elemento troncal común a los credos cristianos, la diversidad religiosa no afecta a las concepciones espaciales referidas al templo presentes en la mayor parte de las religiones, como lo evidencian algunas investigaciones referidas a los monoteísmos donde los lugares de adoración son primeramente espacios físicos que incluyen y excluyen, incorporan, consagran, unen, liberan y confieren estatus a las personas (Ammerman & Stark, 2007; Dietrich, 2013; Ra'ad, 2005; Uhde, 2014).

En lo que respecta a las ciudades, las formas urbanas y las religiones se encuentran inextricablemente unidas. Las religiones aportaron al origen del fenómeno urbano y se trata de una de las principales funciones de la mayor parte de conglomerados a través de la historia (Hawley & Mumford, 1961; Mumford, 1956, 2011). Entre otras filiaciones entre fe y fenómeno urbano en Latinoamérica, se puede consignar la existencia de hierópolis, la fundación de ciudades en espacios sacros y el hecho de que los templos fueron parte de la institucionalización de la conquista (Romero, 2004; Rosendahl, 2009; Sjoberg, 1988). Los trabajos sociológicos, antropológicos, históricos y geográficos decimonónicos y posteriores aportaron a la constitución de un modelo de génesis y desarrollo urbano que situó a la religión como una de las causas por las cuales surgieron las ciudades; esto es, como consecuencia de la instalación de un templo o por la existencia previa de un lugar que se reconocía como sagrado y que, por lo tanto, atraía peregrinos que practicaban alguna forma de devoción

(George, 1974). A esta explicación, Deyan Sudjic agregó como requisito de evolución positiva, la tolerancia y convivencia entre los distintos credos y prácticas que puedan desarrollar los habitantes (Sudjic, 2017).

Es común definir a las ciudades como espacios para la producción y reproducción de intercambios. En lo que concierne a la religión, los intercambios se dan bajo la forma de recuerdos, memorias, deseos o esperanzas, e inciden en la adhesión a un credo o a la conversión, por cuanto, como señalara Calvino, lo utópico y diferente surge invisible primero, desde ciudades invivibles (Calvino, 2017).

A microescala, algunos templos replican la lógica de emplazamiento en lugares que eran considerados como sacros por un grupo social, por etnias y por culturas (Dawson, 2010; Tuan, 2001, 2009). La cualificación de una porción del espacio actuó como factor de localización. Tal parece ser el caso de Santiago de Chile: la instalación en 1545 del primer templo católico en territorio nacional, la Iglesia La Viñita, localizada a los pies del Cerro Blanco, consagrada a la Virgen de Montserrat, que habría sido un centro ceremonial anterior a la llegada de los conquistadores españoles a la Cuenca de Santiago (Cornejo, Gandolfo, González, *et al.*, 2010).

Analizaremos posteriormente el caso de la ciudad de Santiago, capital de Chile, porque, tal como dijo Guarda, "nuestras ciudades (refiriéndose a las ciudades chilenas), desde su creación, se diseñaron de manera que su sello fuese la presencia eminente de iglesias, comenzando por la catedral, cuyos fundamentos, como motivo culminante, se echan en la solemne ceremonia fundacional, junto con la celebración de la primera misa y el canto del Te Deum de acción de gracias, acta de bautismo cristiano, que le marca un destino, un proyecto de vida eterna" (Guarda, 2016, p. 292).

La idea del templo como "un lugar de reunión y encuentro" identifica a la mayor parte de las corrientes cristianas y filocristianas que operan en América Latina y en Chile en la actualidad, donde el lugar en que se practica el rito es un locus significativo que contiene la Revelación a la que comunica, representa, decodifica y ritualiza, ya sea en la práctica del rito o mediante imágenes u otras formas de lenguaje (Hervieu-Léger, 2004, 2005; Paulsen, 2015). El análisis de la distribución geográfica de los templos supone contextualizar sus respectivas localizaciones con problemáticas urbanas asociadas a la conducta de los agentes urbanos, dinámicas del mercado de los suelos, impacto del proselitismo de los credos en áreas sociales, entre otros factores, ya que los templos, como hemos señalado anteriormente, expresan de modo visible los intereses y acciones que distinguen a los grupos religiosos de otras organizaciones seculares y no seculares. Son un texto, un discurso que refiere y rememora a los grupos que los construyen y son la síntesis entre mito y rito, lugar en donde se hacen visibles lo invisible y los imaginarios asociados a la esperanza, y evidencian el grado de compromiso que cada colectividad tiene con este tipo de mensaje, así como también a qué interlocutor privilegian como mensajero de lo trascendente (Eliade, 1999, 2004; Otto, 2016; Studstill, 2000).

Capítulo II
Religiones en América Latina y Chile

América Latina es un continente de creyentes. Como veremos a continuación, la mayor parte de la población se declara creyente y católica. La particularidad de sus países reside en la situación del evangelismo y de la secularización, como tendencias que disputan un lugar preeminente tras el catolicismo en las encuestas, que a su vez manifiestan la influencia de variables tales como nivel educacional, pobreza, saldos migratorios, entre otros aspectos. A continuación, abordaremos la situación religiosa del continente primero y de Chile después con el fin de contextualizar la geografía religiosa de Santiago.

¿Qué pasa en el barrio? Dinámica del campo religioso en América Latina

El posicionamiento de nuestro país en el contexto latinoamericano debe comprenderse como el producto de la interacción entre tres grupos de población, los católicos, los que se declaran gnósticos, ateos o sin religión, y los evangélicos. El secularismo es un fenómeno reciente y la visibilización de los credos evangélicos tuvo lugar entre la década de 1950 y la de 1980. Por lo tanto, la baja del catolicismo tiene que ver con una tendencia a largo plazo, que diferencia a nuestro país de la mayor parte de los vecinos de este barrio. El año 1950 fue el inicio de la irrupción de nuevos movimientos religiosos en la mayor parte de las naciones latinoamericanas, que en el caso de la nuestra se dio sobre la base de una Iglesia católica que, pese a la tendencia a la baja que mostraba en adscripción y en vocaciones sacerdotales desde 1930 en adelante, era una institución influyente y significativa.

El fenómeno religioso en Chile presenta en su composición y comportamiento semejanzas con el resto de los países latinoamericanos, destacando el predominio, con tendencia a la baja, de la confesión católica entre las opciones religiosas, como efectos de procesos de secularización en el abandono de las religiones, presencia de distintas corrientes de evangelismo bajo la forma de ensamblajes, sincretismos. Por lo anterior, predomina en la región el pluralismo religioso en virtud de la ocurrencia de una desregulación religiosa (Bastian, 2006).

Un estudio realizado por el Pew Research Center en 2014 (Sahgal & Bell, 2014) permite comparar la situación religiosa nacional con el resto de Latinoamérica. Según esta fuente, el 64% de la población chilena era católica, cifra que correspondía a un punto bajo la mediana (63%) del subcontinente y con una diferencia de –0,4 con respecto al promedio (64,4%). Nueve naciones presentaban porcentajes superiores y otras diez (incluyendo la población hispánica residente en Estados Unidos de Norteamérica), inferiores. La figura 13, referida a la distribución de los credos aludida, muestra que la mayor parte de la población encuestada en 2014 adscribía a algún credo religioso y que el porcentaje de católicos y evangélicos sumados superó a las demás opciones consultadas. Uruguay fue el país cuya población registró un mayor descuelgue de las religiones, con un 37% de desafiliados, porcentaje que no alcanzó a superar la presencia católica (42%), aunque sí a los evangélicos (15%) y a quienes fueron integrados a la categoría "otros" (6%). Esto se replica en el Chile actual, donde el porcentaje de ateos, agnósticos y sin religión supera a los que se declaran evangélicos. El porcentaje de no religiosos se visibilizó en todo el continente desde el último tercio del siglo pasado, producto de los respectivos procesos de secularización nacionales que durante dicha centuria mostraron magnitudes y velocidades diferentes (Offutt, Probasco & Vaidyanathan, 2016). Honduras (41%), Guatemala (41%) y Nicaragua (41%) son los países con mayor presencia evangélica. Chile, por su parte, registró un 17%, siendo la mediana 18%, 22,5% el promedio real y 19% el promedio ajustado según el peso demográfico de cada nación considerada en la investigación. Nuestro país se situaba bajo doce con mayores porcentajes de población de ese credo y sobre siete cuyos valores eran inferiores al 17% del total de la población (Sahgal & Bell, 2014). Los resultados de este estudio se muestran en la figura 1.

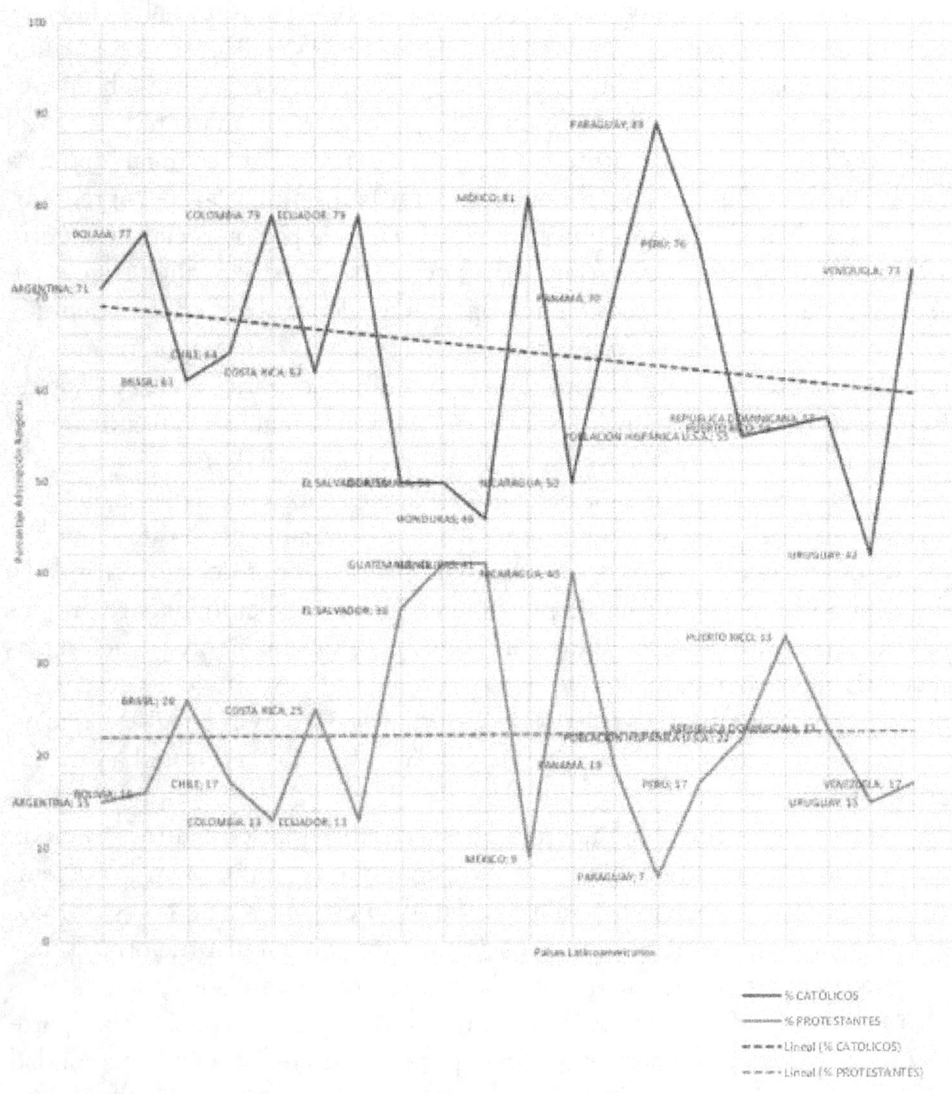

Figura 1: Adscripción religiosa de algunos países latinoamericanos, año 2014.

Fuente: Elaboración propia a partir de datos publicados por Pew Research Center (2018).

La encuesta Latinobarómetro publicada en 2018 permite analizar algunos cambios en la religión en América Latina entre 1995 y 2017. Se trata de una encuesta de opinión que midió la opinión de ciudadanos de dieciocho países del subcontinente mayores de 18 años, la que declaró un margen de error de entre un 2,8% y un 3% (Latinobarómetro, 2018). Los datos marcan con más fuerza que las cifras del Pew Research Center la disminución de la predominancia católica: 0,7 puntos porcentuales anuales de personas católicas entre 1995 y 2013 que, según el informe 2014, no abandonaban la religión sino que se convertían en evangélicos o en neopentecostales, o abandonaban definitivamente sus creencias (Latinobarómetro, 2014). Más contemporáneamente, en 2013 en cuatro países el catolicismo no era mayoritario, y en 2017 siete: República Dominicana (48%), Chile (45%), Guatemala (43%), Nicaragua (40%), El Salvador (40%, Uruguay (38%), Honduras (37%).

Respecto a los niveles de confianza de la población con la Iglesia, la figura 2 mostró que en 2018 el comportamiento de esa variable no se diferencia del que se observa en el resto de las principales instituciones del subcontinente, destacando los bajos niveles de prestigio en Chile, tradicionalmente un país mayoritariamente católico y creyente, y Uruguay, probablemente la nación más secularizada de la región, lo que se evidencia en el porcentaje de quienes se declaran sin religión, ateos o agnósticos (Uruguay 41% y Chile 38%) o que no pertenecen a ninguna religión (Uruguay 31% y Chile 35%) (Latinobarómetro, 2014, 2018).

Los niveles de confianza en la Iglesia debilitan los cimientos del credo y reducen la cantidad de adherentes, aspecto que ha influido en la aceleración de las transformaciones religiosas en algunos sectores de la región. Los países que muestran menores niveles de confianza en esa institución (Chile y Uruguay) son los que más se han secularizado en temporalidades y velocidades distintas. El caso uruguayo representa un proceso que precedió a gran parte de las naciones latinoamericanas y que, por ende, no registra en la actualidad situaciones en las cuales debería manifestarse. El caso chileno, en cambio, puede definirse como una *"fastsecularización"*, por cuanto data de principios del siglo pasado con un avance gradual, discontinuo y que coincide con el modelo de secularización estadounidense. Desde las transformaciones económicas y socioespaciales registradas por el país desde el último tercio del siglo XX, ha surgido una modificación de las prácticas sociales, han existido mejores niveles de educación de la población e incremento de los ingresos, todo lo cual aceleró sustancialmente este proceso e incrementó sus evidencias en distintas esferas

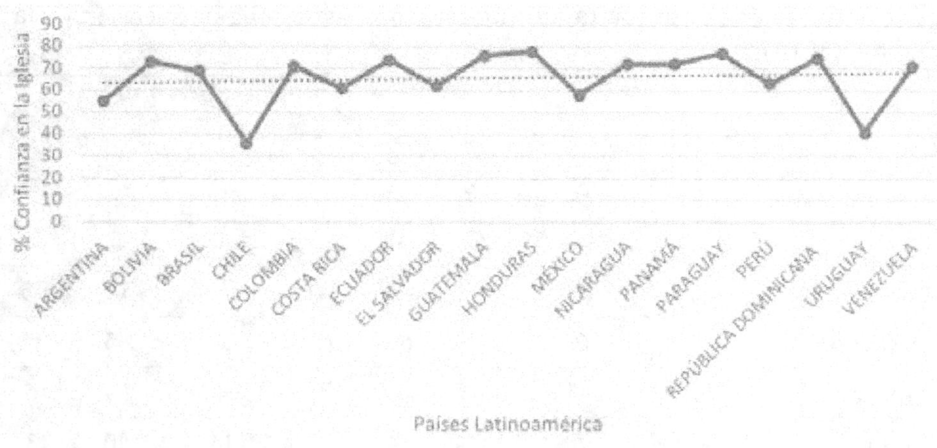

Figura 2: Confianza en la Iglesia declarada por ciudadanos latinoamericanos, según país (2017). Promedio continental 65%.

Fuente: Elaboración propia según datos Latinobarómetro 2018.

de la sociedad. Las velocidades se explican en el carácter específico de las relaciones entre el Estado y la Iglesia, que define comportamientos diferenciados del proceso de exclusión gradual de la religión, demandada por los procesos de modernización y secularización liderados desde los respectivos y sucesivos gobiernos. Por otra parte, los niveles de confianza en la Iglesia develan un conjunto de contradicciones al interior del campo religioso de cada uno de los países considerados. Si bien es cierto se puede asociar la pérdida de confianza con bajas en la presencia institucional de las religiones, ello no ha conducido a una pérdida de visibilización de las religiones en el espacio público como tampoco en el paisaje urbano, como parece ocurrir en la mayor parte de los países latinoamericanos (con la excepción de Uruguay). Por último, la baja en la confianza puede asociarse al incremento en la tolerancia y respeto a las libertades individuales, las que a su vez inciden en la emergencia de radicalismos religiosos y de una práctica más estricta de los ritos y demandas de los credos, como se desglosa de las cifras referidas a quienes se declaran practicantes católicos y evangélicos en la tabla 1.

Tabla 1: Resultados encuesta Latinobarómetro sobre religiones en América Latina (2018).

Países	% Católicos más o muy Practicantes	% Evangélicos más o muy Practicantes	Diferencia	% Católicos	% Evangélico	% Sin religión Ateos Agnósticos	Diferencia	Diferencia
	(1)	(2)	1-2	(3)	(4)	(5)	3-5	4-5
Argentina	33	62	−29	66	10	21	45	−11
Bolivia	45	61	−16	73	20	4	69	16
Brasil	46	70	−24	54	27	14	40	13
Chile	28	73	−45	45	11	38	7	−27
Colombia	55	81	−26	73	14	11	62	3
Costa Rica	48	64	−16	57	25	15	42	10
Ecuador	55	70	−15	77	14	7	70	7
El Salvador	57	69	−12	39	28	30	9	−2
Guatemala	51	66	−15	43	41	13	30	28
Honduras	45	68	−23	37	39	21	16	18
México	44	41	3	80	5	11	69	−6
Nicaragua	55	70	−15	40	32	25	15	7
Panamá	60	70	−10	55	24	16	39	8
Paraguay	55	57	−2	89	5	4	85	1
Perú	45	63	−18	74	12	8	66	4
República Dominicana	55	74	−19	48	21	28	20	−7
Uruguay	24	60	−36	38	7	41	−3	−34
Venezuela	47	71	−24	67	18	13	54	5

Fuente: Elaboración propia a partir de datos Latinobarómetro 2018.

Como la baja en la confianza y el aumento de la secularización son tendencias esperadas considerando los procesos de modernización o tragedias pseudofaústicas acontecidos en Latinoamérica, vale la pena destacar más bien los porcentajes referidos a practicantes católicos y evangélicos descritos en la tabla 1, y los valores más significativos de practicantes católicos destacados en negro en el mapa de la figura 3, donde los tonos negros y más cercanos identifican a los países más practicantes del subcontinente.

Figura 3: Distribución de católicos que se autodefinen como más o muy practicantes en América Latina.

Fuente: Elaboración propia según datos diversas fuentes (2018).

39

Estos, a nuestro juicio, representan el *stock* de pertenencia temporal que garantiza la reproducción del credo en generaciones futuras y en el espacio público actual y por venir. No en vano, este subcontinente fue considerado por los pontífices Paulo VI y Juan Pablo II como el reservorio fundamental del catolicismo global. Por último, la diferencia entre observancia religiosa evangélica y católica se explica por la estructura interna de cada creencia y los niveles de libertad que confieren a sus seguidores.

El Chile actual y sus religiones

En nuestro país existe información censal periódica desde 1813 y algunos de los cuestionarios incorporaron preguntas referidas a adscripción religiosa. Por ejemplo, en 1813 se incluyó una pregunta referida a *"Estados, Profesiones y Condiciones"*, la cual permitió conocer la cantidad de párrocos, clérigos, religiosos y religiosas a escala provincial, el impacto de la emancipación en la situación socioeconómica del clero regular y secular, y el real estado de los bienes eclesiásticos que se regían con anterioridad al establecimiento de la República por el derecho de patronato. Algunas naciones latinoamericanas, entre las que se cuenta Chile, evaluaron mediante este tipo de levantamiento de información la presencia y situación patrimonial de la Iglesia y del clero, por cuanto existió el interés de prolongar los derechos de patronato en las nuevas naciones independientes (Enríquez, 2012, 2014; Merino, 1962).

El censo de 1875 también incluyó preguntas referidas a religión, cuya redacción permite identificar la percepción generalizada de que la única religión que se profesaba en Chile era la católica. El censo de 1885 evidencia los avances en materia de reconocimiento de libertad y pluralismo religioso logrados por los grupos disidentes mediante la promulgación en 1865 de una ley interpretativa de la constitución vigente, que permitió a los no católicos practicar sus ritos en espacios cerrados, lo cual constituyó el punto de partida de la posterior visibilización de evangélicos y protestantes en Chile (Lalive d'Epinay, 2009). Los aires de apertura se mantuvieron en el cuestionario censal de 1895 mediante una pregunta que dividía en diecisiete las posibles opciones religiosas, evidencia de la diversidad de credos que existía a fines del siglo XIX y del interés de la autoridad política por discriminar entre las religiones que se practicaban (Prado, 2007). Los censos de 1907, 1920 y 1940 presentaron la adscripción religiosa de las respectivas unidades político-administrativas según sexo y nacionalidad (específicamente, para el caso del censo de 1920). El censo de 1940 consultó acerca de treinta opciones bajo la forma de categorías que mezclan convicciones religiosas con cosmovisiones y niveles de compromiso con este tipo de ideales. Todos los instrumentos estadísticos consignados manifiestan en su construcción desconocimiento acerca de las diferencias en cuanto a origen, estructura, doctrinas, principios y dinámicas de los grupos religiosos no católicos, lo que se manifiesta en el establecimiento de categorías gruesas y en algunos casos erróneas, en las que se vacía la información obtenida, lo cual generó resultados ambiguos y con bajo nivel de representatividad del fenómeno religioso y su evolución histórica, política, social y cultural. Pese a esa ambigüedad, el porcentaje de los individuos que se declararon católicos superó en todos los casos al 80%, seguido por quienes se declararon evangélicos, que corresponde a una categoría que en algunos censos se incluyó bajo el paraguas de "protestantes", concepto que debería haberse reservado para aquellas congregaciones que se fundaron bajo la inspiración del cisma luterano, y que no define a quienes se declaran evangélicos para precisamente diferenciarse de esas corrientes.

En el censo de 1907 el 96,1% se declaró católico, 0,9% protestante, 0,2% sin religión, 0,7% pagano, en un contexto en el que el 60% de la población era analfabeta (58% hombres analfabetos y 62,1% mujeres analfabetas). De acuerdo con lo descrito, llaman la atención el porcentaje de paganos, la baja presencia de indios araucanos (solo un 0,3% de la población total, equivalente a 101.118 habitantes censados). Este censo no alcanzó a registrar el efecto del llamado "avivamiento pentecostal" acontecido en Valparaíso y Santiago entre 1906 y 1909, lo cual explica que al censo siguiente, realizado en 1920, el porcentaje de protestantes (categoría en la cual se incluyó a los evangélicos), aumentó a un 0,6% del total nacional.

En 1930, el 97,7% de la población se declaró católica y un 1,5% evangélica. En 1952 se expresó una baja en los porcentajes de católicos respecto a los censos anteriores, con un 89,55% de católicos y un 4,05% de evangélicos, cifras que en 1970 mostraron un 80,9% de católicos y un 6,2% de evangélicos. De lo anterior se deduce que desde 1930 disminuyó la filiación católica, probablemente a causa del descuelgue de los observantes y la emergencia de una especie de adscripción parcial y revisionista que ha sido definida como un "catolicismo a la chilena", calificativo que se aplica a un fiel que, pese a declararse perteneciente a esa fe, no practica los preceptos de la religión ni actúa en función de sus principios éticos y morales. Ese término expresa entonces el abandono de la participación y de la observancia de quienes declaran esta religión.

A raíz de que el censo de 1982 no consideró consultas referidas a religión, existía una alta expectación por los resultados que mostraría, pues preguntó filiación religiosa separando a los evangélicos de los protestantes. Se mantuvo la tendencia a la baja del catolicismo y los evangélicos prácticamente duplicaron su porcentaje registrado en 1970. Por primera vez en la historia censal de Chile, estos grupos religiosos alcanzaron el 12,4% y se manifestaban como el credo mayoritario en una región del país, la de la Araucanía, cuestión que tampoco había acontecido previamente. Este dato tuvo la particularidad de que, a raíz de la pregunta formulada, no ocurrió una dispersión de cifras en un mayor número de categorías, como fue el caso del censo de 2002; el censo de 2012 y posteriores no incorporaron a la religión en la batería de preguntas. La figura 4 muestra el comportamiento de la variable religiosa en el censo de 1992.

Para comprender las causas del incremento de los evangélicos descrito, es necesario atender a que el islamismo y las corrientes pentecostales del evangelismo fueron las religiones monoteístas que más crecieron en el mundo desde la segunda mitad del siglo pasado (Kepel, 2005), y que el evangelismo transformó y fragmentó el mapa religioso del continente americano mediante la visibilización de diversos actores que funcionaban autónomamente o agrupados en organizaciones, rompiéndose definitiva e indiscutiblemente el dominio exclusivo del catolicismo en el ámbito de lo sagrado con efectos en ámbitos diversos (Bastian & Cunneen, 1998).

Bastian planteó que el pentecostalismo se consolidó en América Latina rescatando prácticas amerindias que resultaron transformadoras en una triada ritual glosolálica, taumatúrgica y exorcista, en la cual se integraron material y simbólicamente demonios y espíritus malignos, más la intervención directa de la esfera divina mediante la liberación de demonios y la ocurrencia de milagros (J.-P. Bastian, 1997). Tal modelo también se implementó en Chile posibilitando el crecimiento evangélico, a lo cual se sumó el acceso de estos grupos a los medios de comunicación de masas durante la década de los ochenta y la difusión en televisión de programas de tele evangelistas estadounidenses como, por ejemplo, Rex Humbard y Jimmy Swaggart, quienes realizaron campañas evangelísticas en nuestro país, como también había ocurrido en tiempos de radio en la década de los 1960 con Billy Graham. Además, el campo evangélico estaba ocupado mayoritariamente por los credos pentecostales, especialmente

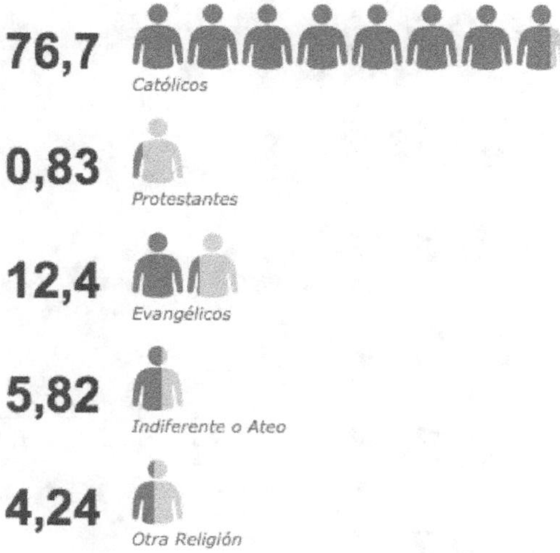

Figura 4: Distribución porcentual de los credos más significativos en Chile, según censo de 1992.

Fuente: Elaboración propia a partir de datos del Censo Nacional de Población y Vivienda de 1992 (INE) (2018).

por denominaciones endógenas que se aglutinaban en corporaciones, tales como la Iglesia Metodista Pentecostal y la Iglesia Pentecostal de Chile, que representaban más de los dos tercios de los fieles evangélicos, correspondiendo el resto a corrientes evangélicas tradicionales (por ejemplo, metodistas, bautistas, presbiterianos, Asambleas de Dios, Alianza Cristiana y Misionera, Iglesia de Dios, Ejército de Salvación).

La situación descrita derivó en que el campo religioso chileno se fragmentó menos que en otros países de la región, estructurándose en función de a lo menos tres polos hasta las postrimerías del siglo pasado: la Iglesia católica, las corrientes evangélicas pentecostales y otros grupos religiosos con baja significancia estadística. Por ello es que la situación de los evangélicos se mantuvo, por su magnitud, como el proceso de crecimiento más relevante en

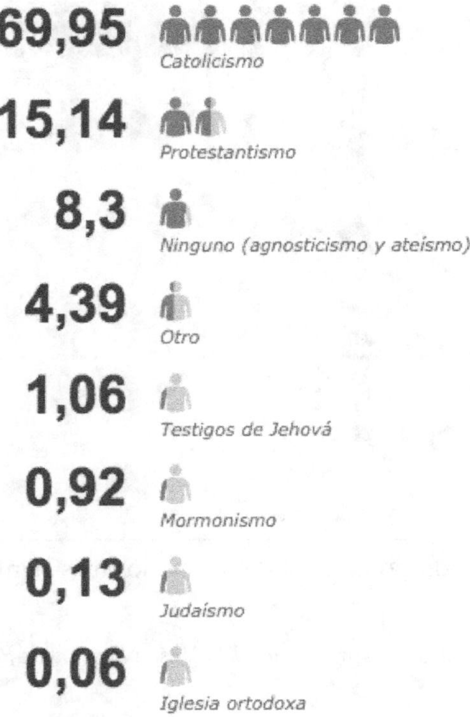

Figura 5: Distribución porcentual de los credos más significativos en Chile, según censo de 2002.

Fuente: Elaboración propia a partir de datos del Censo Nacional de Población y Vivienda de 2002 (INE) (2018).

el campo religioso nacional entre 1992 y 2002, como se desprende de los datos representados en la figura 5. Otro aspecto que destacó en el censo de 2002 fue el incremento de los agnósticos y ateos, cifra que mantuvo una tendencia al alza hasta nuestros días, cuando supera incluso al porcentaje de la población evangélica en Chile y en la Región Metropolitana de Santiago.

Sin embargo, esta situación no puede interpretarse como un avance significativo hacia la secularización, ya que según Hinzpeter y Lehman, a principios de la actual centuria, el 96% de los chilenos creía en Dios, un 77% en la existencia de una vida después de la muerte, un 82% en el cielo, un 59% en el infierno y un 57% en los milagros (Hinzpeter, Lehmann, 1999; Lehmann, 2001, 2002). Lo anterior demanda separar analíticamente la adscripción a una religión de la predominancia de creencias en lo divino en el Chile contemporáneo, para poder reconocer que, pese a la baja en la pertenencia a un credo, durante el siglo pasado el nuestro era un país de creyentes, cuestión que está variando en la actualidad.

Tras la recuperación de la democracia, el catolicismo tuvo, gracias a los réditos que le otorgó su lucha contra la dictadura en la opinión pública nacional, una posición de privilegio en el escenario urbano neoliberal y global que acompañaba a la diversificación de la oferta de credos que se venía dando desde inicios del siglo XX. No obstante lo anterior, en la práctica, la producción de un mercado de suelos neoliberal en la mayor parte de las ciudades y países del mundo occidental, incluido Santiago de Chile (Daher, 1993; de Mattos, 2001; 2008; Brenner & Theodore, 2002; Brenner, 2004), dejó a los credos en igualdad de condiciones tanto en el nivel discursivo como en la posibilidad de adquirir propiedades para el culto según sus atributos materiales (cantidad de prosélitos, capacidad financiera, prácticas rituales, rutinas asociadas al rito, etc.) e inmateriales (contenido del discurso, comprensión de la trascendencia, normas y códigos asociados a la cotidianidad, cosmovisiones, etc.).

Según Lehmann (2001, 2002), entre otros estudios, la observancia religiosa (entendida como el porcentaje que practica su culto una vez a la semana o más frecuentemente) ha disminuido considerablemente en Chile, especialmente en la religión católica. Esta situación coincide con los resultados de la Encuesta Bicentenario UC - Adimark en los años en que ha sido aplicada desde 2006 a la fecha. Los datos censales, por su parte, nos informan que en 1958 un 33% de los católicos se declaraba observante, en tanto que más del 90% de la población se declaraba católica. La cantidad de católicos observantes desciende al 18% en el año 1998.

Desde esta fecha, la situación religiosa del país se asemeja al promedio europeo y está bajo el resto de los países latinoamericanos (Lehmann & Hinzpeter, 1999; Lehmann, 2001) en materia de que a la fecha no es posible presenciar un retroceso importante del catolicismo bajo sus dos formas (observante y militante) tanto en lo que concierne al compromiso religioso como a la influencia que sus principios, doctrinas y cosmovisiones en otros aspectos de la mentalidad de los individuos y sociedades, lo cual es contrario a los postulados de la teoría de la secularización propuesta por Weber y sus continuadores. Desde esta perspectiva, en el caso concreto de Chile, el incremento del nivel de vida de la población desde los ochenta en adelante (expresado, por ejemplo, en que el PIB per cápita que en 1999 era US\$12.400 ascendió en 2011 a US\$17.400), no redundó significativamente en un descuelgue de las ideas religiosas de la mayor parte de la población del país, que en un porcentaje muy significativo mantiene algún nivel de adscripción con esta esfera del pensamiento (Centro de Políticas Públicas, 2012).

El censo del año 2002 realizado por el Instituto Nacional de Estadísticas reveló que la población del país era de 15.151.076 habitantes, de los cuales un 73% se declaraba católico, 6% menos que lo registrado en el censo de 1992. En particular, las regiones que más habían disminuido su población católica con respecto a la población total eran Tarapacá, Antofagasta, Aysén y Metropolitana de Santiago, con una disminución en torno al 7%. En tanto, la Región del Biobío poseía el menor porcentaje de población católica del país con un 58% (Instituto Nacional de Estadísticas (INE), 2002). El censo de población y vivienda de 2012 contempló 42 preguntas; la pregunta 39 indagaba acerca de las religiones o credos que profesaban los encuestados. Se obtuvo como resultado que el 67,4% se declaraba católico, vale decir, un 2,5% menos que en el censo de 2002, el que a su vez era un 6,8% más bajo que los registros de católicos que reportó el censo de 1992 (Instituto Nacional de Estadísticas (INE), 2012). Los evangélicos, por su parte, aumentaron de un 15,14% a un 16,62%. Quienes declararon no tener ninguna religión pasaron de 8,3% a 11,58% (Instituto Nacional de Estadísticas (INE), 2012).

Esta significativa disminución de los católicos expresada en la figura 6, tanto de observantes como no observantes, podría tener su explicación en una serie de procesos que han ocurrido en las últimas décadas. En primer lugar, se encuentra la participación por estratos sociales de grupos católicos en el sistema educacional nacional. La prelatura del Opus Dei, Legionarios de Cristo, Schoenstatt, Compañía de Jesús, entre otros, a través de la fundación y administración de colegios y universidades destinados a los niveles socioeconómicos medio altos y altos, han favorecido una evangelización permanente, influyendo en la adscripción de generaciones precedentes y la prevalencia de esta religión al interior del grupo familiar, aun cuando no sean observantes (Centro UC Políticas Públicas - Adimark, 2016).

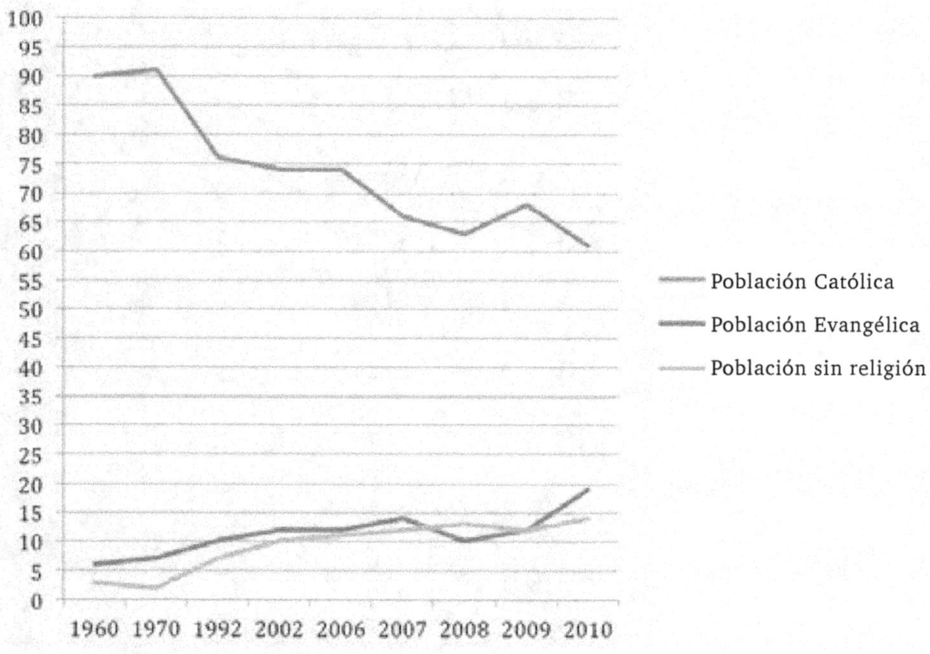

Figura 6: Evolución de las creencias entre 1960 y 2002 según datos censales y de la encuesta bicentenario UC - Adimark 2011.

Fuente: Elaboración propia, según datos Centro UC Políticas Públicas - Adimark (2018).

La baja refleja el abandono de la observancia religiosa en Chile, que más tardíamente se expresó en el mundo evangélico. Algunas fuentes mostraban que en 1958 en el Gran Santiago solo un 33% de los católicos eran observantes (Lehmann, 2001). En la figura 7 también hemos relevado la tendencia a la baja para los años 1930, 1952, 1970, 1992.

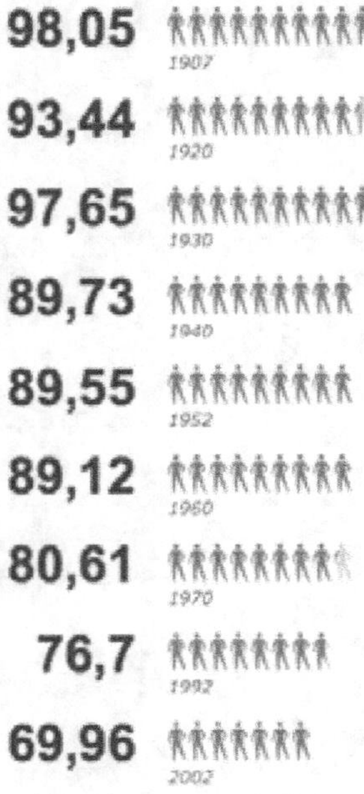

Figura 7: Baja porcentual del catolicismo en Chile durante el siglo XX.

Fuente: Elaboración propia a partir de los datos de los censos de población y vivienda chilenos (2018).

En contrapartida, los grupos sociales más pobres en un principio no han formado parte de este "público objetivo", con lo cual han tenido menos posibilidades de acceder a instituciones educacionales cercanas a este credo, con la consecuente pérdida de cercanía con los postulados de esta Iglesia. Conscientes de esta omisión, los grupos católicos han comenzado a corregir este proceso con iniciativas como la Fundación Belén Educa y la Fundación Mano Amiga, que localizan establecimientos educacionales en zonas habitadas por población vulnerable.

Uno de los factores que tendería a aminorar la baja en el porcentaje de adscripción a la religión católica sería la creencia mariana. Aparece en casi todas las versiones de la encuesta UC - Adimark una marcada inclinación hacia la devoción a la Virgen, incluso entre los evangélicos (según los datos proporcionados por la Encuesta Bicentenario, versiones 2006 a 2008) y en la devoción expresada en asistencia de templos de dicho carisma, tales como Lo Vásquez y Maipú en fechas precisas del año.

El proceso de invisibilización de todos los credos analizados en Santiago, aporta al desarrollo de la secularización de la sociedad o al avance de otras formas de irreligiosidad distintas a la secularización. La figura 46 da cuenta de estas tendencias. Además, muestra el abandono de católicos a su credo en un período de diez años.

Como ya señalamos, la cantidad de quienes se declaran en distintos momentos y encuestas como sin religión, ateos o agnósticos (que en adelante aglutinaremos en la categoría "no religiosos"), aumentó desde el censo de 2002 y ahora ocupa el segundo lugar en la triada que define al campo religioso chileno, que ha pasado de una "slowsecularización" a una "fastsecularización" con matices, por una parte, debido a la velocidad que alcanzó el descuelgue religioso y, por otra, por la presencia de un número muy alto de creencias y convicciones religiosas cristianas, lo que situaba a nuestro país en los primeros lugares del mundo, solo superado por el coloso norteamericano, Filipinas y Chipre (Hinzpeter & Lehmann, 1999; Lehmann, 2001).

De esto se deduce que el proceso de secularización que registra nuestro país corresponde a un modelo comparable al vigente en los Estados Unidos de Norteamérica y lejano a la experiencia europea, que espacialmente se expresa en la presencia de templos e infraestructura religiosa en la ciudad, como elemento sustancial del paisaje urbano.

Todos los censos efectuados desde el siglo pasado hasta la fecha muestran el incremento en los niveles de educación alcanzados por la población chilena, expresado, por ejemplo, en el aumento en los años de escolaridad y en que la mayor parte de la población chilena cursó el total de la enseñanza primaria y secundaria. Por ende, la población más joven debería ser más educada y secularizada.

La mejora en los niveles educacionales alcanzados por la población chilena en los últimos cincuenta años permite inferir que, sucesivamente, con independencia de los estratos sociales, las generaciones son más conscientes y autónomas en materia de las decisiones que adoptan y las influencias que acogen para sus vidas. Esto reporta un desafío a las convicciones religiosas, toda vez que la transmisión intergeneracional de la fe no funciona de la misma manera y con similar eficiencia que en épocas pasadas. Tal situación se ve reflejada en los porcentajes alcanzados por quienes declaran no tener una religión, que, para el caso de algunas regiones del país, superan a los que declaran adscripción a las denominaciones evangélicas.

El crecimiento del porcentaje de los no religiosos puede asociarse a los procesos derivados de la integración del país a la globalización desde el siglo pasado hasta nuestros días. Las cifras recogidas en las figuras 6, 7 y 8 también pueden estar dando cuenta de la relación entre el aumento de los ingresos y del nivel educacional con el descuelgue religioso de los estratos medios-bajos y medios-medios, como lo planteaban las teorías modernas de la secularización, que sindicaban a la pérdida religiosa como un atributo inherente a la Modernidad ya que se contraponían los procesos de modernización con la fe o la práctica de algún credo. Esta convicción se sostenía en las formas de construir definiciones y concepciones de modernidad en términos de imperio de la racionalidad, logro de la autonomía del sujeto, dominio de la técnica, diferenciación de ámbitos institucionales. Todo esto suponía la expulsión gradual de la dimensión religiosa del *ethos* moderno y la separación de la Iglesia y del Estado. Por ende, si un espacio exhibía mayores niveles de modernidad, expresada esta, por ejemplo, en la magnitud de los procesos de urbanización, niveles de escolaridad, presencia o ausencia de determinados grupos socioeconómicos, incremento del ingreso y de los hábitos de consumo, significaba que era menos religioso.

Esta hipótesis no se expresa claramente en Chile, ya que la religión católica tiene presencia en los grupos socioeconómicos de mayores ingresos y niveles de educación. En lo que respecta a las clases medias secularizadas, el creer se manifiesta como un elemento sustancial a sus comportamientos y racionalidades, por lo que mantienen una relación ambigua con las religiones dominantes al participar en sus ritos, pero no en sus fundamentos doctrinales. Esta paradoja posibilita la emergencia de ensamblajes y sincretismos de diversa magnitud y signo, como, por ejemplo, creer en los santos, en la brujería, en la existencia del mal de ojo o de las malas vibras, en paralelo con el descuelgue religioso (Centro UC Políticas Públicas - Adimark, 2016; Pontificia Universidad Católica; ADIMARK Investigaciones de Mercado, 2010, 2017). La siguiente figura 8 muestra que el porcentaje de los sin religión es mayor en las regiones más urbanizadas de Chile (Región metropolitana de Santiago y del Bío-Bío) en las que también destaca la presencia de las religiones católica y evangélica, cuya suma supera ampliamente al primer segmento señalado (Centro UC Políticas Públicas - Adimark, 2016).

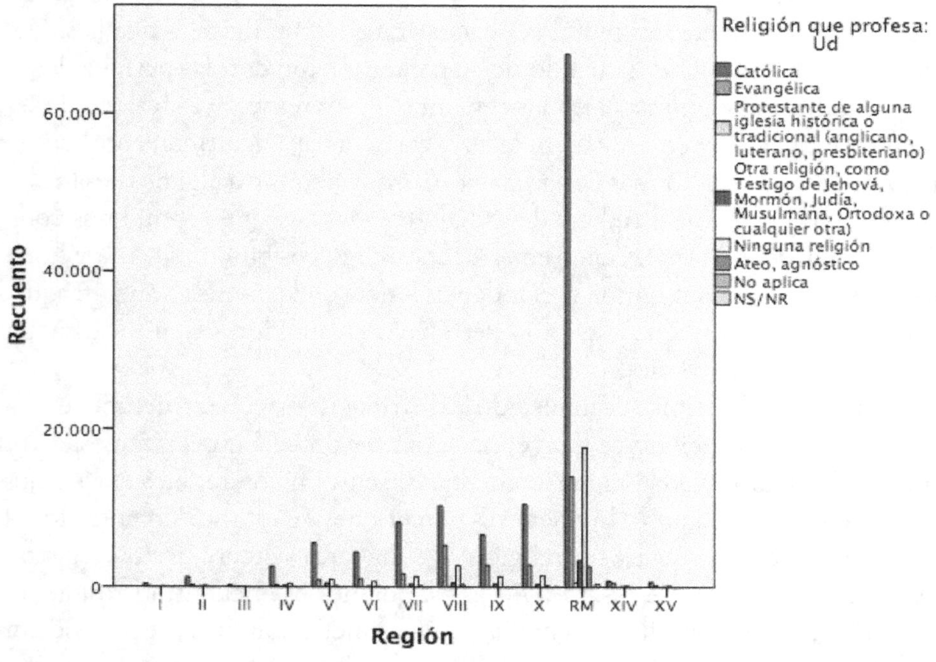

Figura 8: Distribución regional de las opciones religiosas, Chile, 2016.

Fuente: Elaboración propia mediante los datos de Centro UC Políticas Públicas - Adimark, (2018).

Así como América Latina fue considerada como recaudo del catolicismo, se puede afirmar que la Región Metropolitana lo es para Chile en tanto sigan creciendo la población total y la densidad demográfica en el Área Metropolitana, que suma a su peso demográfico –el que la tiene a punto (si ya no lo es en la actualidad) de superar la metropolización para convertirse en megalópolis nacional– un alto porcentaje de la población creyente, primero, y católica, después. En esta ciudad, así como en la mayor parte del país, la fe católica tiene tres dinámicas de aproximación a los feligreses: mediante la instalación de templos en las parroquias (modalidad que denominaremos religiosidad fija), la existencia de escuelas arzobispales y obispales, y también de centros educacionales que declaran adscripción al catolicismo y que ofertan formación religiosa católica (a la que denominaremos modalidad formativa). Esta última modalidad se complementa con el hecho de que muchos establecimientos escolares cuentan con un templo que aglutina a las familias, las que, a su vez, viven su religión allí aun cuando no se comprometen con las actividades de las comunidades emplazadas en las cercanías de sus respectivas residencias. Y, en tercer lugar, existen espiritualidades y carismas que aglutinan católicos en movimientos y otras formas de agrupación, lo que permite a algunos desarrollar su fe en sus lugares de estudio y de trabajo (modalidad que definiremos como espiritualidades móviles). Como en el segundo caso, posibilitan, sin ser opciones excluyentes, la vida religiosa con independencia de la civilización parroquial a la cual cada individuo y familia pertenece en función de su localización geográfica y estatus socioeconómico.

La figura 9 permite el análisis de la distribución según estructura de edad de las confesiones religiosas a nivel nacional. Se aprecia que las regiones con menor promedio de edad muestran niveles de adscripción religiosa más bajos. Para cada grupo religioso, los menores porcentajes de esta se dan entre los 18 a 24 años. Respecto a los sin religión, los mayores porcentajes de registran en el tramo de edad de los 35 a 44 años, quienes se encuentran residiendo mayoritariamente en ciudades medias y áreas metropolitanas, según indican los datos censales.

En la figura 9 destaca la religiosidad de la población chilena mayor de 55 años en los datos referidos a la distribución de confesiones religiosas según tramos de edad, recogidos por la Encuesta UC - Adimark 2016. Otro aspecto que llama la atención es la tendencia creciente del credo católico. En cambio, la tendencia es más variable en la población evangélica, lo mismo ocurre entre los que declararon no tener religión.

Los datos permiten demostrar que existe un ciclo en la conducta religiosa entre los evangélicos chilenos, ya que una vez que los hijos de los miembros de credos evangélicos alcanzan la adolescencia, algunos abandonan la fe de sus padres hasta que alcanzan la adultez y vuelven al establecer su propia familia (Paulsen, 2014), y otros se convierten al catolicismo motivados por variaciones en sus respectivos *habitus* y *campo* (Alcaino & Mackenna, 2017).

El ciclo descrito influye en la relación entre la cantidad de recursos financieros disponibles para la fundación de nuevos templos y las necesidades de apertura en los hogares de las nuevas familias. Por lo general, si no existe la factibilidad económica para fundar edificios, se instala un lugar de culto en las residencias de los creyentes, el que puede evolucionar a templo en función de los resultados de las prácticas proselitistas y del interés de las familias de

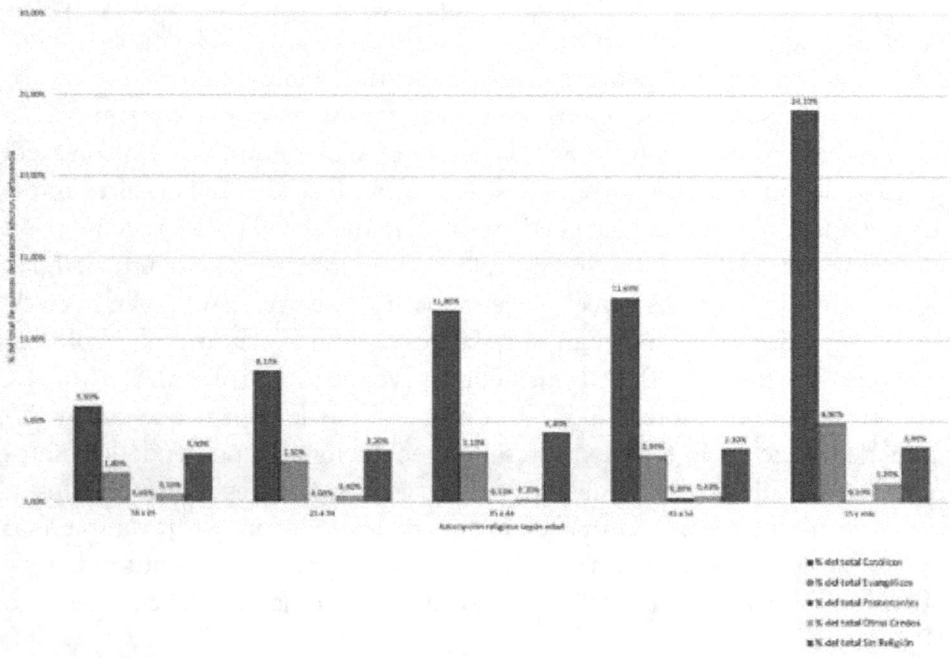

Figura 9: Porcentajes de situación religiosa de la población chilena.

Fuente: Elaboración propia basada en los datos proporcionados por la Encuesta Bicentenario del Centro de Políticas Públicas UC - Adimark, 2016 (2018).

congregarse en un lugar diferente al que lo hacía su familia original. En encuestas realizadas por el autor, se constató que era común que los hijos de los miembros de una congregación que alcanzaban la adolescencia ya no practicaran la fe de sus padres, por lo cual las iglesias se reducen a niños y ancianos, con el consecuente menoscabo a las posibilidades de expansión del credo a causa de la disminución de las rentas de los posibles "diezmadores" de la congregación, potenciales fuentes de financiamiento para la fundación de nuevos templos.

La realización de entrevistas a líderes de congregaciones nos permitió conocer otra variante del ciclo: la instalación de las residencias de los descendientes de miembros de un credo evangélico tradicional puede impedir la práctica regular del credo, pese a sus intenciones, y estos deciden participar en otras religiones si cuentan con templos cercanos a su residencia, incluidos los templos mormones, pentecostales y neopentecostales.

Relacionado con lo anterior, la Encuesta UC - Adimark, ha mostrado en años sucesivos que la religiosidad del padre no es influyente en la conducta religiosa del hijo; situación distinta es la referida a la madre. Si la madre profesa alguna religión, su influencia puede provocar que hasta la tercera generación aparezcan conversos; si la madre no profesa un credo, existe mayor probabilidad de que sus descendientes se secularicen y, por lo tanto, no mantengan su credo y menos produzcan extensiones territoriales para su fe (Centro UC Políticas Públicas - Adimark, 2016; Pontificia Universidad Católica; ADIMARK Investigaciones de Mercado, 2017). Entonces, puede ocurrir que en una familia de tronco evangélico existan saltos generacionales, pudiendo los nietos practicar la religión de los abuelos aun cuando sus padres o uno de ellos se hayan secularizado. La ausencia de evangélicos adolescentes y jóvenes en las congregaciones tradicionales es un tema advertido por diversas autoridades y líderes de iglesias entrevistadas, así como también la dinámica del ciclo descrito (Paulsen, 2014).

Al aplicarse un análisis de regresiones entre el nivel de estudios alcanzados por los encuestados y la confianza que estos declararon tener hacia la Iglesia católica, se obtuvieron valores negativos cuando se cruzaron estudios de posgrado completos (–0,05), valor neutro para el caso de quienes contaban con estudios universitarios de pregrado completos (0,111) y mayores niveles de confianza entre quienes no tenían estudios (0,446) y entre los que presentaban enseñanza primaria incompleta y completa (0,256). Las dos últimas características, complementando esta información con los datos censales, identifican a la población de mayor edad del país. De esta larga vuelta analítica se puede concluir que los porcentajes de adscripción religiosa que manifestó la población mayor de 55 años se debió a un efecto menor de las tendencias de secularización durante el desarrollo de su vida.

La siguiente figura 10 muestra la distribución de los creyentes y no creyentes en Chile Continental de acuerdo con los datos recogidos por el Encuesta Chile Bicentenario de Centro de Políticas Públicas UC - Adimark 2016. Cabe destacar que, por razones del levantamiento de información, quedaron excluidas las regiones extremas Aysén, Magallanes y la Antártida Chilena, y Arica y Parinacota. Respecto a las tendencias representadas, mencionaremos primeramente la predominancia de los creyentes en todas las regiones. Por otra parte, como ocurre a nivel mundial, los no creyentes aumentan en las regiones donde la cantidad de población urbana es más significativa.

Las teorías modernas de secularización asocian la ruptura con las claves religiosas orientadoras del comportamiento humano al incremento de los años de escolaridad y de los ingresos. Vale decir, las regiones donde reside población con más años de educación formal cursados y mayores ingresos, contendrán un mayor volumen de espacios secularizados. Se constata una asociación directa entre educación e ingresos en el caso chileno, de lo cual se concluye que el factor escolaridad influye fuertemente en el tramo de salarios al cual pueden optar un individuo y su familia, así como también la posibilidad de que sus actitudes no estén mediadas por aspectos relacionados con la esfera religiosa. Para efectos del presente estudio, entenderemos por creyentes al conjunto de individuos cuyas actitudes están mediadas, en un grado medible, por aspectos vinculados a las religiones y que, por ende, manifiestan algún grado de religiosidad. El comportamiento de estos individuos se encuentra influido por normativas que emanan de una religión a la cual declaran pertenecer (Fabre, 2001).

La condición de creyente no es exclusiva de quienes siguen y/o practican un credo en particular, pues también es extensiva a quienes declaran pertenencia a una religión pero no participan activamente en sus ritos ni se guían por sus preceptos. También considera los casos en los cuales las personas manifiestan alguna convicción de que sus conductas o experiencias de vida están reguladas por una identidad diferente a la propia. Por lo tanto, la condición de creyente no separa lo declarativo de lo prescriptivo, sino que se centra en lo declarativo. Precisamente, lo secular emana de la pérdida de relevancia de estas convicciones en la sociedad y de la afirmación de la individualidad como detonante y explicación de la ventura presente y la venidera.

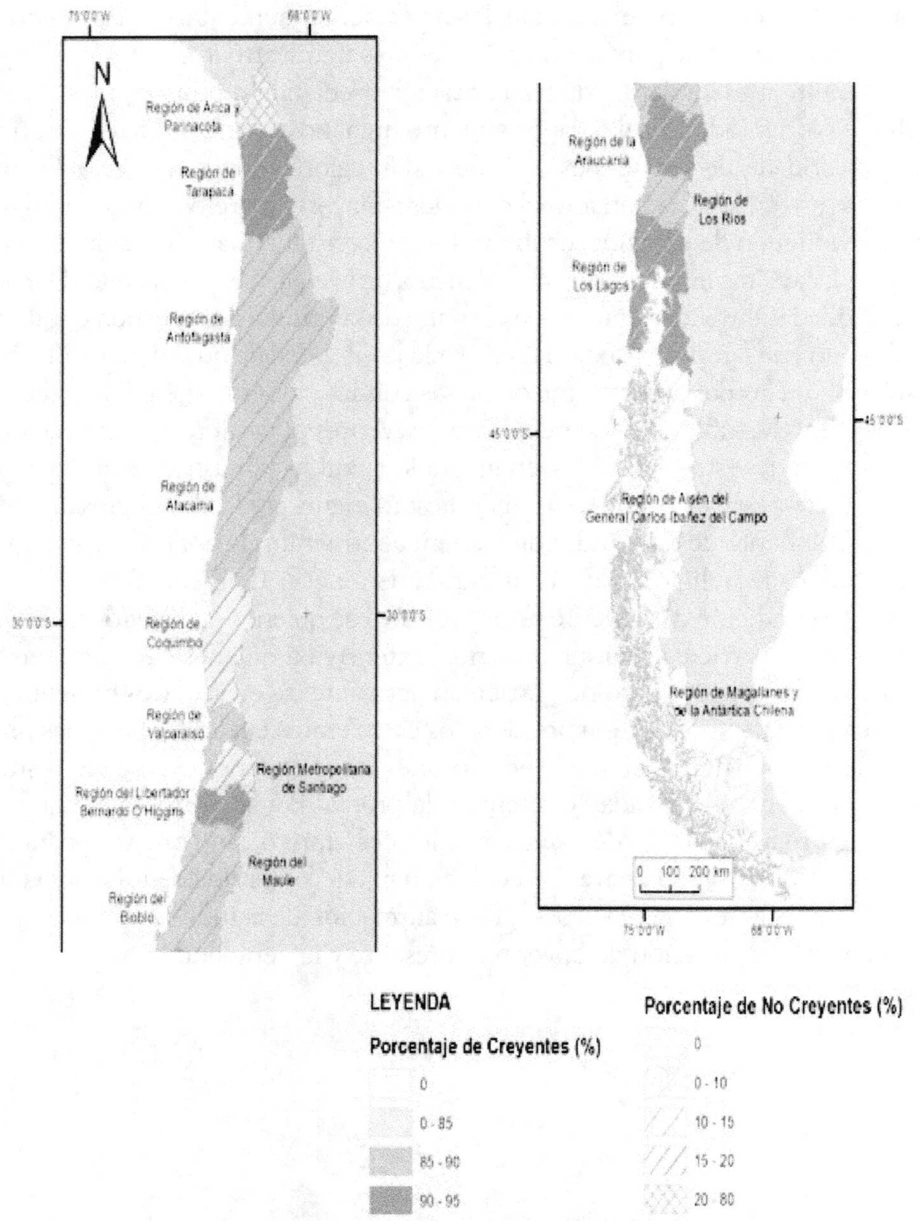

Figura 10: Distribución geográfica de creyentes y no creyentes en Chile (2016).

Fuente: Elaboración propia (2018).

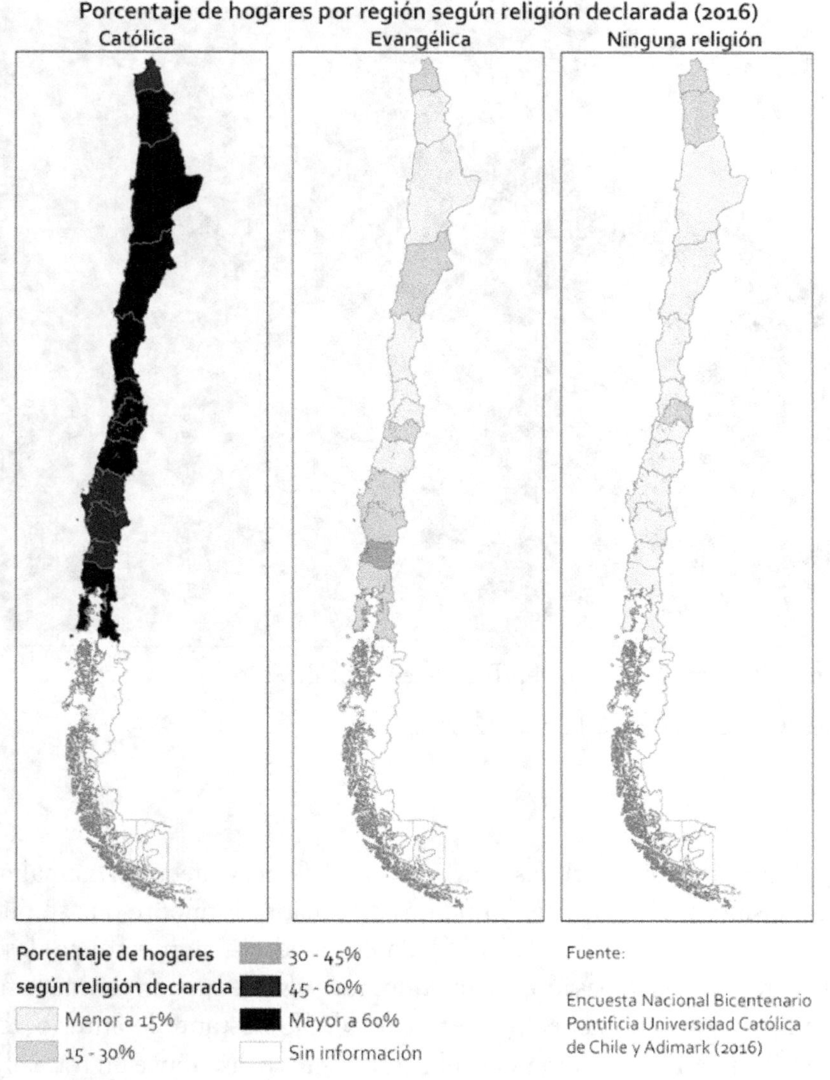

Figura 11: Distribución de los credos dominantes en Chile continental.

Fuente: Elaboración propia (2018).

Valiéndonos de la misma fuente de datos, la Encuesta Bicentenario del Centro de Políticas Públicas UC - Adimark 2016, elaboramos la cartografía que se presenta en la figura 10, que muestra la predominancia del catolicismo en todas las regiones, cuestión que se refuerza en la figura 11.

Figura 12: Templo católico en Balmaceda, Chile.

Fuente: Colección personal del autor (2018).

A nuestro juicio, el descuelgue citado afectó y afecta principalmente al catolicismo predominante. Ya hemos dicho anteriormente que se pueden observar tendencias sostenidas a la baja en la adscripción católica desde el primer tercio del siglo pasado, con algunos *revivals* que no han tenido la fuerza necesaria para romper la declinación general. No obstante lo anterior, como lo ilustra la figura 12, la presencia del catolicismo se distribuye en todo el país.

Al respecto, una consideración. Como señalamos anteriormente, el catolicismo está presente en Chile desde 1520. En el proceso de descubrimiento y conquista del territorio nacional, la clave religiosa jugó un rol clave, y desde el amanecer de nuestra historia, junto a la organización política del territorio conquistado, se constituyeron obispados y fórmulas de administración y evangelización eclesiástica, coincidentes con la llegada al país de representantes de las diversas espiritualidades que constituían al mundo católico de los siglos XVI y XVII. El *core* de la evangelización chilena fue la ciudad capital, Santiago de Chile, sede del primer obispado y asiento de la primera catedral. Entre los siglos XVI y XIX inclusive, la piedad y el fideísmo eran atributos característicos de la mayor parte de las clases sociales, según consta en diversas fuentes, lo cual otorgaba a la ciudad un talante recoletano y conventual, respaldado por el protagonismo de la Iglesia como agente urbano en la ciudad capital y en el resto de las urbes que se fueron construyendo y reconstruyendo a lo largo del tiempo. Procesos tales como el disenso religioso y la visibilización de otras expresiones del cristianismo debieron esperar hasta la segunda mitad del largo siglo XIX para hacerse presente en los paisajes urbanos y rurales del país. No obstante lo anterior, el catolicismo sigue siendo un elemento relevante en la constitución de la identidad nacional hasta nuestros días, como lo refleja la fotografía tomada a un templo en la ciudad de Balmaceda en Chile (figura 12), que respalda la tesis referida a la transversalidad de la presencia de este credo en todo el país (ver figuras 8 y 11).

Dicha influencia se explica en que un porcentaje importante de la población nacional adscribió y aun adscribe a los principios que esta religión (y el resto de las religiones cristianas) defiende y comunica, lo que explica la instalación de templos.

Por lo anterior, los sacerdotes católicos y sus iglesias perdieron la exclusividad del acompañamiento en las distintas etapas de la vida de los santiaguinos mediante los sacramentos y la práctica del culto. Se concretaron otras formas de liderazgo que explican la profusión de templos cuando la masa crítica reevangelizada lo permitía, cuya distribución se relacionó con la población a la cual atendían. Desde los inicios de las actividades proselitistas de estos grupos, pese a sus propios objetivos, tuvieron mayor efectividad en los estratos socioeconómicos más bajos, lo cual explica la localización actual de los edificios pertenecientes a este tipo de congregaciones.

Tras la recuperación de la democracia, el catolicismo tuvo –gracias a los réditos que en la opinión pública nacional le otorgó su lucha contra la dictadura– una posición de privilegio en el escenario urbano contemporáneo (Shaikh, 1999), así como en el global que acompañaba a la diversificación de la oferta de credos que se venía dando desde inicios del siglo XX. No obstante lo anterior, en la práctica, la producción de un mercado de suelos neoliberal en la mayor parte de las ciudades y países del mundo occidental, incluido Santiago de Chile, dejó a los credos en igualdad de condiciones, tanto en el nivel discursivo como en la posibilidad de adquirir propiedades para el culto según sus atributos materiales (cantidad de prosélitos, capacidad financiera, prácticas rituales, rutinas asociadas al rito, etc.) e inmateriales (contenido del discurso, comprensión de la trascendencia, normas y códigos asociados a la cotidianidad, cosmovisiones, etc.).

La constitución de un paisaje plurirreligioso no pone ni puso en juego la hegemonía del catolicismo en la mayor parte de las regiones del país, por cuanto el explosivo avance del mundo evangélico registrado en 1992 parece haberse estancado en torno al 20% del total de la población. Por cierto, no aparecen visos de que este último pueda superar esa cifra, dado que las fórmulas de evangelización y proselitismo que aplica lo han instalado a él y también al mundo protestante en nichos específicos cuya conquista ha agotado la mayor parte de sus energías, sin que se registren irrupciones en otros segmentos de población. Abordaremos esta temática más adelante.

La figura 13 evidencia la continuación de la baja en la cantidad de personas censadas que se declararon católicas en el contexto del censo de población y vivienda aplicado en 2002, que fue la última vez que se incluyó en el cuestionario preguntas referida a religión.

Se manifiesta tal tendencia del menor número de católicos y del estancamiento de la población evangélica en aproximadamente un 15% (situación que implica una merma con respecto a los datos registrados en 1982), y del crecimiento de los indiferentes a los credos, cuyo porcentaje casi duplica al de los evangélicos que existían para esa fecha en la capital de Chile.

La encuesta UC - Adimark, que se aplica desde 2006 en todo el país es otra fuente de información significativa para analizar el comportamiento de la clave religiosa en la sociedad nacional. Aun cuando los énfasis y el tipo de pregunta referido a religión han variado en el tiempo, los datos levantados permiten concluir que la proporcionalidad de los credos se ha mantenido durante el presente siglo y que existen, además de la caída del catolicismo en general y de la observancia en particular, sincretismos y ensamblajes en los diversos credos (católicos y no católicos), tales como expresiones endógenas y exógenas (o pentecostalismos globales) de movimientos neopentecostales y pentecostales de corte carismático.

La tendencia ya advertida del aumento significativo de ateos, agnósticos o que no tienen religión se mantuvo al inicio de la presente década, como se aprecia en la figura 14. Si sumamos los que declararon ser ateos o gnósticos a los que señalaron no tener ninguna religión, se concluye que el 20% de la población santiaguina no tiene algún compromiso con las religiones imperantes y que más de la mitad de los encuestados –lo que representa el triple de la

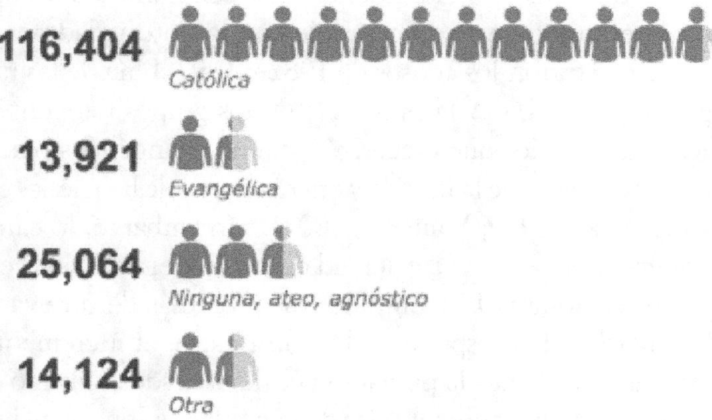

Figura 13: Población según religión declarada en Área Metropolitana de Santiago, Censo 2002.

Fuente: Elaboración propia según datos del Censo de Población y Vivienda 2002 (2018).

suma entre los ateos, los gnósticos y los que no tienen religión– se declararon católicos. El análisis de los datos permite concluir que la opción evangélica se ha estancado en alrededor de un 16%, que el catolicismo del siglo XXI no superará el 70%, y que se mantendrá la tendencia al aumento del descuelgue religioso reflejado en quienes declaran no tener o no pertenecer a ninguna religión, o bien se declaran agnósticos o ateos.

En 2012 se registró un alza de los que se declararon evangélicos y una baja en los católicos, y no es posible concluir que hubo un trasvasije entre ambas pertenencias. Todo lo anterior ha hecho más complejo delinear el mapa de las religiones y ha significado un desafío para el análisis desde las ciencias sociales y de las humanidades en general, así como desde la geografía en particular. En Chile, la situación de pérdida de importancia del posicionamiento de la clave religiosa en la cotidianidad de individuos y sociedades es un proceso de larga data, con velocidades diferentes, pero con el mismo resultado: la baja tanto en la pertenencia y en la práctica del catolicismo desde el primer tercio del siglo pasado hasta nuestros días, tanto como en quienes se declaraban católicos observantes.

Podemos entonces señalar que la evolución del campo religioso de la ciudad de Santiago se tendió a estabilizar como se ha descrito, con una baja

–variable– del catolicismo y una tendencia al crecimiento de los evangélicos desde 2013, no resultando esto comparable con la notoriedad porcentual de estos credos que mostraron los censos de 1982 y 1992. Una de las razones que pueden explicar dicha alza es la presencia de los grupos neopentecostales y pentecostales celulares, los que crecen a costa de evangélicos practicantes y observantes desencantados de la liturgia y orientaciones de las iglesias evangélicas tradicionales (Bastian, 1999; Mansilla, 2007). Sin embargo, lo característico de estas congregaciones es su incapacidad de mantener a quienes conquistan debido a que decepcionan al incumplirse las promesas de un evangelio sustentado en el logro de la prosperidad. Por otra parte, el incremento del PIB per cápita experimentado por la población chilena desde el último quinto del siglo pasado y los crecientes porcentajes de la población que accede a la enseñanza secundaria y terciaria, explican el incremento de los sin religión que es expresado en los censos de población y vivienda y otras encuestas nacionales.

Comparando los porcentajes presentados en diversas fuentes con los que se detallan para el continente en la tabla 1, podemos concluir que el proceso de secularización ha pasado de lento a veloz. En ese contexto, se distingue el Chile actual por su fastsecularización, lo cual no excluye la presencia de lo religioso en el paisaje urbano y rural nacional, presencia que se observa en templos y otras formas de infraestructura e incluso en algunos aspectos de la cotidianidad que la religión no regula, como, por ejemplo, el deporte, las fuerzas armadas, fiestas y tradiciones locales. En virtud de esta paradoja, concluimos que, así como la Modernidad, el proceso de secularización nacional no puede desconocer que parte de sus fundamentos pertenecen al campo religioso y que lo que se experimenta en nuestro tiempo es la adquisición de mayores niveles de autonomía de diversos procesos y fenómenos de esa base originaria. Es posible entonces destacar la porosidad del linde entre las dimensiones socioespaciales y culturales seculares y religiosas, aspecto característico de la realidad nacional que se proyecta hacia la presente centuria, como lo expresan los registros de la Encuesta Bicentenario UC - Adimark de los años 2011 (figura 14) y 2016 (figura 15).

Así como se aprecian tendencias, las cifras también pueden invisibilizar especificidades a causa del empleo de grandes categorías para aglomerar las manifestaciones religiosas en un área socioespacial determinada. Tal es el caso de los evangélicos: bajo este paraguas o continente, se aglutinan grupos que defienden particularismos e identidades desde las cuales se separan y diferencian mutuamente. Por este motivo, a diferencia de Estados Unidos de

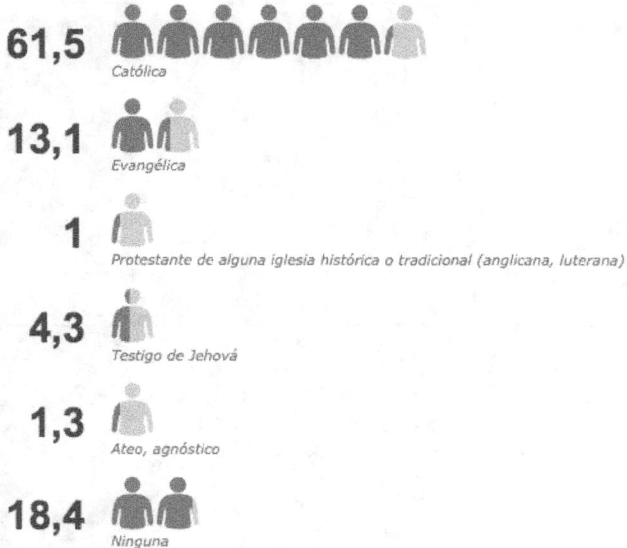

Figura 14: Porcentajes de adscripción religiosa de los santiaguinos, según datos Encuesta Bicentenario UC - Adimark, 2010-2011.

Fuente: Elaboración propia (2018).

Norteamérica, Chile no ha dado pasos hacia la construcción de una sociedad evangélica sobre la base de las similitudes y conexiones doctrinales, rituales, valóricas, culturales, sino que se ha conformado un agrupamiento desde fuera que, en su interior, posee altos niveles de atomización y fragmentación, lo que se expresa en la pluralidad de templos que acogen los espacios urbanos y rurales.

Dicho de otro modo, se producen manifestaciones religiosas de lo que Hervieu Léger define como "el creer" (Hervieu-Léger, 2005) en campos que parecen ajenos e incluso hostiles, manteniéndose la brecha entre ambas posturas en lo referente a las instituciones propiamente religiosas. Esta distinción hace posible pensar en formas de difusión de la religión en el espacio social y, también, definir el impacto de religiosidades invisibles o difusas con respecto a las tradicionales o convencionales.

La dialéctica entre diferenciación interna y homologación externa ha influido en la evolución del panorama religioso que muestran las tendencias

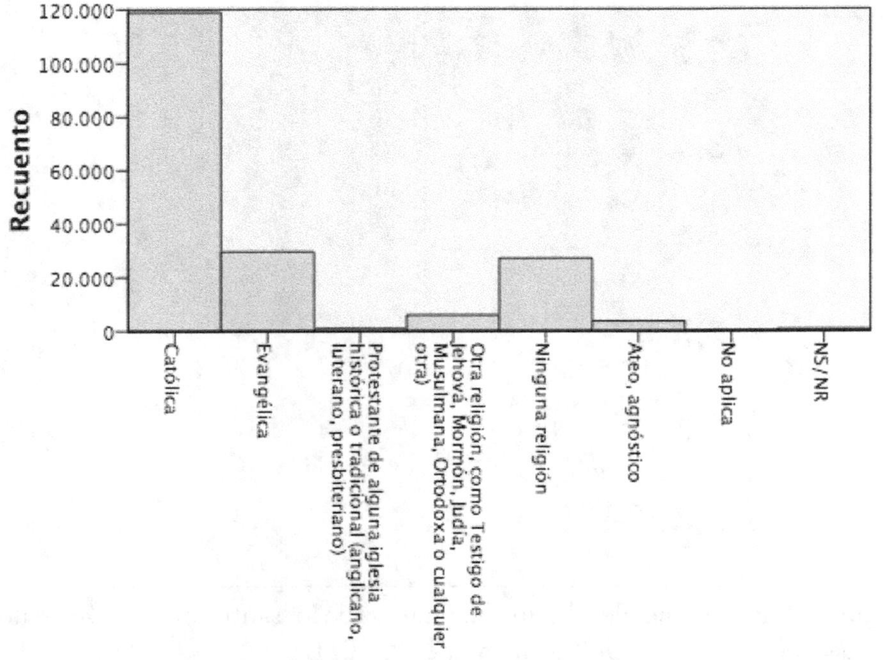

Figura 15: Población según opción religiosa en la Encuesta UC - Adimark 2016. *Fuente: Elaboración propia (2018).*

hasta aquí representadas: un evangelismo estancado, un catolicismo mayoritario y fluctuante a la baja, y el crecimiento de los que no tienen religión o son ateos o agnósticos.

Es posible construir vasos comunicantes al comparar las cifras referidas a ninguna religión, que presentan tanto las figuras 14, 15 y 16, con los porcentajes anuales de católicos (por ser esta la religión mayoritaria). Diversos trabajos muestran que en el pasado siglo se midió el bajo porcentaje de practicantes, pero este era considerado por diversos personeros del clero e intelectuales como una situación preocupante que caracterizó al catolicismo desde mucho antes, y que podía generar el abandono de la religión o el trasvasije hacia otros credos (Espinosa, 2005; Godoy, 2002; Hinzpeter & Lehmann, 1999; Hurtado, 1936, 1941; Lehmann, 2001). Es así, aun cuando en el caso chileno la pérdida de observancia no implica necesariamente pérdida de la creencia, como lo evidencian las estadísticas presentadas por el Centro de Políticas Públicas UC (Centro UC Políticas Públicas - Adimark, 2016; Pontificia Universidad Católica; ADIMARK Investigaciones de Mercado, 2010, 2017), que explican la separación entre estas (nos referimos a las creencias) y el creer, que es el bastión sacramental y magisterial de los credos institucionalizados. El creer funciona como el componente poblacional que mantiene viva la fe, que funciona en la Iglesia o, como veremos más adelante, en instancias polifuncionales, como los establecimientos educativos, espiritualidades móviles, grupos de interés filo religiosos u otras expresiones asociadas a la misericordia y a la solidaridad.

La figura 16 siguiente sintetiza las principales tendencias en el ámbito religioso de la centuria actual: la mantención de la tendencia a la baja del catolicismo, el estancamiento en las adhesiones de los credos no católicos, el aumento de los no religiosos (Webb, Joseph, Schimmel, *et al.*, 2006).

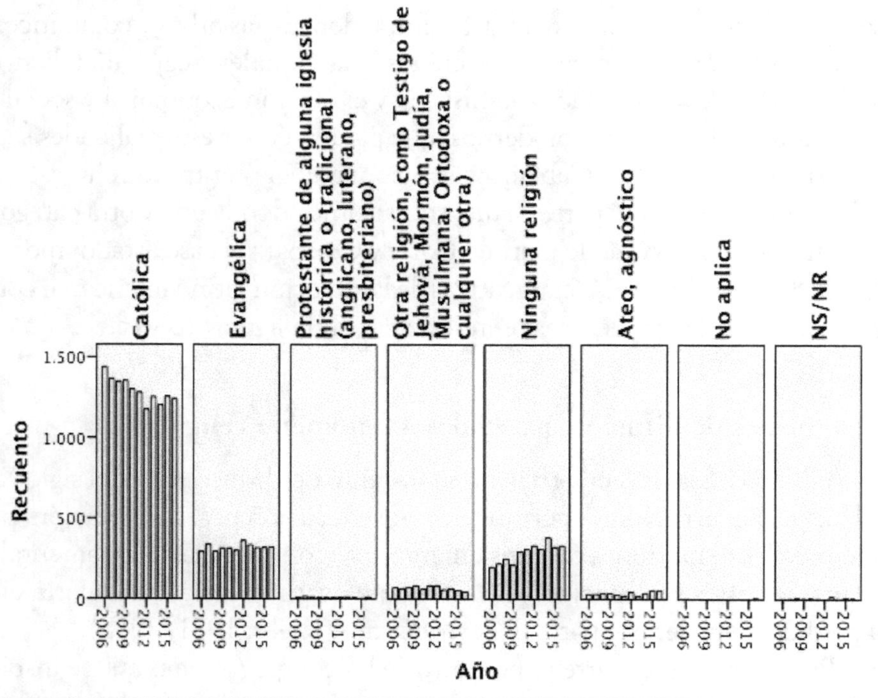

Figura 16: Evolución de la adscripción religiosa 2006-2016.

Fuente: Elaboración propia a partir de datos proporcionados por UC - Adimark (2018).

Según diversos estudios, la disminución en la membresía de las religiones es un problema que ningún credo ha resuelto significativamente, lo que contrasta con el incremento a escala global de los pentecostalismos y del islamismo. Es un hecho que la mayor parte de las congregaciones cristianas pierden segmentos enteros de población. Por ejemplo, algunas pierden hombres y mujeres cuando alcanzan la adolescencia, u hombres solteros adultos, transformándose así en iglesias de viejos y niños. Además, las iglesias tienden a exagerar sus montos totales de feligreses en el contexto del discurso proselitista (Pontificia Universidad Católica; ADIMARK Investigaciones de Mercado, 2017).

Las tendencias recogidas en las figuras precedentes manifiestan la asociación entre comportamientos sociales, transformaciones urbanas y dinámicas del cambio religioso en ciudades como Santiago, por cuanto desde los inicios del siglo pasado la ciudad se fue asociando al cultivo de diversos credos, tanto simbólica como materialmente, en oposición a lo que tradicionalmente argumentó la mayor parte de los sociólogos y cientistas sociales que proyectaron la secularización como gran fuerza transformadora de las urbes y como incompatible con la supervivencia de los credos tradicionales, según dictaban los postulados de Weber referidos a la historia y evolución económica y social de los conglomerados urbanos modernos, que pasaban a ser espacialidades secularizadas y secularizantes. Cabían, más bien, analogías entre lo religioso y lo secular, entendidas como parte de un proceso único donde una y otra categoría eran casi sinónimos, como lo planteó Harvey Cox para el caso estadounidense (Cox, 1984) y que eran más explicativas de la situación latinoamericana, como parecen mostrar las tendencias representadas en la figuras 15 y16.

Otras formas de difusión espacial del fenómeno religioso

La vía chilena hacia la secularización se sustentó desde mediados del siglo XIX en la búsqueda de mayores oportunidades de educación para la población. Son numerosas las expresiones de pensamiento que consideraban fundamental la apertura de centros educacionales laicos para avanzar hacia la secularización y la pérdida de poder por parte del catolicismo (Krebs, 1981, 2002).

Por su parte, una parte importante de las congregaciones que se instalaban en Chile tenían una vocación educacional, lo cual explica la cantidad y concentración de colegios en el casco histórico de la ciudad y en la periferia aledaña, algunos de los cuales siguen funcionando hasta hoy en día. Cada colegio era una proyección de la fe y no solo se educaba a los alumnos inscritos, sino que a través de ellos se alcanzaba a las familias. Este modelo de evangelización se replicó en la mayoría de las ciudades chilenas.

La figura 17 muestra la provisión por parte de la Iglesia católica de establecimientos educacionales para la población de la ciudad de Santiago desde el siglo XIX a la actualidad. Si se compara la localización de los colegios con la densidad o concentración (que se expresa en la figura 18), se puede inferir que se generaron polos que responden a la suma entre oportunidades inmobiliarias y estrategias territoriales de las congregaciones.

En el análisis de la figura 17 destaca la transversalidad de los colegios con respecto a las áreas sociales de la urbe, lo que equivale a constatar que el proyecto de educación católica estaba destinado a todos los niveles socioeconómicos, cuestión que se puede también apreciar en lo concerniente a la geografía de los templos. Es un aspecto a destacar emanado de trabajos anteriores (Paulsen, 2005b, 2009, 2014, 2015) respecto del que, pese a la transversalidad comentada, algunos actores religiosos católicos manifiestan y manifestaron su insatisfacción con la presencia de la Iglesia, planteando una brecha entre la religión y los sectores más vulnerables de la población de la ciudad (y del país), cuestión que se contradice con la situación geográfica real. Esto puede deberse a un problema de expectativas desde las cuales se ha construido la imagen de una Iglesia ausente en algunas áreas sociales de la urbe: tanto establecimientos educacionales como templos aportan a la construcción de una red de fe católica que, por lo menos, garantizan la accesibilidad a espacios de culto. El problema de déficit tiene más bien relación con la crisis sacerdotal que viene dándose en el catolicismo desde inicios del siglo XIX y la transición secular que experimenta la sociedad santiaguina (Cragun & Lawson, 2010). En la misma figura, se consideran los establecimientos educacionales laicos y colegios pertenecientes a otras religiones. La fundación de un colegio laico fue una de las primeras medidas que se adoptaron tras la emancipación de España, lo cual evidencia la importancia que tuvo y tiene para parte de la elite la provisión de este tipo de oferta educativa. Por ende, la instalación de colegios laicos expresa la dinámica de la secularización que tiene lugar en Chile, en general, y en Santiago, en particular, desde el siglo XIX hasta nuestros días.

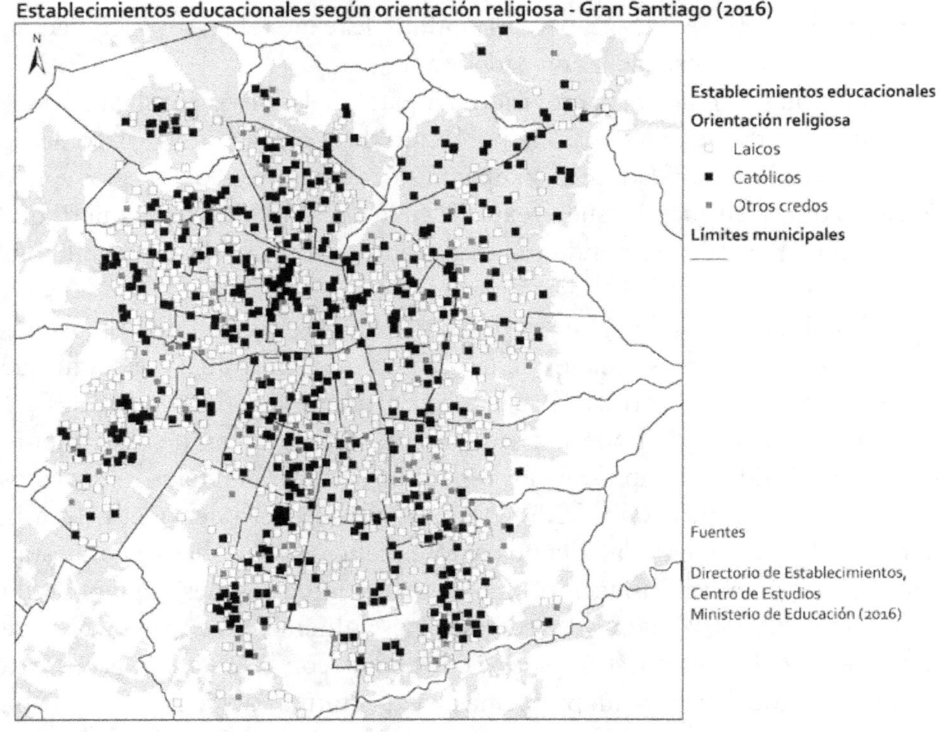

Figura 17: Educación y religión en el Área Metropolitana de Santiago.

Fuente: Elaboración propia (2018).

Diversos gobiernos de este tinte instalaron los colegios en los municipios que existían en sus respectivos períodos, lo cual explica la concentración de este tipo de infraestructura en municipios como Santiago, Providencia, Ñuñoa, entre otros. Durante la década de 1960 y 1970, se instalaron colegios confesionales en los sectores donde residían, formal o informalmente, los migrantes campo-ciudad que se avecindaron en la capital de Chile como ejército de reserva del ensayo de industrialización sustitutiva que estuvo en boga hasta el colapso de la democracia en 1973 (San Miguel, Maipú, Renca, La Cisterna, Conchalí, entre otras). El Estado, a través de Sociedad Constructora de Establecimientos Educacionales y otras afines, construyó también colegios en todas las ciudades, donde además se atendían las necesidades alimenticias y de salud de las familias, especialmente de los sectores vulnerables.

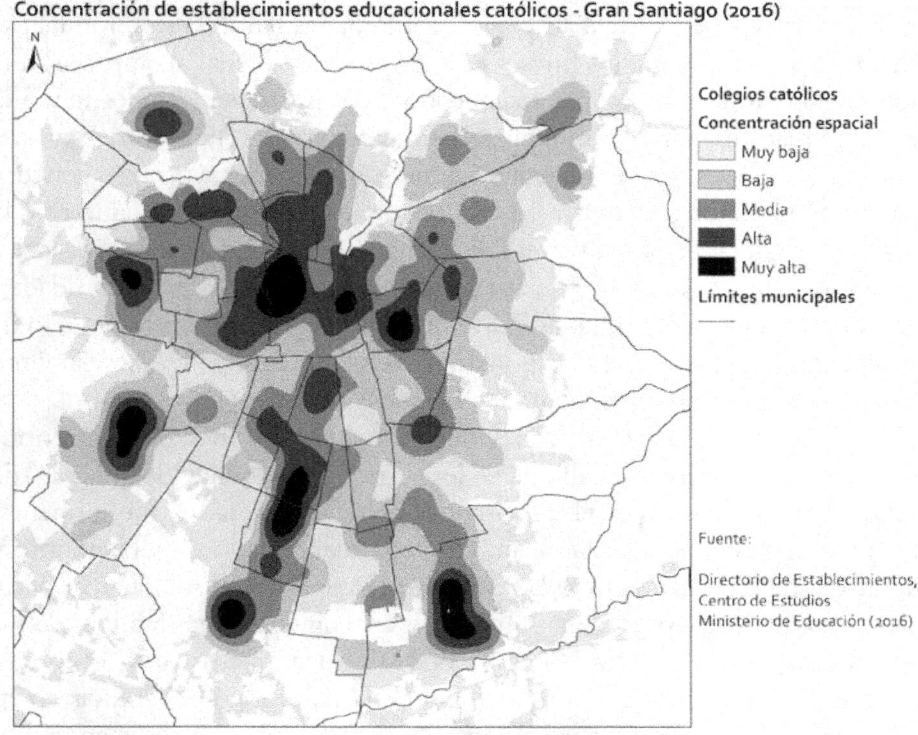

Figura 18: Concentración de colegios católicos en el Área Metropolitana de Santiago.

Fuente: Elaboración propia (2018).

Los colegios católicos se concentran, según la figura 18 realizada utilizando el método de determinación de proximidad de Kernel, en el casco histórico, en sur, sur oriente y sur poniente de la ciudad.

Se trata de sectores habitados por grupos socioeconómicos medios, medios altos, medios bajos y población vulnerable. Salvo en el casco histórico, son establecimientos educacionales inaugurados en el siglo pasado. La concentración de establecimientos en el casco histórico y sectores antiguos colindantes de la ciudad suma la accesibilidad como nuevo elemento que favorece el prestigio institucional y como factor influyente en la decisión de matricular a un hijo o hija. Los colegios obedecen a los intereses de las congregaciones que fueron llegando a la ciudad con proyectos basados en el compromiso con la fe y en la participación de la familia en la educación formal y religiosa de los hijos. Por este motivo, se planteaban como comunidades familiares de formación religiosa que educaban a los hijos y a los padres, por lo cual acompañaron la vida sacramental de los grupos socioeconómicos urbanos radicados más allá del casco histórico santiaguino, pues algunas congregaciones se orientaron a educar a los grupos socioeconómicos de mayores ingresos y otras se concentraron en los sectores medios y en el proletariado urbano. Por lo anterior, la falta de parroquias en algunas áreas de la ciudad fue compensada por colegios confesionales que atendían espiritualmente a sus respectivas comunidades, incluso cobijando templos como parte de su infraestructura. Este modelo de difusión fue especialmente exitoso para la religión católica y prácticamente no tiene parangón en otras religiones y credos.

El carácter fundacional de los colegios se evidencia en que su concentración mayor se encuentra localizada en los barrios tradicionales de la capital de Chile y, principalmente, en el casco fundacional de la ciudad. Posteriormente, se fueron expandiendo hacia el sur, en concordancia con el poblamiento y expansión de la urbe que tuvo lugar durante el siglo pasado. La mayor parte de este tipo de colegios tiene un templo, el cual aglutina a las familias de sus estudiantes, por lo cual se trata de un segundo tipo de infraestructura (el colegio y su respectivo templo) que aportó y aporta a la difusión del catolicismo en la población. Este proceso no se da en el caso de los evangélicos y, en menor medida, se asemeja a la situación de los establecimientos protestantes.

Con el fin de valorar la dimensión evangelística de los colegios confesionales y laicos, se presentan las figuras 19 y 21, referidas a las áreas metropolitanas de Valparaíso (figura 19) y Concepción (figura 21).

En ambos casos no se incluyeron colegios cuyos dueños y/o sostenedores declaran principios e inspiración católica pero no pertenecen ni dependen directamente de su respectivo arzobispado u obispado. La mayor parte de las denominaciones evangélicas no tienen colegios; por ende, los establecimientos educacionales identificados como tales son los que declaran en sus proyectos educativos y en sus nombres de filiación con los credos evangélicos.

En el Área Metropolitana de Valparaíso, el catolicismo es la religión predominante con un 60% y más de población que declara pertenencia a este credo. Los grupos evangélicos metodistas y los bautistas cuentan con colegios que tienen una mayor dependencia de sus respectivas organizaciones, aunque presentan niveles variables de autonomía. Llama la atención que, siendo Valparaíso cuna del protestantismo y de gran parte del evangelismo nacional,

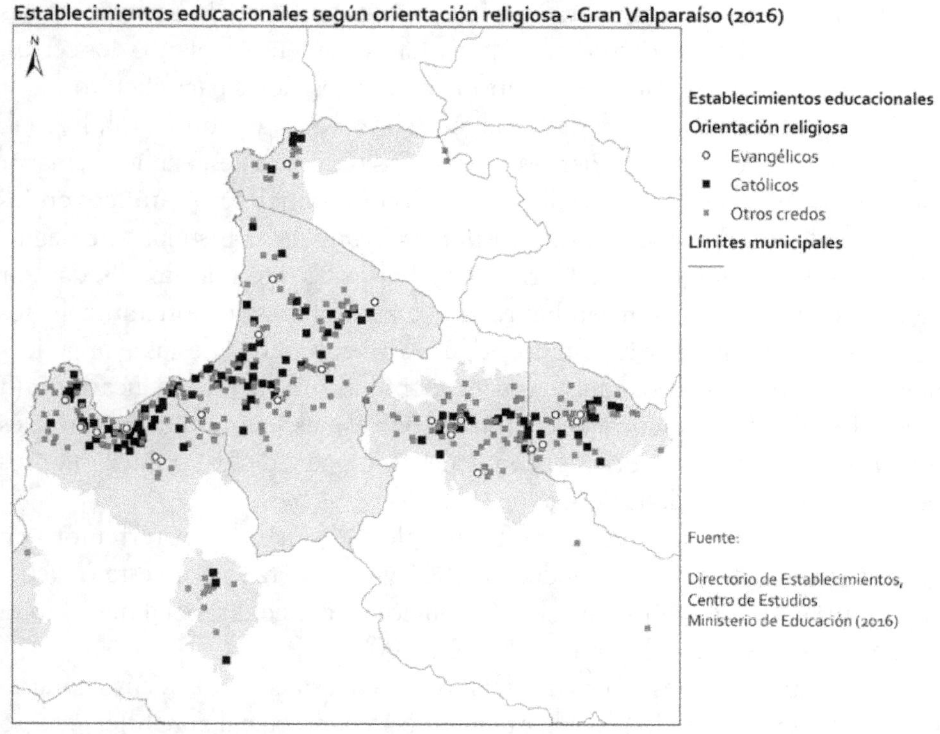

Figura 19: Distribución de colegios confesionales y laicos en el Área Metropolitana de Valparaíso (2016).

Fuente: Elaboración propia (2018).

no manifieste una red de infraestructura asociada a los credos que se instalaron allí a causa de su carácter de principal puerto de Chile durante los siglos XIX y XX. En esta ciudad se ubicaban, por la razón descrita, las casas matrices de distintas compañías importadoras y exportadoras que contaban con personal extranjero, principalmente de origen anglosajón, que practicaban religiones evangélicas y protestantes.

Probablemente la prohibición vigente hasta 1865 de celebrar ceremonias públicas a otros credos que no fuesen la religión católica, así como la poca capacidad o interés que manifestaron los miembros de estos grupos por difundir y evangelizar a la población chilena, explica la existencia de un paisaje plurirreligioso poco diverso en esta ciudad, cuestión que ha variado recientemente tras la irrupción de los pentecostales, metodista-pentecostales y neopentecostales que han colonizado significativamente el plano y los cerros, pero, principalmente, mediante la instalación de espacios para el culto.

Valparaíso fue la cuna del evangelismo metodista pentecostal, lo cual, sumado a la presencia de corrientes evangélicas tradicionales, explica la mayor cantidad de establecimientos educacionales confesionales no católicos en los cerros y plano urbano. Las otras corrientes evangélicas instalaron colegios asociados a los inmigrantes o bien aprovecharon las reformas impulsadas por la dictadura cívico-militar tendientes a que particulares gestionaran colegios con el apoyo subsidiario del Estado. Algunos miembros de iglesias evangélicas abrieron establecimientos educacionales adoptando un proyecto educativo afín a sus creencias. Esta práctica fue común en todo el país, con resultados variables en términos de las matrículas y el consecuente impacto de los establecimientos en la evangelización de la población.

Este proceso se inició durante el siglo XX, cuando un terremoto de gran magnitud afectó a esta ciudad en 1906 y en el contexto de esta tragedia se visibilizaron fenómenos de eclosión religiosa y agitación social que venían incubándose desde mucho antes (Paulsen, 2009).

La figura 20 muestra la localización de la iglesia metodista cuya congregación se dividió y fundó la corriente metodista pentecostal en Chile, proceso que se replicó en Santiago tres años después y que en la actualidad representa una de las agrupaciones de iglesias más numerosas y significativas dentro de las corrientes pentecostales que, a su vez, predominan en el evangelismo chileno.

Como veremos más adelante, el proceso de fractalidad evangélica, que distingue a las corrientes pentecostales en general y al metodismo pentecostal en particular, explica en gran medida el crecimiento y expansión de estas corrientes cuyos templos son materialidades, símbolos y significancias. Precisamente, la materialidad de los edificios rituales evangélicos expresa la magnitud del impacto y permanencia del credo en el espacio urbano. Se trata de representaciones de las esperanzas y visiones de mundo de quienes los construyen y mantienen vigentes, y de allí su valor simbólico, en tanto su significancia se fundamenta en el carácter de una parte del dispositivo discursivo (Agamben, 2013; Didi-Huberman, 2008) de la ciudad, que es un texto en el cual se refleja el magma social bajo la forma de artealización *in situ* y producción de visoespacialidades, por cuanto son concebidos como casas u hogares de un grupo de individuos que se reconocen como hermanos y que se asumen como responsables de extender la fe al entorno mediante el testimonio personal, la predicación de sus creencias

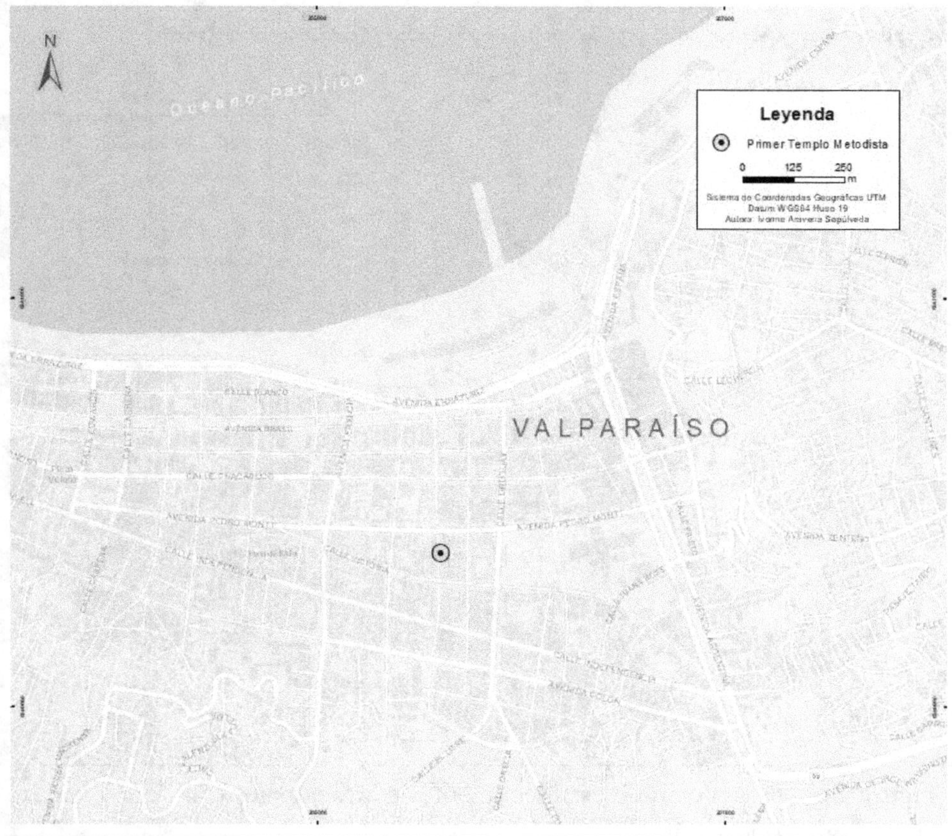

Figura 20: Localización de la primera iglesia metodista de Valparaíso, *core* del avivamiento pentecostal de 1906.

Fuente: Elaboración propia (2018).

religiosas y las actividades desarrolladas en un espacio en el que se manifiesta lo numinoso y el *mysterium tremendum* (Otto, 2016), lo cual condiciona sus atributos estéticos, estructurales y los actos que cobija y permite.

La figura 21 siguiente representa la situación que se da en el Área Metropolitana de Concepción, que desarrolló a lo largo de su historia un perfil laico. Una de las modalidades características del proceso de secularización en Chile tuvo que ver precisamente con la intención de los grupos liberales de proveer a la ciudadanía de un modelo educativo que se distanciara de la esfera religiosa.

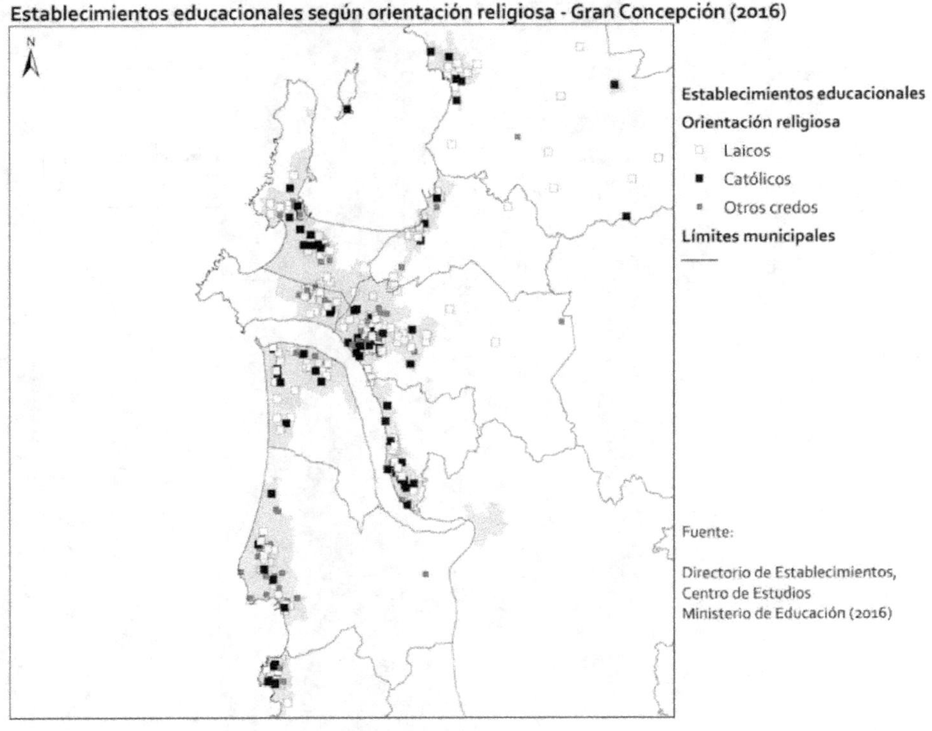

Figura 21: Distribución de establecimientos educacionales católicos y laicos en el Gran Concepción.

Fuente: Elaboración propia (2018).

Se trató de un objetivo perseguido desde el último quinto del siglo XIX y hasta el siglo XX. No obstante lo anterior, la religión católica es predominante en la Región del Bío-Bío, así como también los guarismos de creyentes, y en ella tienen lugar diversas fiestas religiosas de alcance nacional, especialmente la festividad de San Sebastián de Yumbel: se localiza en ella la cuasi hierópolis de Yumbel y se registra una fuerte presencia de colegios confesionales en la región. Este tipo de situaciones caracteriza a la secularización "a la chilena", en la cual las claves religiosas provocan disenso, pero no pierden relevancia imaginaria, simbólica, material y valórica, entre individuos y los grupos sociales.

Los grupos evangélicos regionales, especialmente los de corte pentecostal, se difundieron entre la población vulnerable, de manera notoria entre pescadores artesanales, campesinos y obreros agrícolas, obreros del sector servicio e industrial, pirquineros y mineros de los yacimientos carboníferos. Esta base permite la existencia de umbrales para la instalación de colegios evangélicos en áreas sociales que destacan por la precariedad laboral y social, como, por ejemplo, Lota, Coronel, Chiguayante. En cambio, los sectores más secularizados y de mayores ingresos cuentan con una infraestructura de colegios católicos.

Con respecto a la Iglesia de los Santos Apóstoles de los Últimos Días, se construyó recientemente el segundo templo mormón más grande del país, en cuyas actividades se integrarán los miembros de dicho credo del sur argentino. Esta secta creció significativamente en la Región del Bío-Bío en el último tercio del siglo pasado, instalando templos en la mayor parte del Área Metropolitana, ciudades medias y pueblos de la región.

En conclusión, los establecimientos educacionales se suman como centros difusores de la fe a la red de templos o lugares consagrados al rito por los credos que existen en las áreas metropolitanas más importantes del país.

Destacan en el paisaje urbano del Área Metropolitana de Concepción algunos procesos que se manifiestan de distinto modo en las restantes áreas metropolitanas chilenas y en otros que no tienen parangón. Nos referiremos a tres situaciones que no forman parte de los paisajes religiosos de Santiago y Valparaíso. La primera es la presencia de un grupo menonita que se mantiene aislado del resto de las colectividades religiosas y que mantiene un hermetismo respecto de sus participantes y prácticas rituales. La segunda situación corresponde a un grupo pentecostal que, inspirado en el carisma profético y militar del rey David, crearon una congregación que se dedicó, durante la última etapa del siglo pasado y primeros años de la actual centuria, a adquirir propiedades localizadas en el antiguo Barrio Rojo de Concepción con el fin de transformarlas en templos para redimir esa porción de la ciudad, extirpando de ella lo que consideran como prácticas demoniacas. Esta situación de producir una especie de pátina o velo religioso que reemplace a la ciudad pecaminosa mediante la adquisición ex profeso de antiguos burdeles, bares y espacios afines, no tiene parangón en el mundo evangélico chileno actual. Por último, también destaca la presencia de un grupo evangélico que se declara anabaptista, corriente religiosa que dio origen a la actual tradición bautista y de la cual se autodeclara distante y de la que busca diferenciarse mediante la predicación de un mensaje religioso fundamentalista y conservador.

La lugaridad de la fe en estructuras alojadas en el espacio público: el fenómeno de las animitas en el contexto de una teoría del lugar

Una de las peculiaridades de las religiones es que son en sí mismas espacialidades, ya que no hay lugares en los que la religión no se encuentre presente de alguna manera (Knott, 2005, 2009), pese a la pérdida de capacidades que manifiestan las sociedades modernas de incorporar, mediante la producción de imaginarios, a los individuos y a los grupos humanos a una genealogía creyente (Champion, 1997). Las utopías religiosas, incluyendo la cristiana, son también un tipo específico de lugar en que se construyen edificios que funcionan como textos cuyo fin es albergar alguna expresión de la divinidad que busca relacionarse con el ser humano. Sin embargo, la espiritualidad y el creer de los sujetos no se reduce a la concreción de este tipo de edificaciones religiosas ni a la producción de una forma específica de visoespacialidades, sino que emergen constantemente modalidades religiosas populares orientadas a hacer morar a lo divino en otras materialidades, como por ejemplo, las animitas, expresiones comunes de religiosidad en los campos y ciudades latinoamericanas que corresponden a la versión chilena de los cultos a las ánimas practicado en otras regiones de nuestro continente y que se fundamenta en la creencia prehispánica de que vida y muerte formaban parte de un mismo ciclo vital, interrelacionado y dialogante entre muertos y vivos. Expresan el desequilibrio fundamental entre un cuerpo que existe horizontalmente y un alma que se despliega verticalmente. Cuando un individuo fallece se construye una especie de casa, como se puede apreciar en la figura 22, en la cual el cuerpo anida en el mundo y el alma en el cuerpo (Acevedo & Cortés, 2016; Benavente, 2011; Munch, 2010; Ojeda & Lautaro, 2011; Lira, 2002; Plath, 1995).

La figura 22 ya mencionada corresponde a una animita que rememora la muerte de un adulto en las cercanías del Campus San Joaquín de la Pontificia Universidad Católica de Chile, la cual muestra la asociación típica entre la casa que alberga el alma del difunto, las velas que ofrecen deudos y devotos, y la producción de una lugaridad asociada a formas de religiosidad popular en espacios públicos o de tránsito. A nuestro juicio, se trata de una performance o escenificación que otorga un tipo específico de lugaridad a un espacio determinado, en la lógica de los *care of fileds* planteados por Tuan. Según Oreste Plath, "nace una animita por misericordia del pueblo en el sitio en el que aconteció una mala muerte. Es un cenotafio popular, los restos descansan en el cementerio, por lo que se honra el alma, la ánima" (Plath, 1995, p. 9).

Figura 22: Animita en etapa de construcción.

Fuente: Colección personal del autor (2017).

Se trata de construcciones de distintos materiales y con diferentes niveles de elaboración que interrumpen el paisaje oficial bajo la forma de un receptáculo para ofrendas materiales, carteles, velas y flores que rinde homenaje a un individuo, generalmente fallecido de modo trágico a cuya alma se le asocian intervenciones milagrosas. Se trata de canonizaciones informales, al margen de la religión oficial, que intervienen espacios profanos con símbolos esencialmente humanos, que marcan no solo la presencia de un acontecimiento importante para una población específica, sino que, desde la memoria, perpetúan alguna forma de existencia produciendo un lugar desde la reivindicación de la permanencia (Parker, 1992).

Generalmente, la presencia de este tipo de edificaciones se contradice con la normativa y representa modalidades de ocupación informal del espacio público; la percepción subjetiva de sacralidad que vincula estas manifestaciones con la población creyente inhibe acciones que las destruyan o muevan a otros sectores, por lo cual tienden a complejizarse como estructuras, a incorporar otros elementos y a transformarse en ocupantes en el largo plazo del espacio que las acoge, como muestra la figura 22.

Según la figura 22, una animita es una edificación que funciona como microespacio o lugar sacro cuya dinámica y evolución se distancian de la memorización religiosa oficial, expresando un tipo de espacio de resistencia y práctica microbiana resistente (de Certeau, 1984, 2000a; Dittmer, 2007). Como la función esencial de una casa es propiciar el habitar, la morfología de la animita evoca el interés de los constructores de que el alma del fallecido permanezca, siga habitando la realidad desde la cual la arrancó una "mala muerte" (Plath, 1995). Esta alma queda de alguna manera interconectada con el fetiche-casa-morada al que se le reza y se le prenden velas, y que actúa como mojón demarcatorio del encuentro entre la muerte y un individuo, entretanto el cuerpo se halla en un cementerio (o, en algunos casos, no se conoce su paradero). Por ende, toda animita, que puede adoptar forma de casa, templo o iglesia, actúa como un lugar desde donde se redirecciona el afecto que sentían hacia un difunto sus cercanos, por un sentimiento similar o mayor al espacio que recuerda su distanciamiento (Parker, 1992; Lira, 2002).

Los espacios en los que se levantan este tipo de edificaciones funcionan como unidades sacras en un contexto generalmente secularizado, por lo cual se enfrentan dos formas de imaginar el mundo: la verticalidad del alma, cuyo movimiento pretende ser confinado, y la horizontalidad del sujeto con respecto a la materialidad de la economía y de la segunda naturaleza.

Generalmente la ocurrencia de una mala muerte, que es la causa por la cual se levantan animitas, se produce en el contexto de una línea férrea, un camino, una línea de costa, en la ribera de un curso de agua, entre otros, y también puede ocurrir que la muerte haya tenido lugar en sectores peligrosos o abandonados de la ciudad. En la mayor parte de los casos descritos, el edículo contrasta con una obra de infraestructura, emplazándose en sus cercanías con una temporalidad diferente, incluso trascendiendo diacrónicamente, como una reliquia en la lógica de los *Fields of care* (Isaac, 2004; Sapkota, 2017; Tuan, 1968, 2001) y de la rugosidad del pasado en la espacialidad moderna, en donde los fenómenos presentes han regularizado posiciones sacras originarias. Quien es rememorado en la animita que estamos analizando, es un adulto joven que falleció trágicamente.

Otro aspecto que nos interesa destacar es la performatividad del fenómeno de las animitas urbanas, cuestión que puede extenderse a otras manifestaciones de lo sacro en la ciudad, como la reciente emergencia de grafitis sacros en algunas poblaciones de nuestra capital (Raposo, 2012 2013). Un fenómeno de sacralización profana que funciona en claves semejantes a las animitas, pero en la lógica del grafiti y del mural, fue descrito por Raposo en un estudio sobre Villa Francia (Raposo, 2012), donde a diversos protagonistas de la resistencia a la dictadura chilena se les representa aplicando claves propias de la estética y del imaginario religioso, lo que también se constata en los fondos escogidos para algunos grafitis que han aparecido en este último tiempo en poblaciones marginales donde son retratados sicarios caídos en luchas entre bandas de narcotráfico o por situaciones asociadas al tráfico ilegal, donde destacan las creaciones de Alexis o "Razie".

Tal performatividad se asocia, a nuestro juicio, con la introducción de nuevas estéticas donde el fenómeno de la muerte se invisibiliza con respecto a elementos identitarios. Por ejemplo, algunas animitas son adornadas con banderas y pintadas con los colores de equipos de futbol. En otras se acumulan juguetes, figuras de peluche, remolinos, adminículos que han reemplazado, en la mayor parte de los casos, a las tradicionales láminas, velas e imágenes que caracterizaban a estos lugares hasta aproximadamente el último tercio del siglo pasado. El proceso aquí descrito puede asociarse a la variación que presentan las expresiones religiosas y las religiones en el contexto de la Postmodernidad, o puede vincularse con la tensión interna que manifiestan debido a la coexistencia de sitios imaginados con los reales, produciéndose una movilización específica de un tipo de memoria colectiva de carácter esencialmente normativo (Nora, 2008).

En los casos descritos, las animitas y los grafities expresan lo que Buttimer definió como *"life world"* o "mundo vital" (Buttimer, 1976, 1985, 2015a), por cuanto se representan relaciones existenciales y subjetivas entre determinados individuos o colectividades y lugares. Ambos casos resultan de prácticas socioespaciales de algunos actores que vacían en un lugar sus identidades, imaginarios y representaciones (Withers, 2006).

La figura 23 muestra la estética mixta en la cual se sitúa la animita, en tanto en ella se mezclan las velas con composiciones de imágenes y adminículos relacionados con las expresiones actuales de animitas, que siguen manteniendo la función de expresar la lugaridad y la memoria de la muerte en el espacio urbano. Resulta interesante reflexionar que, en la medida en que en las ciudades chilenas los cementerios tradicionales son reemplazados por los "parques cementerio", la expresión urbana de la muerte queda reducida a este tipo de

Figura 23: Colonización en etapa primaria de la reja y la vereda desde la animita.

Fuente: Colección propia del autor (2018).

memorialización. Las animitas, por lo tanto, corresponderían a la lugaridad de la muerte en las ciudades tercermundistas contemporáneas y a un proceso de relugarización, como en el caso representado por las figuras 22 y 23, en el que un grupo de individuos ha reemplazado el significado "reja" de un sector del campus San Joaquín por el de muralla memorial, una prolongación de la animita que construyeron en la vereda, como lo expresa la figura 23.

Retomando nuestras concepciones de lugar, se presenta en la figura 23 la noción de límites o bordes como uno de los aspectos que se ha mantenido en la evolución de las discusiones referidas a lugar, desde los orígenes de las discusiones filosóficas, primero, y geográficas, después. Se asume el lugar como una unidad discreta (horizontalmente hablando), sobre la cual un actor individual o colectivo plasma afectos, emociones y sentimientos, incorporándose, de paso, aspectos referidos a trascendencia, identidad, memoria y significado (Brace, Bailey, & Harvey, 2006).

La concurrencia de todos estos elementos deviene en el fenómeno que aparece en esta figura, esto es, que la subjetividad se funda en un lugar y, en este caso, una edificación desde la cual se proyecta un ser individual sin cuerpo, algo que pasó a constituirse en relación con una estructura que se extiende más allá de lo que fue como individuo, para abarcar un mundo de esencialmente "otros" objetos, experiencias, personas y regímenes de propiedad. Este lugar, en tanto supera límites y se proyecta sobre lo otro, adquiere autonomía con respecto a la existencia que pretende representar y prioridad ontológica con relación a la experiencia que lo fundó, de manera que este lugar sacro genera y permite que se reproduzca recursivamente el punto de inflexión que separa una forma de existencia de otra con respecto a un sujeto al cual honra. En esta constatación nuevamente ponemos en entredicho la visión ego y antropocéntrica de lugar que releva por sobre cualquier consideración al fenómeno de la experiencia, inclinándonos más bien por una epistemología que se construya a partir de la idea de que los lugares evolucionan también por las propias condiciones, peculiaridades, posibles usos, *affordance* (Dotov, Wit, & Nie, 2012; Gibson, 1966, 1979) que los objetos dejan ver o presentan a un ser consciente o a varios, desde lo cual se produce la necesaria coordinación de las perspectivas que surgen como consecuencia de las distintas localizaciones que pueden adoptar los seres racionales que comparten una experiencia (Descola, 1996; Ingold, 2002, 2004).

Por lo tanto, el límite, al demarcar lugares, afina y concretiza su existencia, determina su naturaleza y configura las formas de experiencia. Al ser dinámico, permite la concurrencia de elementos sincrónicos y diacrónicos que van dotando al lugar de una personalidad específica, la que influye en la producción de afectos, sentimientos y emociones que lo van performando en el tiempo. Esta situación aporta a la idea de que los lugares sacros pueden experimentar también dinámicas de lugaridad, lugarización relugarización y deslugarización, en función de los actores pasados y presentes que interactúan con la materialidad que los acoge.

Por lo general prima, especialmente entre los más vulnerables de la ciudad, respeto a la sacralidad de los edificios religiosos que contienen animitas. Esto se expresa en que a las tradicionales casitas se les han sumado recientemente grafitis, pinturas a distintas escalas encargadas que rememoran alguna situación real o ficticia con la cual se pretende caracterizar al occiso. Una tendencia inversa representa el interés de algunos pobladores de retirar los habitáculos con el fin de modificar la percepción de peligrosos o riesgosos de los sectores en los cuales habitan.

"Chile para Cristo": algunas reflexiones acerca de los grupos evangélicos

Considerando a las religiones monoteístas, las que manifestaron mayor poder de visibilización en las ciudades occidentales a partir del último cuarto del siglo XX fueron las religiones islámicas[1] y el pentecostalismo (Kepel, 2005), que coinciden en el abandono de lo racional. Abordaremos a continuación este aspecto y reflexionaremos acerca de los posibles efectos en materia espacial, centrándonos en los pentecostales y neopentecostales.

En materia del paisaje religioso de las ciudades chilenas, desde principios del siglo XIX se venía dando una serie de situaciones que, agitando el tranquilo mar de la teología y de la praxis de la fe de los habitantes, transformaron las pautas de localización de los credos en las urbes, entre los que destacan el Avivamiento Pentecostal de 1906 en Valparaíso, (que se replicó en el resto del país y, con mucha fuerza en 1909, en Santiago) y las situaciones que experimentó la Iglesia católica desde 1960.

En ambos casos, el resultado fue la irrupción de nuevas formas de predicación, evangelización, formas de contacto entre los liderazgos y la feligresía, que se expresaron territorialmente en la configuración de distintas civilizaciones parroquiales, cambios en las concepciones del templo en el cual tenía lugar la vinculación entre lo divino y la comunidad de fieles, y la producción de una distribución geográfica de los templos en función de la necesidad de aglutinar a los posibles miembros de los credos, ya que, como nos dijo un importante líder religioso que entrevistamos acerca de estas materias, "los templos están donde está la gente".

Los credos evangélicos tradicionales que se instalaron en Chile hasta la primera mitad del siglo XIX fueron herederos de la tradición liberal e ilustrada europea, por lo cual valoraban la racionalidad e intentaban guardar algún nivel de coherencia con esta dimensión, como una forma de conquistar a los sectores medios que surgían en ciudades como Santiago al amparo de la industrialización sustitutiva, masificación de la enseñanza y crecimiento del aparato burocrático del Estado. De hecho, la instalación de un modelo de "evangélico culto" con independencia de su condición socioeconómica, representaba una orientación

---

1   Se han levantado mezquitas musulmanas de la corriente sunita en Santiago. En una reunión privada con el imán de un templo localizado en el municipio de Ñuñoa, este me comentó que se han convertido algunos chilenos, pero la cifra no tiene significación en los cuatro últimos censos y por esta razón no fueron considerados en el presente estudio.

del proselitismo evangélico en el siglo pasado que intentaba superar el mote de "cultos y religiosidad irracional" con que habían sido identificados los metodistas pentecostales durante el siglo XX. En virtud de esta propuesta, se generaron alianzas y empatías con la masonería u otras formas de luchas intelectuales religiosas contra el catolicismo dominante (Lalive d'Epinay, 2009).

A diferencia de estos, los pentecostales primero y los neopentecostales después se constituyeron como oferentes de una práctica ritual afín al *habitus* proletario con la convicción de que "la letra mataba al espíritu", vale decir, aquello que postergaba y excluía al proletariado de los beneficios de la ciudad pasaba a ser considerado una virtud o un atributo que los vinculaba de mejor modo a la "religión verdadera". Los pentecostales y neopentecostales contemporáneos tomaron la innovación musical que habían incorporado al imaginario urbano los metodistas pentecostales como estrategia de proselitismo, ocupando el espacio urbano con melodías que recordaban el origen campesino de la mayor parte de los que pasaron a convertirse en obreros industriales (ritmos mexicanos, boleros o melodías populares transformadas en cantos a la divinidad), con letras simples que invitaban a la conversión, al cambio de conducta y a la confesión directa a Dios y a quien quisiera escuchar de los pecados personales. Todo esto se hacía en caravanas que reemplazaron a las procesiones católicas en los barrios populares. Se trataba de una nueva forma de adoración que incorporó pendones e instrumentos musicales tales como la guitarra eléctrica, el pandero y la batería.

Junto a las nuevas modalidades de expresión pública de la fe, los evangélicos reforzaron las prácticas de sanidad que ya los católicos desarrollaban en mandas y procesiones (vitales en sectores que quedaron abandonados de la oferta de salud pública y privada). Sumaron a estas prácticas la renuncia explícita a toda forma de racionalidad en su práctica religiosa, un mensaje simple, emocional y de rápida incorporación en los sectores bajos, mediante el cual lograron establecer un patrón de localización espacial que provocó "una crisis del mapa evangélico" (Sepúlveda, 1987, p. 265) santiaguino y nacional, produciendo, de paso, nuevas identidades evangélicas, en oposición al movimiento evangélico tradicional.

La integración de Chile al mercado global permitió a estas congregaciones el acceso a técnicas de proselitismo internacional (es común, por ejemplo, que sus predicadores copien el acento tropical y formas de alabanza centroamericanas), que incrementaron sus diferencias con el modelo de "canuto y culto" que se instaló previamente. El neoliberalismo, por su parte, les permitió adquirir edificios y espacios seculares sin mayor dificultad, aun cuando la congregación no cuente con ningún tipo de autorización (ya que no es necesaria) para sus prácticas religiosas.

Tras la recuperación de la democracia, la crisis del mapa evangélico evolucionó tanto por la dinámica que venía dándose como por procesos asociados a las transformaciones socioespaciales que se dieron desde los 1990 en adelante. Algunos de esos procesos influyentes fueron la disminución proporcional de la infraestructura de los templos católicos –la que tenía otras formas de evangelización urbana–, la merma en las vocaciones sacerdotales y en la disposición de capital humano para llevar a cabo la evangelización en las periferias, la visibilización de nuevas sectas (mormones, Testigos de Jehová) –que a la fecha son un oferente considerado por la población para satisfacer sus necesidades espirituales–, la secularización de la sociedad relacionada con los fenómenos de metropolización, globalización y la imposición de una economía social de mercado de corte laico-liberal.

Respecto a las peculiaridades más significativas del mundo evangélico tradicional, destacan el llamado Templo Jotabeche, que recientemente ha sido declarado monumento nacional, y el hecho de que el metodismo pentecostal y los pentecostalismos representan las corrientes de espiritualidad más importantes dentro de los grupos mapuche de la región de la Araucanía y de la comuna de La Pintana, en la Región Metropolitana de Santiago, que acoge a numerosos descendientes de este grupo étnico, así como a una gran proporción de los más pobres de Santiago.

Capítulo III

Ciudad y religión: la
evolución de Santiago
de Chile desde un
espacio unirreligioso a
la ciudad plurirreligiosa
de las masas
(1541-1960)

Los antecedentes de las formas de actuación en el ámbito urbano del catolicismo en América y Chile se remontan a la Reconquista española, período en el cual en la Península interactuaron catolicismo, judaísmo e islamismo, y se consolidó un modelo de Estado sustentado en la monarquía y en la fundación de ciudades. Tal modelo generó conflictos entre el naciente orden político y la Iglesia católica, asociado a la existencia de beneficios tributarios resistidos por el poder político. Un ejemplo de este tipo de conflictos es que en 1370 el rey de Barcelona prohibió a la Iglesia construir nuevos edificios religiosos, ya que ello perjudicaba las arcas fiscales al asignar suelos que podían tener destinos más rentables (Rodríguez, 2003). No obstante, la tendencia durante este período fue que, al fundarse nuevas ciudades, las iglesias fueran consideradas en el diseño como parte de los edificios públicos alrededor de los cuales se instalaban las restantes propiedades, especialmente las viviendas.

Respecto a los templos, en el siglo XV se dictó una regulación que condicionaba la presencia en el paisaje urbano de los tres credos monoteístas con la prohibición de que los judíos y los musulmanes levantaran templos más altos, magníficos y grandiosos que los católicos. Estos aspectos, a los que se sumaron, por ejemplo, disposiciones referidas al plano damero y otras, pasaron a América y aportaron a que durante la conquista y colonia se acrecentara la presencia de los credos en el diseño urbano en el Nuevo Mundo, manteniendo la exención tributaria como beneficio para la Iglesia, lo cual explica, junto a la piedad de los residentes, la profusión de templos, monasterios, conventos y otras edificaciones ligadas a ella en las ciudades que se estaban desarrollando (Franchetti, 1999; Romero, 2004).

A la aglomeración de propiedades se sumó la recepción por parte de la Iglesia de bienes muebles e inmuebles bajo la forma de cesiones, herencias, donaciones. Esta práctica determinó que, en países como el nuestro, las ciudades adquirieran un aire provincial y monástico, por lo menos hasta fines del siglo XVIII. En España, el proceso descrito constituyó una fuerza que reorganizó las estructuras urbanas preexistentes; en cambio, en América, donde no había precedente, fundamentó el tipo de ciudad que se iba a construir. En ambos casos, los edificios eran representaciones fidedignas del poder eclesiástico, que en torno a la Plaza Mayor coexistía con el poder político y el poder económico, originando ciudades conventuales. Por lo menos en España, está establecido que este tipo de ciudades se explica por las donaciones percibidas por las congregaciones que con esos recursos multiplicaron las fundaciones de edificios, adquirieron terrenos y edificios, e incrementaron las construcciones tanto en Europa como en las colonias (Chueca Goitia, 1985; Franchetti, 1999; Romero, 2004).

Una ciudad conventual, organizada en función de un credo hegemónico, constituyó un tipo específico de civilización parroquial. Esta situación se explica en las bases mismas del proceso de evangelización sustentado por el catolicismo, en donde cada individuo está asociado a una parroquia, entendida como la instancia desde la cual se imparten los sacramentos que acompañan la vida de las personas desde el nacimiento hasta la muerte. Basándonos en la definición y análisis que Danielle Hervieu-Léger establece para las civilizaciones parroquiales, diremos que estas son áreas[2] compuestas por habitantes (individuos, unidades familiares, grupos sociales) y territorio (en el sentido jurídico del término), en el cual tiene influencia y/o soberanía la autoridad de un clérigo o un representante de un credo determinado. Esto implica reconocer que existen territorialidades en las cuales la acción de actores y/o líderes espirituales son efectivas, es decir, competentes para modificar los patrones de conductas de los sujetos y sus formas de asociación, y son reconocidas como voces legítimas y referenciales. Según la autora, este tipo de área se relaciona

---

2   Entendemos que un área de influencia implica un debilitamiento de aquello que influye en la medida que aumenta la distancia, hasta que surge la indiferencia. El sector indiferente (o cuyo costo de acceso al beneficio expedido desde un centro es mayor que las posibles ganancias), en virtud de su magnitud, constituye el umbral a partir del cual se dan las condiciones para que ingrese otro actor al espacio y produzca su propia área (u otra civilización parroquial, ya sea del mismo credo u otro diferente). La existencia de umbrales de indiferencia origina, territorialmente hablando, espacios religiosos diversos y paisajes urbanos complejizados.

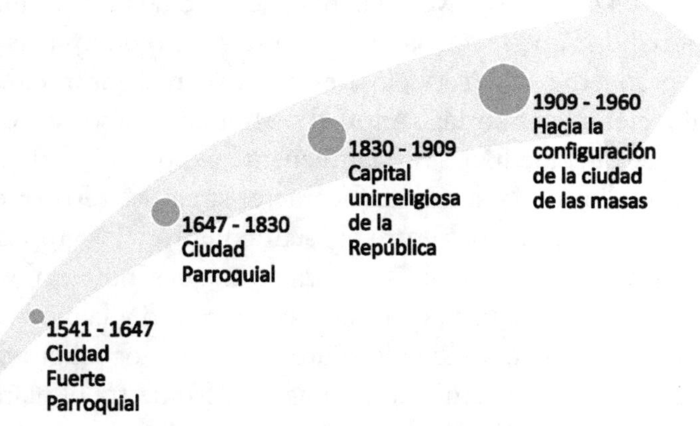

Figura 24: Hitos en la distribución geográfica de templos en la ciudad de Santiago de Chile (1541-1960).

Fuente: Elaboración propia (2018).

con alguna forma de autoridad sacerdotal, como el corolario de la distancia que cada creyente se siente legitimado a adoptar en relación con una norma impuesta desde fuera y que afecta a la autenticidad de su experiencia personal y singular (Hervieu-Léger, 2005).

Para el caso de la ciudad de Santiago de Chile, antes de 1960 se pueden establecer cuatro períodos según la emergencia de templos que fueron otorgando al paisaje urbano rasgos definidos y diferenciados. Tales períodos se representan en la figura 24.

Cabe señalar que esta ciudad durante los tres primeros siglos de su existencia mantuvo un carácter conventual y provincial cuyo paisaje estaba marcado por la presencia de templos, conventos, monasterios, centros educacionales de diversas congregaciones exclusivamente católicas, a los que se sumaban ermitas y otras expresiones de religiosidad popular.

Santiago, ciudad fuerte parroquial (1541-1647)

Entre 1541 y 1647 se constituyeron el plano de la ciudad en forma de damero, la institucionalidad que regulaba el comportamiento de los agentes urbanos, actividades productivas y de servicios, relaciones con el entorno. Las relaciones que se establecieron en Santiago entre el ser humano, la sociedad y el entorno estuvieron (y están) mediadas por la frecuente exposición a riesgos socioambientales derivados de la sismicidad característica del territorio nacional y por las conflictivas relaciones entre el asentamiento y los grupos étnicos que poblaban la zona. La permanente amenaza de ataques indígenas y la necesidad de avanzar al Sur en búsqueda de riquezas confirieron a la ciudad un carácter de ciudad fuerte cerrada, donde alternaron los edificios religiosos con las residencias de los recién avecindados. La figura 25 muestra el plano urbano de la ciudad fundada en 1541, donde se aprecia el trazado urbano definido por el alarife Gamboa.

El Santiago de la figura 25 no es más que un campamento ligado a un fuerte instalado en terrenos no pacificados, cuyos límites iniciales eran La Cañada (Alameda), el cerro Santa Lucía, el río Mapocho y las chacras del sector del Cañaveral de Núñez o de Saravia (hoy, barrio Brasil). El plano de Gamboa reflejaba tanto las disposiciones de la Corona española como el imaginario del conquistador, que coincidían en que el descubrimiento y apropiación del entorno se realizaba avanzando hacia la periferia desde la Plaza Mayor. Dicho de otro modo, lo que expresa este diseño original es la necesidad de organizar el damero con referencia a objetivos de seguridad y de ocupación efectiva del espacio, en virtud de los recursos con que disponían los nuevos habitantes de la cuenca del Mapocho, quienes debían ponerse al servicio de la solución al problema de la inestabilidad del emplazamiento a causa de los embates de los indígenas de la región y por las demandas de espacio que surgieron tan pronto como se instaló la urbe (Alemparte, 1966; Vicuña Mackenna, 1869).

Al respecto, Romero (2004) planteó que "la ciudad latinoamericana comenzó, la mayoría de las veces, siendo un fuerte" (Romero, 2004, p. 48), como fue el caso de Santiago, "donde el plano fundacional corresponde a una trama precaria, elemental y en la que se han fijado fronteras con el entorno inmediato y territorio circundante de la cuenca de la ciudad. Santiago, desde sus inicios, operó más como un campamento militar concentrado en pocas manzanas que como una ciudad, debido al aislamiento de la ubicación de la planta de la ciudad, zonas de control y contención requeridas, dado los frecuentes ataques. Por lo tanto, el asentamiento inicial ha de ser visto como un lugar singular

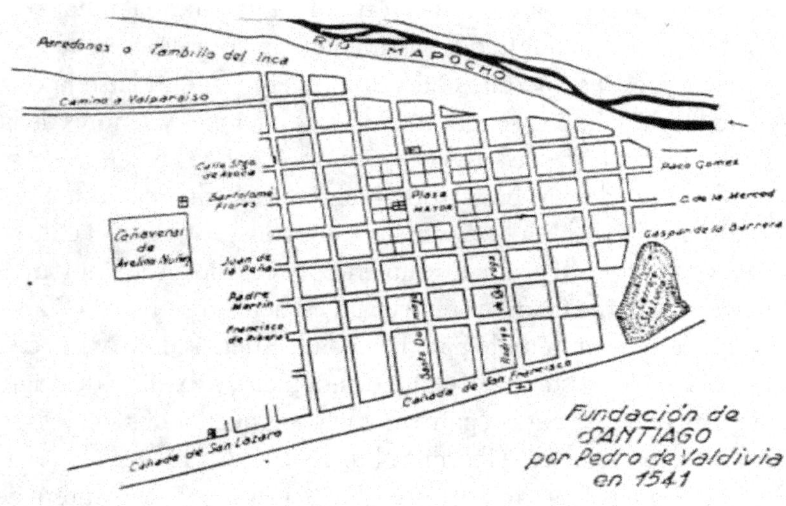

Figura 25: La Plaza Mayor de Santiago y su entorno en 1541.

Fuente: Martínez, 2007, p. 25.

en la geografía y topografía, circunscrito a un reducido número de manzanas y calles, dentro de la cual destacan las edificaciones religiosas" (Rosas & Pérez, 2013, p. 100), que tenían un rol preponderante en la organización del espacio y en el control de las poblaciones y territorios (Salinas & Valenzuela, 2002).

Tras el proceso de pacificación aumentaron los edificios religiosos al interior de la ciudad que fueron vitales para las predicaciones, procesiones u otras expresiones de religiosidad, que le dieron a Santiago un carácter conventual donde las casas, la de Dios y la de los hombres, eran cuerpos (en sentido de unidad, totalidad, integridad, coherencia intrasistémica) y diversidad en la unidad, elementos fundamentales para la generación de un proyecto de identidad común (Paulsen, 2017). En función de esta impronta, la ciudad, especialmente entre 1541 y 1647, reflejó el modo como los dictados de la religión se hicieron presentes tanto en la vida pública como privada de los primeros habitantes de la futura capital de Chile ocupando, por ende, ambos espacios (el público y el privado), de acuerdo con los objetivos y procedimientos del catolicismo que había acompañado a los conquistadores.

Desde el inicio de la construcción del caserío fundacional se abordó la tarea de levantar un templo que distinguiera la colonización de las formas de vida precedentes. Esto explica que, al momento de fundarse la ciudad de Santiago, Pedro de Valdivia se reunió con doce caciques y señores de la tierra y les explicó "los motivos de su viaje y las razones por las que deseaba establecerse allí" y "que debían prestar juramento de obediencia al rey y servir a los cristianos, ayudándolos a levantar sus casas y los edificios del culto en este campamento y dándoles, a la vez, los alimentos necesarios" (de Ramón, 2000, p. 16). El diseño del alarife Gamboa reservó un espacio en torno a la Plaza Mayor para la instalación de un templo para la ciudad. Además, la Corona cedió a la Iglesia dos solares del costado poniente de esa plaza, con el fin de erigir allí el templo mayor y una casa para el párroco, mientras que los dos solares restantes fueron cedidos a particulares (Ibarra & Barrientos, 2011).

Se sumaron a la Catedral otros símbolos visibles de la frontera del acto civilizador y estos diferenciaron a los peninsulares de la otredad que también formaba parte de la población de esta capital del reino. Esta forma de organización espacial replicaba el modelo de civilización parroquial aplicado en la Europa desde los orígenes del cristianismo, pero, a diferencia del Viejo Continente, la carencia de los fundamentos sociohistóricos, los peligros asociados a la empresa de conquista y de subordinación de la población amerindia y la insistencia en generar un modelo de ciudad inflexible, de calles y manzanas, dificultaron la apertura de la influencia de estas edificaciones evangelizadoras en el entorno. Se produjo así más bien una ciudad cerrada donde los conventos y monasterios compitieron con los templos en materia de evangelización, dada la importancia del clero regular en el proceso de descubrimiento y conquista.

En el siglo XVI se habían instalado fuera del casco fundacional los mercedarios (1548) y los franciscanos (1553). Los primeros habían fundado un convento y una iglesia edificada en piedra en La Cañada, que era en ese entonces la salida de la ciudad. La iglesia de la Merced fue la primera en ser terminada gracias al aporte monetario de Rodrigo de Quiroga. Se abrieron dos conventos de la orden de San Agustín emplazados a dos cuadras de la Plaza Mayor. El Convento de San Agustín se edificó en la actual calle Agustinas esquina Estado. Se trataba de una ubicación privilegiada que originó problemas para estos religiosos y se dijo que fue motivo de una serie de atentados, entre los cuales se contó el incendio e inundación de su convento e iglesia. También se levantó el Monasterio de las Agustinas, cuya creación fue decretada por el Cabildo de Santiago en 1574 y aprobada por el obispo fray Diego de Medellín el 19 de septiembre de 1576 y se emplazó en el cuadrante comprendido entre las calles Agustinas por el norte, Ahumada por el oriente, Moneda por el sur y Bandera por el occidente. La iglesia estuvo en las esquinas de las mencionadas calles Agustinas y Ahumada, y ahí permaneció hasta mediados del siglo XIX mientras el monasterio daba su frente a las mismas calles. A esta propiedad se agregó la manzana vecina del sur y hacia ella se extendió el monasterio en 1651 con sus huertos y viña tapando la calle Moneda en ese sector.

Las facilidades que otorgaba la institución del patronato eclesiástico y la distancia de Santiago a obispados previamente instalados permitieron que se constituyera un obispado en Santiago en 1561. La existencia de un obispo hacía necesaria la fundación de una iglesia mayor, por lo cual comenzarían ese mismo año los trabajos de construcción de una catedral para afianzar el trabajo de evangelización de los indígenas por parte de mercedarios franciscanos, dominicos, jesuitas y agustinos[3].

Además, una catedral o iglesia mayor, como ya se señaló, estaba entre las demandas más importantes a implementar una vez que se fundaba una ciudad que fuese sede de un obispado, cuya cabeza visible debía dirigir la evangelización de los naturales, distribuir tareas y territorios entre los regulares y seculares, brindar los sacramentos a los peninsulares avecindados y organizar la evangelización del resto de los territorios conquistados, entre sus funciones prioritarias. Las fórmulas de financiamiento contempladas para levantar la Catedral resultaron insuficientes, sobre todo, por el bajo aporte de los españoles avecindados. Esto originó un retraso en las obras, que solo se iniciarían a contar de 1566 en el sector de la Plaza Mayor, espacio donde habitaban los vecinos españoles más importantes de Santiago.

En 1584 se fundó un seminario en dependencias anexadas a la Catedral de acuerdo con las instrucciones del III Concilio de Lima, realizado entre 1582 y 1583, que trajo al mundo latinoamericano las disposiciones del Concilio de Trento tras noventa años de descubrimiento y conquista. El nuevo seminario incorporaba al ministerio sacerdotal a españoles (la mayor parte de las congregaciones religiosas que se habían avecindado en América solo aceptaban a peninsulares) y a criollos, dada la necesidad de que se desarrollara una obra evangelizadora integradora, lo que también se aprecia en sus disposiciones en

---

3   Los franciscanos habían llegado al país en 1553 y los dominicos en 1557. Posteriormente, en 1593 llegaron los jesuitas y en 1595 los agustinos. Como se señaló, los mercedarios habían llegado junto a los conquistadores bajo la forma de capellanes de milicias.

materias tales como los protocolos de las fiestas religiosas, la evangelización y el trato a los indios, así como las regulaciones del matrimonio (Ferreccio, 1981).

Otros acompañaron al templo mayor, según las congregaciones y órdenes que se instalaban en la naciente urbe, así como también monasterios y conventos que competían con los espacios de culto en materia de la búsqueda de cuadras estratégicas para el ejercicio de las prácticas religiosas y para la visibilización entre los distintos cuerpos sociales. Posteriormente se instalaron nuevas parroquias en otros sectores de la ciudad, como la de Santa Ana y San Lázaro, que aún se mantienen en la actual calle San Martín del centro. Allí residían los grupos sociales más afines a la elite económica-social, y étnicamente y junto al río Mapocho y al cerro Santa Lucía, sectores donde frecuentemente arreciaban las crecidas, se localizaron los grupos más desposeídos de la sociedad, de los cuales, como se sabe, quedan siempre noticias escasas y fragmentarias.

Los nuevos monasterios y conventos, más que complementar la presencia e influencia del templo mayor, deben comprenderse como edificios que posibilitaron una reconfiguración del plano urbano, determinando la constitución de la capital de Chile como una ciudad cerrada cuyos límites eran los templos u otras formas de edificaciones religiosas y conventuales. La ciudad destacaba por la profusión de este tipo de edificaciones y por las relaciones que el clero regular entablaba con el resto de la ciudadanía.

Entre otras edificaciones importantes para el desarrollo de la sana doctrina y la necesaria protección de las vinculaciones, se cuentan los edificios de la Compañía de Jesús en Santiago. Esta congregación fundó en 1563 el Colegio de Santiago, cuya construcción se amplió posteriormente para agregarle un templo aledaño mediante la compra de dos propiedades del entorno. Una vez concluidas la mayor parte de las obras, fueron integradas a la capilla, como reliquia, la cabeza de una de las once mil vírgenes de Santa Úrsula de Colonia, asesinadas por los bárbaros en el siglo V, según la mitología cristiana. Este templo fue siempre pensado como un edificio provisional, dada la cantidad de feligreses que tradicionalmente se congregaban a causa del prestigio y popularidad que tenía esta orden no solo en Chile sino en toda América Latina. Acompañó a los trabajos de construcción un proceso de captación de fondos y adquisiciones de tierras cercanas a la plaza de armas, donde estaba planificada la instalación definitiva de una futura iglesia más grande y lujosa que se comenzaría a construir en el sector de la esquina de las actuales calles Bandera y Compañía. Económicamente, esto contó con el apoyo prestado por los capitanes Agustín Briceño y Andrés de Torquemada, quienes aportaron sus caudales para el proyecto por escritura pública del 12 de octubre de 1595. Con ello, los jesuitas ya eran dueños de toda la cuadra que hoy comprende las dependencias del ex Congreso Nacional de Santiago y sus jardines. Aunque su nombre era Iglesia de San Miguel Arcángel, popularmente se le conoció desde siempre como *de la Compañía,* denominación que se mantuvo para este y para los demás recintos religiosos allí levantados. La construcción del templo se extendió por 36 años, culminando recién en 1631, y contó con la participación activa de los vecinos (Barrios, 1987).

En el dibujo de la ciudad de la primera parte del siglo XVII, la elite española aun ocupaba el polígono cuyo centro era la Plaza Mayor. El límite norte de este polígono era la actual calle Rosas y Esmeralda, el límite sur era la actual calle Agustinas, el límite occidental era la actual calle Bandera y el límite oriental era la actual calle Mac Ive,r y en cada uno de los márgenes de esta área social se emplazaban edificaciones religiosas. Al norte se encontraba el Convento de Santo Domingo, que limitaba a este espacio de otras áreas sociales, cuya principal diferencia era étnica. Al este se ubicaban los conventos, el de la Merced y el de Santa Clara de la Cañada. Al oeste estaban el monasterio de los Agustinos y el colegio de San Miguel de la Compañía de Jesús, y al sur, el monasterio de los Agustinos y el monasterio de Santa Clara. Estos templos atendían a la elite, especialmente la de la Compañía, que era el asiento de la Compañía de Jesús en Santiago, en tanto la de Santo Domingo era atendida por los dominicos.

El último monasterio fundado en Santiago antes del terremoto de 1647 fue el de Santa Clara de la Cañada, que albergaba a un grupo de señoras organizadas en vida monástica desde 1571 en la ciudad de Osorno. Abarcaba casi dos manzanas en los faldeos del cerro Santa Lucía por la calle Moneda.

Santiago, ciudad parroquial (1647-1830)

El llamado terremoto magno de 1647 cambió radicalmente la evolución histórica de Chile en general y de la capital en particular, ya que además de la destrucción de infraestructura urbana y rural, su asociación con fuertes precipitaciones estancó la economía y el desarrollo urbano que hasta la fecha registraban el centro y centro sur del país.

Las pérdidas aludidas también afectaron a la Iglesia, que perdió una fracción importante de sus edificaciones. Es natural que ante un terremoto se incremente el fervor religioso y, así ocurrió con los pobladores de la capital, que percibieron a las catástrofes naturales como expresión de la ira divina provocada por formas de vida licenciosas, atribuidas tanto al clero como a los habitantes (Amunátegui, 1882; Assman, 2008; Blanchard & Rambo, 1994; Jindra, 2011; Paloutzian, Richardson, & Rambo, 1999). Se produjo entonces un esfuerzo colectivo por levantar templos y edificios eclesiásticos, a la vez que se multiplicaron los actos litúrgicos y las procesiones cuyo fin era expiar los pecados que habían ocasionado la devastación. El fervor religioso facilitó la captación del capital necesario para reconstruir los edificios y que este proceso demorara menos de lo esperado, a pesar de la relativa pobreza de la mayor parte de la población santiaguina y la gran cantidad de edificaciones que era necesario levantar (Amunátegui, 1882; Vicuña Mackenna, 1869).

La ciudad se reconstruyó con mucho esfuerzo por cuanto coincidió con el cataclismo telúrico una baja en los niveles de comercio con el Virreinato de Perú, mientras también generaban dificultades la ocurrencia de fuertes réplicas entre los ríos Choapa y Maule, inundaciones en el centro y sur chileno y un levantamiento indígena en 1655 que afectó la productividad del agro de la zona centro-sur del país (Amunátegui, 1882; Udías, Madariaga, Buforn, *et al.*, 2012).

La mayor parte de conventos, monasterios y otros edificios que se instalaron después de 1647 lo hicieron en la periferia urbana, teniendo como eje La Cañada. Tales fueron los casos de El Carmen Alto de San José (1684), el convento franciscano de San Diego de Alcalá, más o menos en el mismo período, el beaterío de Santa Rosa (1681), el colegio de San Agustín, la ermita de San Miguel (1699), las Recolecciones Franciscana y Dominica (estas, al norte del Mapocho, en La Chimba), con sus respectivas iglesias y conventos, entre 1681 y 1699. Estas construcciones alternaron con terrenos agrícolas que fueron subdivididos por sus propietarios, entre los que también se contaba la iglesia, y que dieron origen a un conjunto de arrabales que acogieron a criollos y españoles correspondientes a migrantes rurales empobrecidos o habitantes provenientes de otros sectores de la ciudad. También en los terrenos liberados por la Iglesia se levantó el hospital San Juan de Dios, al sur de La Cañada, que era administrado por la congregación franciscana.

El edificio de La Catedral se refundó tras el sismo de 1647 gracias a la personalidad y empuje del fray Gaspar de Villarroel, cuyas gestiones dieron frutos después de tan solo tres años. Se aprovecharon algunos materiales preexistentes, se colocó un nuevo techo, se realizó un trabajo de enmaderamiento y se levantó una nueva torre. Vicuña Mackenna (1869) señaló que en 1650 Gaspar de Villarroel había logrado reconstruir la Catedral con eficiencia y rapidez[4], realizando algunas mejoras aprovechando los trabajos realizados en períodos precedentes, tales como incorporación de nuevas ventanas y enmaderamiento de parte de su estructura, lo cual permitió presentarla como un edificio remozado en 1670, que se consagró en 1687 y que se volvió a restaurar en 1740 debido a los daños que generó en su estructura un nuevo terremoto en 1730 (Eberhardt, 1916; Vicuña Mackenna, 1869).

La reconstrucción de los templos tras el Terremoto Magno postergó la evangelización y otras acciones de la Iglesia en Santiago y en Chile, pero era necesario emprender estas tareas dado que cada uno de los edificios que habían levantado las congregaciones instaladas en la capital se comportaban como expresiones de incorporación de otros grupos a la vida e historia social de una colectividad bastante segregada en virtud de la etnia y la fortuna económica. No tenemos noticias de los modos como los sectores más desposeídos satisfacían sus necesidades espirituales, pero, a raíz de las disposiciones del II y III Concilio de Lima de los años 1582 y 1583, podemos intuir que en los sectores populares las prácticas religiosas no estaban exentas de vicios y frivolidades, y diferían de las desarrolladas por los grupos más instruidos y pudientes. Con respecto al emplazamiento de las prácticas religiosas, las regulaciones de los concilios de Lima indican que se realizaban ceremonias en templos y en otros espacios, por lo que se dispuso que cualquier forma de culto, independientemente del lugar en que se realizara, debía ser presidida por un clérigo que cautelara su correcta ejecución. Vale decir, en el caso de los sectores más desposeídos, la autoridad eclesiástica era comprometida a supervisar el culto, no a instalar nuevos espacios para la evangelización, según lo contemplaba el espíritu de los derechos de patronato (Ferreccio, 1981).

Así como ocurrió en otros sectores del globo y en otros tiempos, los templos definieron la historia de cada uno de las congregaciones que los construyeron, especialmente en lo que concierne a las formas como cada grupo se relacionó con la ciudad y con los prosélitos. Aportaron a explicar las situaciones que se enfrentaban, convirtiéndose cada edificio en un contenedor de las experiencias,

---

4   La premura costó cara dado que la nueva obra no pudo resistir un nuevo terremoto registrado en el año 1657, cuyo epicentro estuvo en Concepción, aproximadamente a 700 kilómetros al sur de la capital y que no produjo mayores pérdidas en otros edificios de la capital. Se hizo necesario entonces un nuevo proceso, que abarcó entre 1662 a 1670. Posteriormente se ensancharía el edificio entre 1679 y 1687, pero, como es común en nuestro país, estos esfuerzos no impedirían que nuevamente un terremoto, el de 1730, exigiera acometer nuevamente el trabajo de reconstrucción, que duraría hasta 1740 (Eberhardt, 1916).

actos u obras religiosas específicas y también de aspectos de la vida cotidiana urbana en la que se desarrollaba, transformaba y semantizaba lo ritual, y se inscribían en las edificaciones, a modo de panel, las realizaciones de todos los actores que intervinieron en su evolución histórica.

La densidad de edificios religiosos en la naciente capital del país derivó en que a comienzos del siglo XVIII La Cañada era un panel religioso que contenía, desde el poniente, en la vereda sur: el Noviciado de los jesuitas, el Colegio de San Diego de Alcalá, el Convento Máximo de San Francisco, el Hospital San Juan de Dios y, como remate de esta sucesión de iglesias, el Convento de las Carmelitas (iglesia del Carmen Alto). Hacia la vereda norte, enfrentando esta secuencia de edificios, se ubicaban las iglesias de San Miguel, San Lázaro, los Agustinos, las Clarisas y San Saturnino. Esta sucesión de edificaciones religiosas le asignó carácter a La Cañada, lo que redundó posteriormente en sucesivas intervenciones orientadas a su embellecimiento y desarrollo inmobiliario, superando su condición primaria de límite (de Ramón, 2000; Eberhardt, 1916; Martínez, 2007).

En este período aconteció una serie de perturbaciones en el campo religioso a causa de cambios en la geopolítica mundial y del ascenso al trono español de la dinastía borbona, la cual sustentó la tesis de la preeminencia del poder político por sobre el religioso, por lo que el Estado se adjudicaba la responsabilidad de la manutención de los clérigos, financiamiento de las acciones de la iglesia y fundación de templos. Además, decretó en 1767 la expulsión de los jesuitas de todos los territorios pertenecientes al Imperio, lo que produjo un retroceso en diversas esferas de la vida cultural, religiosa, económica y social del país. Estas situaciones coincidieron con la difusión del pensamiento ilustrado y la llegada de corrientes protestantes anglosajonas, como parte de las acciones emprendidas por el Reino Unido para desestabilizar la hegemonía española en tierras imperiales.

Algunos de los procesos descritos tuvieron efecto en el Reino de Chile. Transcurridos más de dos siglos desde la fundación, Santiago presentaba una gran heterogeneidad en su composición sectorial. La presencia política por parte del Estado se concentraba casi completamente en el Cabildo, situado en las cercanías de la Plaza Mayor. Las residencias de la aristocracia local, por su parte, se distribuían en un espacio limitado. Solo la Iglesia, por lo tanto, ese tercer actor fundamental del sistema de poder, podía otorgar una realidad simbólica-espacial más global, alimentando una sensación colectiva de pertenencia a una comunidad que fuera más del aparente "desorden" étnico-social y de las desigualdades jerárquicas en la ocupación del espacio (Salinas & Valenzuela, 2002). En lo que se refiere a la distribución geográfica de los edificios religiosos, esta varió entre 1730 y 1820 a causa de la intensidad con la que determinadas fuerzas y agentes produjeron segmentariedades duras y flexibles. Dichas segmentariedades posibilitaron el paso de una ciudad religiosa a otra más secular, aun cuando seguían predominando los edificios religiosos.

El 8 de julio de 1730 asoló a la ciudad un nuevo terremoto, compuesto por tres sismos consecutivos en menos de doce horas. Se desplomaron las iglesias de La Merced y Santo Domingo. Perdieron sus torres la iglesia de la Compañía de Jesús, la de San Francisco y la de San Agustín. La mayor parte de los conventos y monasterios existentes sufrieron algún tipo de daño estructural que exigió importantes gastos en reparaciones. Después del 10 de julio, fecha en que aconteció un violento temporal, a la ciudad llegaron noticias de la desolación en la periferia rural y en el sur, donde también fueron afectadas capillas, parroquias, conventos y monasterios (de Ramón, 2000; de Rosales, 1989). En 1754, junto a las tareas de reconstrucción, se instalaron en La Chimba la iglesia y el convento de la Recoleta Domínica en tierras pertenecientes a la Orden de Santo Domingo. Posteriormente, se levantaron monasterios de religiosas: por ejemplo, la regla de Santa Teresa tenía dos conventos que se emplazaban en los arrabales del sureste y al noreste de Santiago (de Ramón, 2000).

Si bien es cierto el paisaje urbano que caracterizaba a Chile y a Santiago entre los siglos XVI y XVIII puede ser definido como unirreligioso, es necesario destacar que sí hubo presencia de protestantes primero y evangélicos después en el territorio nacional, presencia asociada a afanes proselitistas y misioneros de los credos más que a la situación geopolítica mundial imperante entre dichos siglos. Las incursiones de corsarios al servicio de las coronas francesa y británica, u otros tipos de expediciones o visitantes de dichos países o de Estados Unidos de Norteamérica, posibilitaron la afluencia de otros credos. Francis Drake fue un corsario inglés anglicano, hijo de un pastor de dicho credo, que estuvo en Valparaíso en 1578. Juan Bernal, de origen flamenco, fue condenado por herejía a la hoguera por sus simpatías luteranas. También fueron ejecutados 41 corsarios capturados cuando realizaban expediciones a territorio americano (Medina, 1952). En el siglo XVII, visitaron la ciudad y el país algunos evangélicos y protestantes que no construyeron territorialidades religiosas alternativas.

Durante el último tercio del siglo XVIII y comienzos del XIX, irrumpieron nuevas concepciones religiosas y políticas a la ciudad, que cautivaron y dividieron especialmente a la elite. Lo anterior permitió, por una parte, la expresión de otras fuentes sociales de poder, y, por otra, la disociación entre objetivos de la colonización y administración de los territorios americanos (entre ellos, el gobierno de las ciudades). Culminaba entonces un modelo de conquista hispana que integró como un solo elemento lo económico, político y lo religioso y que había delegado en el catolicismo la responsabilidad de dar coherencia simbólica a ese todo colonial y resolver las contradicciones. En esta función, los templos y las otras edificaciones religiosas tenían un rol significativo en tanto asimilaban orden colonial con orden cristiano.

En esta etapa, a diferencia de períodos anteriores y posteriores en los que el poder religioso se encontraba balanceado con las otras fuentes de poder, se dieron las condiciones para la irrupción de nuevos intereses en América, que transformaron las relaciones internacionales en lo que respecta a la posición e influencias del Estado y la Iglesia en el Nuevo Mundo. Pese al debilitamiento relativo del catolicismo, este no dejó de tener influencia como principio organizador de la vida pública y privada en los modos de vida social, el desarrollo de la actividad económica y en la evolución de la trama y cotidianidad urbana. Al respecto, Romero (2004) señaló que en las últimas décadas del siglo XVIII se experimentaron variaciones importantes en la vida urbana que venían dándose desde la última fase de la Colonia y que se mantuvieron hasta las primeras etapas de la vida republicana, coincidente con lo que estaba sucediendo en el resto de Latinoamérica. Según Romero, "un cambio profundo se operaba en sus sociedades (latinoamericanas) sin que se produjera simultáneamente una trasformación en su aspecto físico… siendo la imagen del conjunto urbanístico y arquitectónico: las iglesias, las rejas y balcones de las viejas casonas, el manso conjunto que circundaba la Plaza Mayor" (Romero, 2004, p. 218).

El mismo autor planteó que "Muchas de las ciudades que habían comenzado a transformarse a fines del siglo XVIII interrumpieron su leve desarrollo con motivo de las alteraciones que produjeron la Independencia primero, y las guerras civiles después" (Romero, 2004, p. 219). En Santiago también se paralizó la construcción de edificios religiosos, lo cual no alcanzó a afectar el carácter de ciudad conventual que le distinguía y que estaba variando gradualmente en consonancia con el acriollamiento de la cultura urbana, que se despegaba de los moldes hispanos que la habían originado y que influyó en los modos como se expresaba, vivía y ocupaba la infraestructura religiosa imperante. El acriollamiento implicó la irrupción de nuevas ideas y demandas acerca del uso del suelo y de la morfología urbana.

El plano damero representaba la consolidación del ideal de conquista y colonización tanto en la forma como en el contenido. Los edificios religiosos representaban la aplicación de los beneficios de la transubstanciación a la cristiandad extra europea, la producción de un lenguaje nemotécnico evangelizador e inclusivo, la socialización desde el poder de pautas de comportamiento, así como formas de pensar y la divulgación de un discurso que ponía a la religión como eje de la vida de los citadinos y evidenciaba su condición de seres civilizados. Atendiendo estas razones, es posible afirmar que en el período colonial existía la convicción de que entre más conventos, iglesias y monasterios tenía una ciudad, mayor era el estatus de su suelo y de sus habitantes (Durston, 1994).

Desde fines del período colonial hasta 1820, el proceso de acriollamiento, primero, y la instalación de la nueva república cuya capital sería Santiago, después, condicionó la evolución de la ciudad parroquial en tanto espacio urbano cerrado a una ciudad abierta, a causa del crecimiento demográfico y la emergencia de espacios públicos que aportaron a la ruptura del damero y la expansión de la urbe hacia las periferias, cuya población era atendida por la parroquia de San Lázaro y desde 1830 por otros templos donde residieron sacerdotes de diversas nacionalidades.

Entre 1730 y 1820 varió la estructura de manzanas del plano urbano original a causa de la instalación de edificios y espacios públicos, cambios en los regímenes de propiedad de predios, solares y residencias, y la construcción de nuevos conventos y monasterios (Rosas & Pérez, 2013). En la década siguiente, hasta 1830, ya no daba abasto la atención a la población instalada en los arrabales. Posteriormente surgirían nuevos templos que eran atendidos por sacerdotes extranjeros. Por otra parte, entre 1730 y 1820 acontecieron giros en los modos de pensar y vivenciar la realidad de la sociedad que relativizaron su preeminencia y aparecieron otros.

Podemos concluir que los espacios religiosos durante la Colonia y hasta las primeras dos décadas del siglo XIX eran, en sí mismos, espacios públicos a causa del peso que tenía la dimensión religiosa sobre la vida íntima y pública de individuos y colectividades, como hemos señalado anteriormente. Además, los templos eran espacialidades donde disminuían las distancias sociales.

En 1818 tuvo lugar la emancipación definitiva de Chile, lograda tras la victoria del ejército patriota en Maipú, a 12 kilómetros aproximadamente de Santiago. La cercanía del campo de batalla permitió que el ejército victorioso tomara rápidamente control de la situación, nombrara un gobierno y se restableciera el orden. En cambio, en la zona centro sur, donde se localizaba otro núcleo demográfico importante como era la ciudad de Concepción, la resistencia de grupos realistas descolgados duró más en el tiempo, aconteciendo también rebeliones indígenas en esta zona y en la región de La Frontera, lo cual debilitó la productividad del sur y restó gobernabilidad territorial a la nueva clase dirigente. A lo anterior se sumó la ocurrencia de un terremoto y un tsunami en 1835, que acrecentó el debilitamiento descrito.

Los aires de independencia influyeron en la producción de un nuevo tipo de ciudad abierta que iría dejando de lado el modelo conventual que había imperado hasta la fecha, dándose una etapa caracterizada por la emergencia de nuevos edificios y espacios públicos y por la complejización de los espacios privados, coherente con la emergencia de nuevos grupos sociales y el incremento de la riqueza de la elite. Sería este modelo de ciudad el que facilitó la expansión de Santiago, ya sea a causa de la subdivisión de sus predios relacionada con los vaivenes de la economía provocados por las frecuentes crisis en las exportaciones y los costos de la guerra de la emancipación –procesos que empobrecieron a los habitantes urbanos–, o bien debido a cambios en las disposiciones (o prácticas sociales aprendidas) referidas a las líneas de edificación, modificaciones en el trazado de las calles, variaciones en la oferta y demanda de suelos, extensión de la periferia, entre otros procesos.

Santiago de Chile, la evolución de la capital unirreligiosa de la República (1830-1909)

Santiago fue un importante receptor para las elites provinciales que durante la guerra de independencia (1810-1818) buscaron protección y estabilidad, abandonando la periferia de la ciudad (Talagante, Melipilla, Alhué, entre otros) y otros sectores de la zona centro sur del país. También migraron los antiguos trabajadores de la tierra que vieron debilitadas sus posibilidades de supervivencia a raíz de las contracciones productivas originadas por las escaramuzas entre patriotas y realistas. En el norte del país, la ciudad de La Serena era el mayor centro poblado y su importancia se dio subsidiariamente a la posterior pujanza de la actividad minera desde mediados del siglo XIX, pero no alcanzó a restarle competitividad a Santiago. Por todo lo anterior, la condición primacial adquirida tempranamente por la capital aglutinó a las aristocracias locales y provinciales en torno al centro histórico hasta las postrimerías de dicho siglo.

En términos de distribución socioespacial, la elite seguía residiendo en los alrededores de la Plaza Mayor ocupando el casco histórico, pero demandaba una ciudad que les permitiera desplegar tanto sus ritos como sus negocios, lo cual posibilitó la emergencia de los espacios públicos y de una morfología urbana con mayores niveles de secularización (Rosas & Pérez, 2013).

La necesidad de afianzar la naciente república y de prestigiar a los nuevos gobernantes, definió una nueva manera de imaginar la urbe. Debemos agregar a lo anterior el hecho de que las producciones europeas implicaban una nueva fuente de inspiración para la elite y ellas compitieron con la religión como imaginario regulador de la vida urbana. Los ideales de la Ilustración, así como también los dictados de la Europa napoleónica, serían insumos desde los cuales surgieron los espacios públicos tanto para la conformación de la ciudadanía como para el uso lúdico de la elite, y constituirían también nuevas demandas que fueron transformando gradualmente a Santiago en una ciudad abierta afín a su condición de capital del país, aunque en ella siguieron predominando los edificios religiosos, acompañados ahora por edificios públicos. La urbe se expandió hacia el poniente y al sur. Las manzanas del sur evolucionaron desde contornos cuadrados (presentes en la mayor parte del damero central) a rectángulos. Este proceso obedeció a lógicas de fusión de propiedades religiosas que quebraron el plano de damero, especialmente en la ribera norte del Mapocho.

Las posesiones de la Iglesia, que eran una fuente laboral importante para el campesinado, contrajeron su actividad y fueron disputadas como botines por la naciente república, como lo evidencian las problemáticas asociadas al patronato y a la desamortización de bienes eclesiásticos, proceso que seexplica por la paralización económica tras las guerra de emancipación y por la necesidad de generar una ciudadanía republicana que reemplazase al súbdito. Ambas situaciones interrumpieron la lógica de construcción de templos que venía dándose desde la fundación de la ciudad, pero el clero seguía siendo el agente urbano y propietario inmobiliario más importante en ella. Con respecto a las relaciones entre Iglesia y Estado, los nuevos gobernantes sostenían la tesis de que las nuevas repúblicas mantenían bajo su esfera el derecho de patronato que antes había pertenecido a la Corona y una parte de la nueva clase política dirigente intentó enajenar los bienes de la Iglesia para reducir el déficit fiscal provocado por los gastos de la guerra de emancipación y el estancamiento de las actividades productivas asociado al desarrollo del conflicto. Estas acciones deben ser comprendidas también como una estrategia encaminada a reducir la influencia de una Iglesia que mantuvo fidelidad a la Corona y que demoró en reconocer la independencia de las naciones hispanoamericanas, a lo cual se suma la percepción que tenían los grupos más liberales de la sociedad de que, bajo el alero de la institución eclesiástica se escondía una gran cantidad de riquezas que eran necesarias para dar estabilidad a los nuevos regímenes que se estaban implementando (García, 1941; Merino, 1962).

Desde inicios de la segunda mitad del siglo XIX la ciudad experimentó un proceso de modernización impulsado por el incremento de la riqueza y por la recuperación de la economía tras las guerras de independencia, así como por la incorporación del país a los circuitos de la economía mundial mediante la exportación de materias primas provenientes de la agricultura y de la minería. La aristocracia santiaguina consiguió mayor poder de compra y las elites de las provincias se trasladaron para disfrutar del estilo de vida moderno que irradiaba la ciudad de ese entonces. Por otra parte, mejoras en la conectividad con el resto del territorio, la incorporación del ferrocarril y otros sistemas de transporte, favorecieron la concentración de población en la capital, unos los hacían para disfrutar de los beneficios de su riqueza y otros para emplearse en lo que fuese posible, huyendo de la miseria del campo. Durante este período en la ciudad aún predominaba la estructura de damero original, pero con un proceso emergente de subdivisiones de paños en algunos sectores, como ocurría al sur de la Alameda de las Delicias, consecuencia del incremento de la demanda por sitios para construir viviendas y la expropiación estatal de terrenos para construir calles que comunicaran al casco histórico con los nuevos espacios habitacionales que se estaban consolidando en el sector sur de Santiago. A estos procesos se sumó la práctica de propietarios de terrenos rurales periféricos de vender porciones de sus propiedades para la instalación de viviendas ocupadas por la población más pobre. Otro elemento que influyó en la ruptura del plano colonial fue la construcción de edificios públicos y de obras de infraestructura que fueran coherentes con los tiempos republicanos que se estaban viviendo, algunos de los cuales ocuparon propiedades del catolicismo (Rosas & Pérez, 2013). La modernización de la ciudad se reflejó en la siguiente figura 26 que es un plano a escala de 1856.

Se expresan diferencias en los ritmos y magnitudes de la urbanización, en virtud de las características de las distintas áreas sociales que ya eran discernibles en la urbe, lo que a su vez influía en el comportamiento del mercado de suelos e inmobiliario, la dotación de espacios de amenidad, obras de infraestructura, distribución de edificios públicos, entre otros aspectos. Es por eso que destacan en la figura 26 teatros, bibliotecas, museos, plazas, la quinta Normal de Agricultura y quintas, que junto a nuevas formas de barrios residenciales constituyeron preferencias de localización entre 1840 y 1930 en las cercanías

Figura 26: La irrupción de los paseos y espacios públicos en Santiago, 1856.

Fuente: Martínez, 2007, p. 65.

de la Quinta Normal de Agricultura y otras áreas verdes de profesionales extranjeros o inmigrantes de las provincias del resto del país (Brito, 1995; de Ramón, 2000). También aparece, representada al sur de la Alameda de las Delicias, La Pampa o La Pampilla, un espacio que fue adquirido por el Estado en 1841 para la realización de ejercicios militares y actividades de ocio.

Los procesos de modernización se mantuvieron en el tiempo, destacando las remodelaciones y transformaciones impulsadas por el intendente Vicuña Mackenna entre 1872 y 1875, mediante las cuales se reforzó la secularización del paisaje urbano que venía dándose desde 1841. Los cambios paisajísticos fueron acompañados por subdivisiones de predios agrícolas de las subdelegaciones rurales que rodeaban la capital y que dependían administrativamente del municipio de Santiago, con la finalidad de que se instalaran nuevas poblaciones y vecindarios, especialmente al exterior del Camino de la Cintura.

Entre 1872 y 1920 Santiago creció a distintos ritmos en población y superficie, especialmente desde 1873 a 1890 por la alta cantidad de migrantes que llegaban a la ciudad en busca de plazas laborales. Un Estado relativamente empobrecido no fue capaz de implementar obras públicas generadoras de empleo, y el sector privado redujo la contratación de mano de obra. Todo esto produjo la expansión del anillo periférico durante los últimos años del siglo XIX, agravándose la segregación socioespacial que venía dándose desde los inicios de la vida republicana por cuanto quienes migraban llegaban a sectores periféricos de Santiago que no contaban con infraestructura adecuada para contenerlos, como tampoco la economía contaba con una oferta de fuentes laborales que a ellos les permitiera sobrevivir. Por estas razones, en las periferias se incrementaban condiciones de hacinamiento y pobreza, y se registraba la explosión de conventillos, con la consecuente difusión de epidemias que incrementaban la tasa de mortalidad infantil y también las de natalidad a causa de la promiscuidad en la que vivían las familias (Brito, 1995; de Ramón, 2000; Hidalgo, 2005).

Respecto a la importancia de los templos en el paisaje urbano de ese entonces, pese al evidente avance de la diversificación de la otrora ciudad conventual, seguían fundándose edificios religiosos y comenzaron a visibilizarse los ceremoniales de las llamadas iglesias disidentes, correspondientes a congregaciones protestantes y evangélicas compuestas principalmente por migrantes. Entre estas se cuentan iglesias fundadas por individuos y familias anglosajonas que se instalaron en Santiago y Valparaíso, y también debe considerarse la participación de luteranos y anglicanos en la colonización y ocupación de tierras en las regiones de la Araucanía, Los Lagos y Los Ríos. También se instalaron misioneros anglicanos en La Araucanía y evangélicos en Santiago y Valparaíso. A contar de 1840 comenzaron a practicarse privadamente en Chile cultos tanto evangélicos como protestantes. Europa primero (especialmente, el Reino Unido y Alemania) y Estados Unidos de Norteamérica, después, fueron las fuentes desde las cuales llegaron a Chile misioneros y practicantes. La nación norteamericana (que recibió el legado protestante durante los procesos de conquista, colonización y migración que experimentó entre los siglos XVII al XIX), se transformó en un centro evangelizador y misionero para América Latina desde el siglo XIX en adelante, siendo las puntas de lanza las religiones evangélicas tradicionales, a las que siguieron posteriormente los movimientos pentecostales (Martin, 1990; Sepúlveda, 1987). Las congregaciones puritanas, presbiterianas, metodistas, congregacionalistas, bautistas que "habían nacido directamente del protestantismo europeo como resultado de la experiencia misionera en Nueva Inglaterra, protagonizarán la evangelización estadounidense en América latina y tendrán una gran influencia en la arquitectura evangélica chilena" [....] los primeros protestantes en América fueron comerciantes ingleses que se establecieron en Río, Buenos Aires, Montevideo, Valparaíso y otros puertos"... "L. Matthews organizó la primera comunidad anglicana en Chile e inauguró en el año 1858 la Saint Paul's Churchs, la iglesia de Inglaterra designó en 1869 un obispo para las Islas Falkland con jurisdicción sobre las iglesias anglicanas de Argentina y Chile" (Krebs, 2002, p. 177).

Lalive d'Epinay señaló: "Para que el protestantismo tuviera posibilidad de penetrar en la América Española, era necesario que esta región del mundo rompiera las cadenas forjadas por la metrópoli, la cual imponía leyes que la aislaban del resto del mundo. Mientras la bandera de España flameó sobre las costas sudamericanas, solamente los corsarios y los piratas se aventuraban a efectuar desembarcos para saquear las ciudades o saltear los buques del católico rey, que venían a buscar el oro y productos de estos países... Sólo la revolución y la independencia permitieron romper el monopolio de la Iglesia católica y – aunque no haya que exagerar este factor– es verdad que ciertos libertadores y hombres de Estado, como San Martín y O'Higgins en la costa del Pacífico, o más tarde en Méjico, Benito Juárez, vieron en el apoyo protestante la posibilidad de jugarle una pasada a la jerarquía romana, cuyo juego había sido ambiguo en horas revolucionarias" (Lalive d'Epinay, 2009, p. 39).

Con anterioridad, M.J. Thompson había sido el primer colportor o misionero evangélico-protestante que registra la historia de Chile, se trataba de un bautista agente de la Sociedad Bíblica Inglesa y Extranjera que vino desde Argentina. Por encargo de Bernardo O'Higgins, vino al país con el fin de impulsar el desarrollo de escuelas que promovían el método de educación Lancaster, la primera de las cuales comenzó a funcionar en 1821. Su obra educadora y misionera quedó trunca y abandonó el país tras ser llamado por José de San Martín para desempeñarse en la misma tarea en Perú (Lalive d'Epinay, 2009). Posteriormente, misioneros anglicanos británicos desarrollaron expediciones científicas y evangelísticas en la Patagonia, y entre ellos destaca el trabajo misionero realizado por Allan Gardiner entre 1838 y 1851, que fue continuado por su hijo entre 1859 y 1870 y por su nieto (Lagos & Chacón, 1987). En 1894, como homenaje a la primera de las expediciones misioneras de los Gardiner, se fundó en Londres la Misión Araucana, que en nuestro país subsiste hasta nuestros días con alguna presencia en la Región de la Araucanía bajo el nombre de Misión Anglicana, manteniendo vigente su objetivo de apoyar la evangelización de las minorías étnicas que residen en la zona.

Tras el trabajo pionero de estos misioneros, entre 1845 y 1889 David Trumbull sentó las bases desde Valparaíso de una obra estable que perduró en el tiempo. A diferencia de experiencias anteriores, este congregacionalista comenzó en 1847 la práctica de cultos evangélicos para chilenos y extranjeros en alianza con grupos liberales y masones de la región (Lalive d'Epinay, 2009), y posteriormente, instaló un templo con algunas restricciones, como la de anteponer un muro a su fachada y moderar el ruido en las prácticas del culto. A consecuencia del trabajo de Trumbull y con el patrocinio de la Foreign Evangelical Union, se fundaron las dos primeras iglesias evangélicas chilenas entre 1868 y 1871, y en este último año fue ordenado el primer pastor evangélico chileno y latinoamericano, José Manuel Ibáñez. "David Trumbull creó en 1872 la iglesia presbiteriana en Valparaíso. A fines del siglo XIX había en casi todas las ciudades importantes de Latinoamérica comunidades que pertenecían a alguna de las iglesias protestantes de los Estados Unidos. Especial importancia adquirieron los presbiterianos, los metodistas, los baptistas (bautistas) los episcopalistas y los congregacionistas. En casi todas las ciudades mayores se constituyeron comunidades luteranas alemanas, 1867 en Valparaíso y 1868 en Santiago" (Krebs, 2002, p. 178).

El aporte de Trumbull fue fundamental y se sumó a otras iniciativas que buscaban la mejora del estatus jurídico de las religiones evangélicas en Chile. Este misionero había llegado al país con el objetivo de trabajar en la evangelización de marineros, lo cual lo acercó a la elite política y social porteña. Por otra parte, desarrolló un prolífico trabajo de propaganda orientado a incrementar los derechos de reunión y libertad de culto de los evangélicos en Chile. Fruto de estos y otros esfuerzos, se dictó en 1865 una ley interpretativa que introdujo la libertad de culto con ciertas restricciones, ya que se podían practicar cultos evangélicos en espacios privados. Junto a la posibilidad de practicarlos, se autorizaba la apertura de escuelas, aunque destinadas a los hijos e hijas de los evangélicos y protestantes residentes.

En 1865 se dictó una ley interpretativa de tolerancia religiosa que permitió a los credos no católicos el ejercicio público de sus prácticas religiosas y estos, consecuentemente, pudieron levantar templos, sentando las bases de un proceso de producción de paisaje plurirreligioso en la capital de Chile que adquirió nitidez a contar de 1909 con la emergencia del metodismo pentecostal, movimiento evangélico endógeno que hizo sentir su presencia especialmente en los sectores más pobres de la urbe.

En 1877 llegó al país la obra metodista tras la visita del obispo W. Taylor. En 1883 la Iglesia Presbiteriana chilena fue el primer credo no evangélico que obtuvo personalidad jurídica (Lalive d'Epinay, 2009).

Algunos templos católicos localizados en distintos sectores de Santiago hacían las funciones de focos de nuevos barrios, pero la Iglesia no pudo acompañar la instalación de aglomeraciones de viviendas precarias en la periferia. La ciudad pasó de diócesis a arquidiócesis en 1843 y los santiaguinos desarrollaban una vida religiosa rica y variada con expresiones de piedad tanto al interior de las iglesias como en el espacio público. Se sumaron a las manifestaciones tradicionales otras nuevas, relacionadas con una eclosión mundial y también nacional del culto mariano y con la llegada de nuevas espiritualidades fruto de la formalización diplomática de relaciones entre el Estado de Chile y el Vaticano, que permitió la normalización en el nombramiento de obispos, la creación de nuevos obispados en el país, la fundación de conventos, monasterios, templos y colegios confesionales (Salinas & Valenzuela, 2002).

En 1853 se registró un hito en la devoción mariana: el rector del Seminario Pontificio Mayor, Joaquín Larraín Gandarillas, "impuso la iniciativa de establecer el 'Mes de María' en noviembre y no en mayo como se hacía en Europa" (Castillo, 2011), lo cual incrementó la devoción popular y la asistencia a centros de oración y de culto consagrados a las distintas manifestaciones de la madre de Jesús. "Desde que se iniciara en el Seminario Conciliar de los Ángeles Custodios, todo Chile empezó a ir y venir con flores a María a los templos y ermitas para adornar el trono de la Virgen con luces, a fin de venerarla y para rendirle honores con cánticos y plegarias" (Barrios, 1995). Un ejemplo de lo anterior es la instalación de nuevos santuarios desde mediados del siglo XIX hasta inicios del siglo XX, como el de Lourdes, la Virgen de los Rayos y San Cristóbal, que veneraban a la madre de Jesús (el de San Cristóbal a la Inmaculada Concepción, la de Los Rayos a una aparición en un convento y el de Lourdes a la virgen que se apareció en Francia), los que "...son la mejor representación en una época, donde las corrientes liberales quisieron tener la supremacía en toda la población, provocando fuertes luchas" (Castillo, 2011, p. 539). Se puede agregar que "allí, María vuelve a mostrarse con fuerza como una 'ayuda de memoria' del camino correcto que debía seguirse. Es así como en este periodo hacen el ingreso al territorio con mucha fuerza nuevas devociones, colaborando también en el asentamiento de otras, gracias a la llegada de congregaciones cuya espiritualidad tiene directa relación con ellas" (Barrios, 1995, p. 74).

La devoción mariana se hizo más patente tras la definición mediante dogma de la Inmaculada Concepción de la Virgen María mediante la bula *Ineffabilis Deus*, del papa Pío IX, dictada el 8 de diciembre de 1854. Monseñor Rafael Valentín Valdivieso, en un sermón en la Iglesia Metropolitana de Santiago, a propósito del primer aniversario del dogma, consideró a este evento como "reservado para una época de lucha en que el orgullo i la indiferencia no perdonan medios para dar en tierra con la Iglesia católica"(Valdivieso, 1899, p. 736).

La encíclica *Rerum novarum* iluminó la acción social católica al declarar el pensamiento del pontificado en materia social y económica. Se convirtió en la fórmula empleada por el catolicismo decimonónico para combatir los "ismos" (marxismo, socialismo, liberalismo, ateísmo, entre otras corrientes), relevando la presencia de las instituciones católicas en la coyuntura. Proponía soluciones prácticas a la llamada "cuestión social" mediante la acción del Estado y de instituciones obreras de raigambre católica. La Iglesia, sobre la base de la búsqueda del bien común, con este documento no solo se detuvo en el análisis y discusión de los deberes cristianos en materia social, sino que también planteó formas de llevar a cabo dichas obligaciones, en qué marco se debía actuar y cómo aplicar el principio tomista del bien común a la vida y relaciones sociales.

A raíz de los postulados de la encíclica, los católicos chilenos, tanto a nivel individual como a través de sus organizaciones, implementaron una nueva actitud caritativa privilegiando el asistencialismo como solución al problema social que se estaba produciendo y que podía tener nefastas consecuencias sobre el alma nacional, como lo señalaban intelectuales católicos, tanto clérigos como laicos, incluidos obispos y arzobispos de la época. Todo esto redundó en la fundación de diversos edificios de socorro destinados a los más desposeídos (Fraga, 1962; Hidalgo, 2005; Insunza, 2011) y a la fundación de templos tanto en el casco histórico como en otros sectores urbanizados. La figura 27 expresa la fundación de templos entre 1891 y 1929, año en que tuvo ligar una crisis económica global que tuvo graves consecuencias en la economía chilena en general y en el desarrollo de las instituciones, como la Iglesia, en particular.

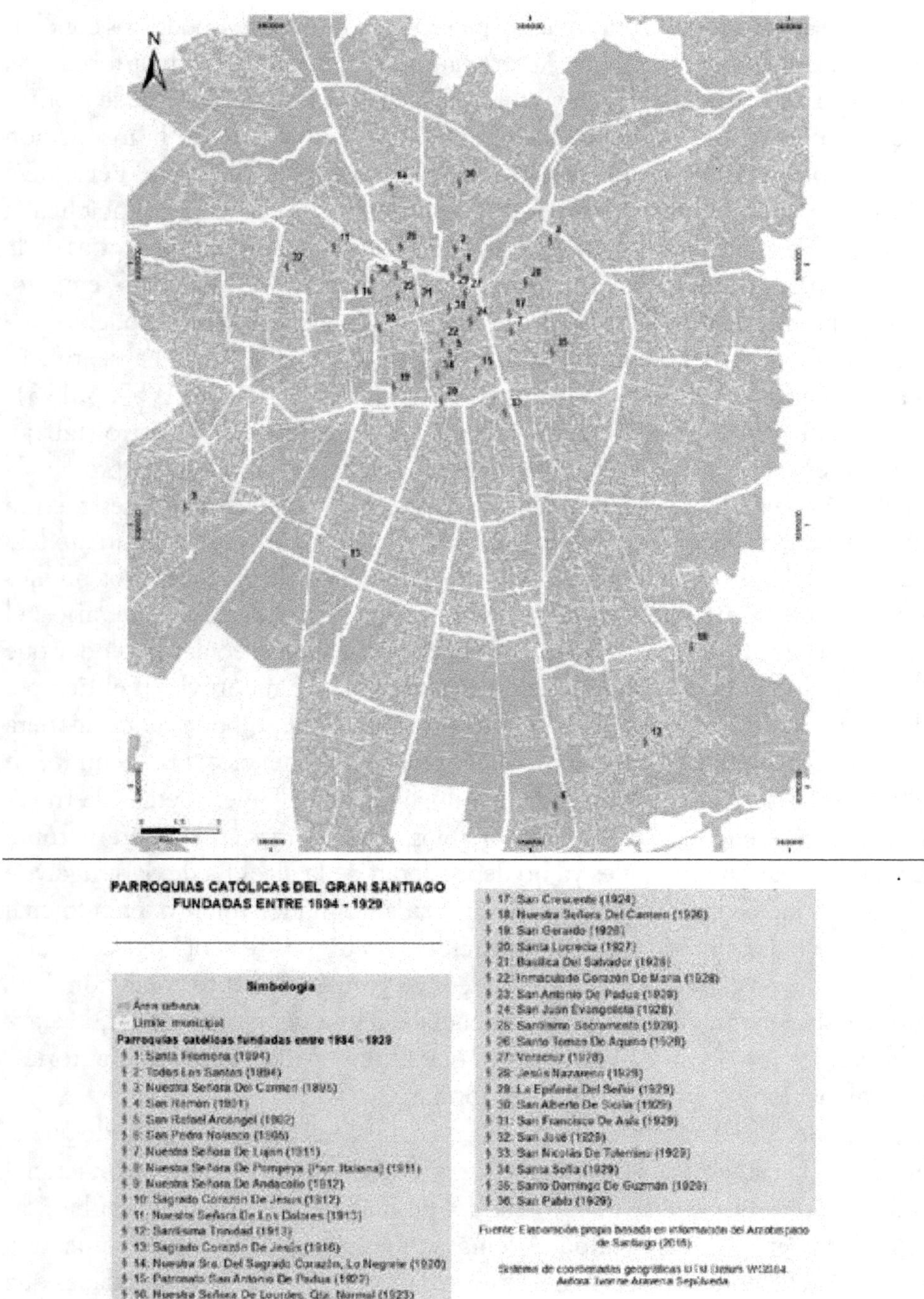

Figura 27: Distribución de templos católicos fundados entre 1894 y 1929.

Fuente: Elaboración propia (2018).

De acuerdo con la información presente en la figura 27, podemos concluir que la acogida de la encíclica *Rerum novarum* aglutinó y ayudó a forjar una serie de corrientes de opinión y grupos de acción filo católicos que se mantuvieron en el tiempo, generándose un ambiente que posibilitó la instalación de centros de culto, como las parroquias, en la capital de Chile. Pero, pese al asistencialismo, que se vio reforzado por los contenidos de la Encíclica, a opinión de los mismos católicos, la Iglesia seguía silente en las periferias de la urbe al optar por localizar edificios en el casco histórico. "Tal acción, empero, estuvo ausente de los suburbios de las ciudades. Tal vez por esto, un pueblo desarraigado, sintiéndose marginado en su religiosidad por la jerarquía, se integró a movimientos pentecostales o a grupos anarquistas" (Barrios, 1987, p. 195).

Con el fin de no distraernos de los fines que orientan nuestro trabajo, concluiremos en que la ciudad de Santiago a fines del siglo XIX expresaba la evolución de obras de modernización y la transformación de la infraestructura urbana. La explosión urbana de la periferia se incrementó a causa de un modelo de renta del suelo que producía mayores ganancias subdividiendo los predios sin la incorporación de capital ni de trabajo por parte de sus propietarios: el suelo se transaba a precios que hacían más atractivo especular o vender que darles un uso agrícola. Este modelo de transacción se mantuvo en el tiempo, dado que los mismos propietarios conformaban la clase política, de manera que legislaban manteniendo o incrementando sus beneficios. Por ejemplo, en el año 1891 se dictó la "Ley de la comuna autónoma" que, además de transformar a las subdelegaciones en municipios, creó algunas en la periferia rural. Las autoridades municipales ya no dependerán de la alcaldía de Santiago y se establece que cada unidad debe procurar su autofinanciamiento, para lo cual el recurso más utilizado fue la autorización para dividir terrenos agrícolas con el fin de que en ellos se instalaran residencias para la creciente población. Este modelo de generación de riqueza beneficiaba a los dueños de tierras que eran, a la vez, los funcionarios municipales que tenían atribuciones para autorizar la enajenación de terrenos bajo este formato.

Por efecto demostración, la clase media valoraba del mismo modo que la elite la vida campestre. Por ende, se fueron consumiendo para uso residencial todos los terrenos que se iban loteando, produciéndose una rápida urbanización de la periferia santiaguina. Además, esta clase buscó en esta fórmula una modalidad de contrarrestar los altos costos de arriendo de las propiedades que se encontraban en el centro, por cuanto este grupo social, más que propietarios de viviendas, eran mayoritariamente arrendatarios a causa de su bajo nivel de ingresos.

Las familias o individuos pertenecientes al proletariado urbano, cuando lograban aumentar sus rentas, se trasladaban al centro, donde la salida de la clase media había generado una oferta inmobiliaria accesible a sus ingresos dado que las casas se dividían en piezas que podían pagar. Por este mecanismo, las casas que en algún momento de la historia habían sido habitadas por la elite, fueron divididas en piezas que funcionaban como casas autónomas comunicadas por un pasillo o espacio compartido donde familias proletarias habitaban con un alto nivel de hacinamiento. A este tipo de solución habitacional se le conoció durante la primera mitad del siglo XX como "conventillo", una forma de construcción colectiva compuesta por varias habitaciones más un patio o corredor común. Se trataba generalmente de una vivienda unifamiliar cuyas habitaciones se arrendaban por separado a grupos familiares o individuos. Se trataba de uno de los tres tipos de vivienda popular presentes en Santiago desde la segunda mitad del siglo XIX, siendo los otros el "cuarto redondo" y los ya comentados "ranchos" o "rancherías" (Hidalgo, 2005). Puga Borne, un médico higienista contemporáneo a los conventillos, los definió como una reunión de cuartos redondos a lo largo de una calle que sirve como patio común, lo cual constituyó una modalidad mejorada de alojamiento debido a que la cocina y el lavado de ropa no se realizaba en los dormitorios (de Ramón, 2000).

Las transformaciones sociopolíticas ya comentadas que acontecieron en el país desde el último tercio del siglo XIX hasta 1929, obligaron a un Estado más visible, mejor preparado y con mayores atribuciones, recursos, personal y herramientas, a intervenir en el problema habitacional que afectaba a la mayor parte de la población (los sectores populares y medios) y en la planificación de la ciudad.

Santiago de Chile, hacia la configuración de la ciudad de las masas (1909-1960)

Como ya vimos, desde la segunda mitad del siglo XIX se implementaron espacios públicos en Santiago que le cambiaron su *ethos*, lo cual fue azuzado por la celebración del centenario de la emancipación que impulsó trasformaciones urbanas orientadas a presentar al mundo una imagen de ciudad moderna en el contexto de un régimen parlamentario. La proliferación de edificios públicos se sumó a la construcción de iglesias y edificios por parte de la Iglesia católica.

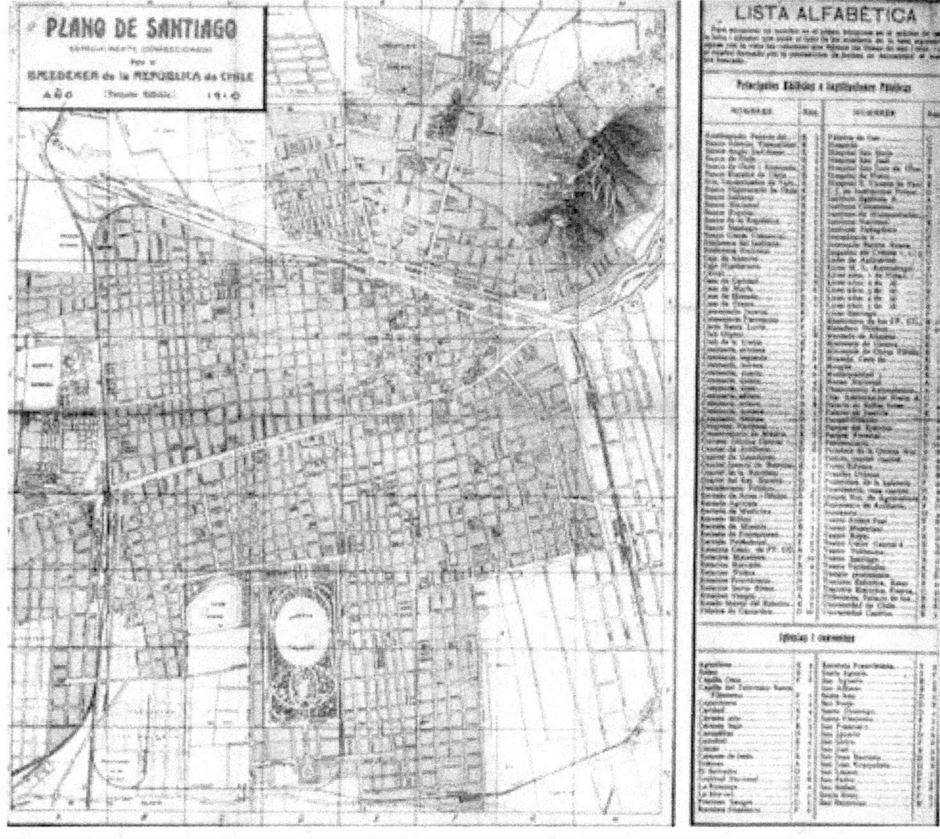

Figura 28: Santiago en el centenario de la independencia (1910).

Fuente: Martínez, 2007, p. 93.

La figura 28 presenta una cartografía de Santiago de 1910 acompañada por una lista en orden alfabético de edificaciones públicas y otras pertenecientes a la Iglesia católica (Martínez, 2007).

En un siglo de vida independiente, un país caracterizado por una economía extractiva con bajos niveles de población e industrialización había impulsado la construcción de un número importante de espacios y edificios públicos, según expresa la lista de la figura 28, que muestra además que el plano urbano había evolucionado desde la austeridad parroquial precedente que explicaba el carácter conventual y cerrado de Santiago, a una ciudad de los paseos, espacios y edificios públicos (Cornejo, Gandolfo, González, *et al.*, 2010; de Ramón, 2000; Gazmuri, 2005; Gross, 1991; Molina & Rivera, 1986). Por otra parte, los proyectos de transformación urbana que tuvieron lugar a contar del último tercio del siglo XIX hasta el primer tercio del siglo XX partían de una visión moderna de la ciudad, expresada fundamentalmente en la valorización a los espacios y edificios públicos, primero, y a los flujos, después. La ciudad pensada desde la elite rompía el modelo de urbe colonial, conventual cerrada. Sin embargo, no se avanzaba en la mejora de las condiciones de vida de los más desposeídos mediante la consideración de sus necesidades en los planes de cambio urbano que se fueron sucediendo.

El aumento de la capacidad de flujos al interior de la capital de Chile fue un segundo ámbito de intervención que modificó el plano urbano, como lo evidencia la apreciación de Ismael Valdés, que señalaba en 1917: "La Comisión que ha estudiado la transformación de Santiago, no ha propuesto ninguna avenida diagonal porque ha creído que de todas las modificaciones de la ciudad es la que encuentra mayor resistencia. Con todo, la diagonal de la estación Mapocho a la Plaza Brasil y de esta a la Estación Alameda (Central), se hará alguna vez como uno de los mejores modelos para hermosear la ciudad y darle comodidad a su tráfico. Es fácil comprender que si se hace una diagonal y se prolonga por varias cuadras hasta tener por término una plaza, habrá en Santiago una perspectiva como las que tanto admiran en otras ciudades los viajeros acostumbrados a la triste edificación de las manzanas cuadradas al estilo colonial" (Valdés, 1917, p. 34).

La ciudad representada en la figura 28 precede a la gran crisis económica de 1929, que pauperizó al Estado, a los privados y a las espacialidades derivadas de sus acciones. A la contracción anotada se sumaron los devastadores efectos de un terremoto que asoló a la zona centro sur del país, afectando a la agricultura que surtía al mercado interno y a los sectores orientados a la exportación. La suma de calamidades derivó en el incremento de las áreas de vulnerabilidad y precariedad en el norte, sur y poniente de la ciudad, que pusieron en la palestra política de la primera mitad del siglo pasado la cuestión de la vivienda, que reemplazó definitivamente a la cuestión social decimonónica que tuvo, como en la *Rerum novarum*, un correlato en otra iniciativa de la Iglesia católica, el Concilio Vaticano II (de Ramón, 2000; Gross, 1991; Hidalgo, 2005).

El cerro San Cristóbal era absorbido por la mancha urbana que avanzaba hacia el oriente, que además mostraba el desarrollo de poblados en los municipios de La Reina o Ñuñoa. Santiago era una ciudad de tipo polarizada a causa

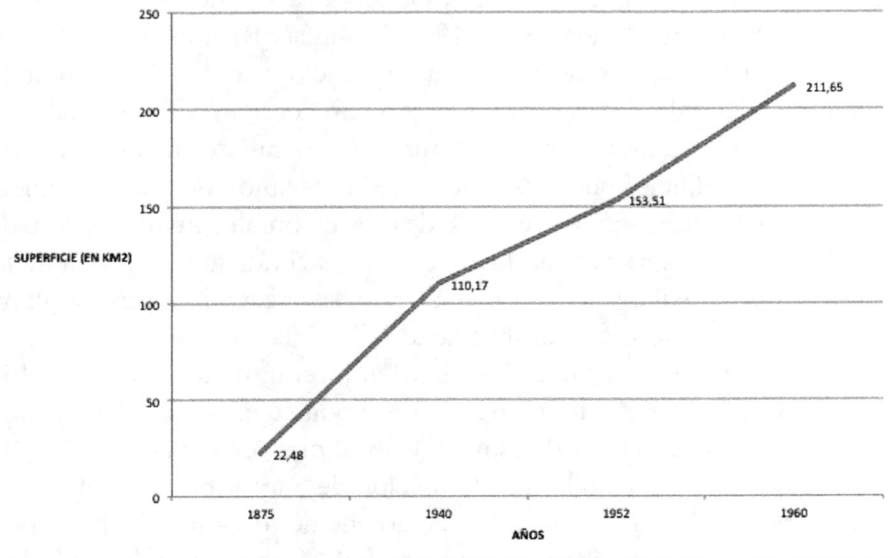

Figura 29: Superficie urbana de Santiago entre 1875 y 1960 (en km²).

Fuente: Elaboración propia a partir de Miranda, 1997 (2018).

del modelo de industrialización sustitutiva o modelo ISA que se aplicó en el período, caracterizado por la concentración de actividades y el crecimiento en todas direcciones de la periferia a causa de las demandas por mano de obra barata que atrajo migrantes desde distintos puntos del país, especialmente del campo, que se instalaron en viviendas espontáneas en suelos de bajo costo con lo cual se extendió la periferia. Con lo anterior, se desorganizó la ciudad en su conjunto, especialmente entre 1952 y 1964, lo cual se evidencia en el hecho de que entre 1952 y 1960 la superficie ocupada por la ciudad y la población se incrementó notablemente, según se aprecia la figura 29 y en las tomas de terreno que se dieron en la capital desde 1957 expresando la presión de los grupos sociales más desposeídos por acceder a una vivienda digna.

La ciudad no solo funcionaba, sino que también comunicaba acciones de sus habitantes mediante construcciones de sentido que estaban produciendo las dinámicas sociales en boga en el período. Se trataba de estrategias urbanísticas formales "desde arriba" o informales "desde abajo", elecciones estéticas forjadas "desde arriba" y determinaciones políticas bajo la forma de conflictividades y disputas que dejaban huellas en tanto procesos históricos. Se estaba produciendo un nuevo tiempo en la cuestión de la vivienda en el que el proletariado urbano tomaba la iniciativa. Se fue así configurando una ciudad que se transformaba en virtud de la diversidad de habitantes que se fueron aglutinando, cada uno de las cuales expresaba y transmitía significaciones en la materialidad, dadas las múltiples dimensiones de la vida social (Miranda, 1997).

Las tomas de terrenos y el levantamiento de viviendas espontáneas incrementaron la desestructuración urbana. Estas se iniciaron en 1957 con la toma que dio origen a la Población La Victoria en la periferia sur de Santiago. Este tipo de hechos, sumados a la escasez objetiva de soluciones habitacionales, produjeron que el tema del acceso a la vivienda popular se hiciera presente en la los programas de casi la totalidad de los partidos políticos. Paralelamente, las tomas se convirtieron en una práctica reivindicativa consentida socialmente como un derecho adquirido (Hidalgo, Paulsen & Rivas, 2016; Hidalgo, Urbina, Alvarado, *et al.*, 2017; Hidalgo, 2005; Ortega, 1985).

El proceso de expansión urbana desorganizada que experimentaba Santiago influyó en las concepciones manejadas por los técnicos, planificadores y teóricos acerca de la ciudad, e impulsó la búsqueda de lineamientos que aportaran a la solución de los problemas que se estaban generando en sus distintos sectores. Desde el ámbito técnico, los intereses de planeamiento se infiltraron en el discurso político y se resignificaron en la cotidianidad de los habitantes de mayores ingresos y llevaron a la clase media a presionar para solucionar políticamente los problemas asociados a las necesidades de suelo y vivienda de los sectores más desposeídos.

Evangelismo en Santiago (1909-1960)

Se puede afirmar que antes de 1909 era prácticamente nula la presencia efectiva en el paisaje urbano santiaguino de los credos evangélicos y protestantes. Tras la ley interpretativa de 1865, la mayor parte de los credos evangélicos funcionaban precariamente y, en muchos casos, operaban en espacios triádicos; esto es, en edificios que compartían usos residenciales, de taller artesanal y templo. La mayor parte de los pastores y misioneros eran artesanos, zapateros, joyeros, restauradores de muebles y ropas, mecánicos y transportistas. Vale decir, eran muy pocos los que se dedicaban exclusivamente al ministerio pastoral. Esta situación cambió desde fines del siglo XIX cuando el aporte de congregaciones estadounidenses y europeas financió la visita de misioneros y la instalación de iglesias, lo cual explica la fundación de templos metodistas, bautistas, presbiterianas, de la Asamblea de Dios, Alianza Cristiano Misionera, entre otras denominaciones históricas. Además de iglesias, en el caso de los bautistas se fundó un seminario teológico orientado a la formación de pastores, el que funciona hasta nuestros días.

Con la instalación en la ciudad en 1897 de la Alianza Cristiana y Misionera y en 1908 de la iglesia evangélica bautista, maduraba un paisaje religioso más diversificado. Las iglesias evangélicas y protestantes que llegaron al país experimentaron procesos de hibridación social y doctrinal, como en las ciudades chilenas lo manifiesta la emergencia de corrientes autóctonas disidentes, entre ellas, las metodista-pentecostales y pentecostales que se visibilizaron a partir de 1909, con motivo de un evento que los evangélicos denominan avivamiento pentecostal. Este concepto deriva de la voz anglosajona "revival" y alude a un proceso de quiebre protagonizado por un grupo religioso con alguna modalidad tradicional de estilo de vida, a la vez que con formas de culto que se suponen "corruptas", "anquilosadas", "inconsecuentes" o "incoherentes" con el mensaje cristiano. Sus partidarios afirman representar una acción iniciada por Dios en respuesta a un período de oración, que genera una iglesia más potente, influyente y evangelizadora, cuyo modelo es la iglesia cristiana primitiva. Por esta razón, son iglesias que renuncian a la dimensión teológico-intelectual de su credo y abrazan formas mágico-místicas-emocionales que se engloban bajo el concepto de "pentecostal" en alusión al episodio de pentecostés relatado en el libro de *Los Hechos de los Apóstoles*.

El avivamiento pentecostal tuvo dos hitos iniciales, uno aconteció en Valparaíso y otro en Santiago, separados ambos por solo meses y que tuvieron como aspecto en común la separación de grupos de evangélicos disidentes encabezados por un líder carismático del tronco metodista episcopal cuyo proyecto evangelizador se sustentaba en que mediante la fundación de escuelas se conseguían los fondos para levantar templos. Sin embargo, estos no lograron impactar profundamente a la sociedad nacional, como sí lo harían los disidentes. Tampoco logró el resto de los credos evangélicos que ya se habían instalado en el país, de manera que, según Lalive d'Epinay, en 1920 solo habían 54.000 protestantes en Chile, de los cuales 17.000 eran extranjeros, 10.000 luteranos colonizadores del sur que levantaron templos espontáneamente, más sus descendientes y chilenos convertidos. Cabe señalar que este mismo autor planteó que entre los evangélicos contabilizados en esa fecha hubo liberales anticatólicos, masones, oyentes, que más que ser conversos evangélicos, eran simpatizantes de este tipo de movimientos u opositores al catolicismo prevaleciente.

Por lo anteriormente señalado, a los grupos disidentes del metodismo se les denominó "metodista-pentecostales", nombre que corresponde a una metonimia entre la congregación desde la cual se separaron (el metodismo episcopal) y del elemento religioso por el cual se escindieron, que era la búsqueda de los dones o carismas del Espíritu Santo para la generación de un tipo especial de experiencia mística en los feligreses. El máximo referente de este movimiento fue el pastor Willis Hoover, quien en 1895 había conocido experiencias carismáticas pentecostales en una pequeña iglesia de Chicago que modificaron significativamente su visión de la religión y de su ministerio. No tenemos mayor información acerca de las etapas previas del ministerio de Hoover hasta 1902. Sabemos que había llegado a Chile junto a su cónyuge en 1889 y que era considerado un devoto carismático alejado de todo esfuerzo teológico, centrado en la sensibilidad a las manifestaciones del Espíritu por la influencia que significaron noticias provenientes desde la India y Los Ángeles, Estados Unidos. También, conocemos que tras ser nombrado pastor de la Primera Iglesia Metodista Episcopal de Valparaíso comenzó un trabajo de transformación de las prácticas religiosas de los metodistas, basado en una renovación carismática, como ya se había dado en Sudáfrica, India, Rusia, Estados Unidos de Norteamérica, Brasil, entre otras latitudes, basada en el estudio sistemático y orientado del libro de *Los Hechos de los Apóstoles*.

Paralelamente desarrolló la práctica de reunir a su familia para tener momentos especiales de oración para rogar por un avivamiento, instancia a la que se fue sumando la junta de diáconos y miembros de la Iglesia. Posteriormente, esta actividad se formalizó en la llamada "clase de las cinco", consistente en una reunión dedicada exclusivamente a la oración, que tenía lugar los domingos en la tarde y que fue el primer paso para una gran transformación de la liturgia evangélica predominante en Chile hasta 1906. Esta generó un importante proselitismo, especialmente en las clases más desposeídas, que caracteriza al pentecostalismo latinoamericano del siglo pasado (Bloch-Hoell, 1964; Espinosa, 2015; Hoover, 1932; Sepúlveda, 1987; Synam, 1997; 2004; Vidal, 2012).

En materia religiosa, desde 1906 tuvieron lugar cambios más radicales que terminaron por separar del metodismo a Hoover y a parte de su congregación, lo que aconteció institucionalmente (ya que doctrinalmente se había separado desde 1906), tras un juicio que el liderazgo metodista episcopal llevó a cabo en

1909 contra este pastor. Este proceso sentenció la prohibición de las prácticas rituales de los seguidores de Hoover y se le retiraba, a lo menos temporalmente, de Chile y del ministerio, por lo cual 1909 representa un hito en el desarrollo de la fe evangélica en el contexto nacional, ya que se institucionaliza la escisión como un credo endógeno que comienza a levantar templos en el resto del país y que posteriormente implementará misiones en el extranjero.

Ese año también tuvo lugar la conversión de Helen (Nellie) Laidlaw, quien influyó decisivamente en la aceleración de los procesos que conducirían a la constitución del credo metodista pentecostal a principios de este siglo (Vidal, 2012). Tras su conversión y sus vivencias místicas en la casa e iglesia de los Hoover en Valparaíso, pidió autorización a los líderes del movimiento pentecostal en Valparaíso para viajar a Santiago a visitar a una hermana carnal que se encontraba enferma y, de paso, congregarse en las iglesias metodistas que se habían instalado previamente. Llegó a Santiago en septiembre de dicho año y el día 11 participó en una vigilia en la casa de un miembro de la Segunda Iglesia Metodista de Santiago en la Población Montiel, donde aprovechó de relatar los sucesos que acontecían en ese entonces en el puerto (Hoover & Gómez, 2002). Se transformó así en el nexo entre los cambios que acontecían en Valparaíso y los que se produjeron tras un breve lapso, en Santiago. El 12 de septiembre Helen (Nellie) Laidlaw participó del culto de la Primera Iglesia Metodista de la calle Portales y, tras exponer los sucesos acontecidos en Valparaíso, fue detenida por la policía por orden del superintendente de la congregación, compareció ante el juez de policía local y, tras ser dejada en libertad, visitó la segunda iglesia, después de lo cual el 13 de septiembre se produjo la escisión de un grupo de feligreses de la segunda iglesia metodista, los que siguieron reuniéndose en la casa de Carlos del Campo[5] en Carnot 863. Elena intentó hablar en la Escuela Dominical, pero se le prohibió y se produjo un altercado que terminó por consumar la división, surgiendo la

---

5   Carlos del Campo fundaría en 1911 en Río Bueno, localidad del sur de Chile, la Misión Iglesia del Señor, congregación pentecostal que resultó de la escisión de la Iglesia Alianza Cristiana y Misionera. Del Campo sería acusado por el párroco del municipio de San Miguel, lugar donde residía, de pertenecer a la masonería y a su casa como foco de sus persecuciones y ataques (Vidal, 2012, p. 47). Este hecho muestra un conflicto que ha ido aminorando con el tiempo. La asociación que el mundo católico hacía entre evangélicos-protestantes y masones se explica en la simpatía que este tipo de movimientos generó entre los masones chilenos que luchaban contra la hegemonía católica en pos de la libertad de culto y por la separación entre Iglesia y Estado. Además, esta comunidad de intereses justifica el hecho de que algunos líderes religiosos y feligreses evangélicos y protestantes eran masones.

Iglesia Metodista Nacional. Ante esta situación, antes que Hoover tuviera algún pronunciamiento, en Santiago el 12 de septiembre de 1909 aconteció la división de las iglesias metodistas tras el abandono de una parte importante de sus miembros de las prácticas rituales originales. Estos fundaron nuevas congregaciones en casas particulares, templos u otras edificaciones en donde se realizaban cultos pentecostales que los diferenciaban de los preceptos de la iglesia madre y que representaban, en alguna medida, la rebelión de los fieles de los sectores sociales populares contra una religión que encarnaba las formas culturales de las clases medias.

La naciente congregación se dividiría posteriormente en una facción que comenzó a denominarse Iglesia Metodista Pentecostal (1932), la cual posteriormente se dividirá en diversos grupos hasta nuestros días, generándose un mapa de credos donde es posible reconocer grupos aglutinados en organizaciones y otros autónomos (Vidal, 2012). "Las iglesias protestantes (y/o evangélicas) que se fundaron en las repúblicas latinoamericanas se mantuvieron separadas y no formaron una organización común. Muchas veces se produjeron rivalidades entre las distintas sectas" (Krebs, 2002, p. 185).

Los miembros de la emergente iglesia generaron un nuevo sistema de trabajo que afianzó la visibilización espacial de las iglesias evangélicas en Valparaíso primero y Santiago después. Comenzaron a surgir elementos de especificación y exclusión social positiva fundados en la capacidad de recibir determinadas experiencias. El grupo, lleno de entusiasmo, comenzó la tarea de convertir a la ciudad en una especie de "Paraíso en la Tierra" donde cada metro cuadrado de la ciudad adquiría un nuevo significado (Paulsen, 2009).

Las continuas escisiones y divisiones que afectaban a las iglesias evangélicas y protestantes tradicionales derivaron en un movimiento que, tras separarse de sus autoridades, perdía la posibilidad de reunirse en los templos, comenzando así una etapa de despliegue de los cultos a las residencias de algunos miembros, lo que favoreció su difusión por los barrios obreros de la ciudad (Hoover & Gómez, 2002). Quienes salieron de la Primera Iglesia mantuvieron más tiempo la tradición de congregarse en casas, en tanto que aquellos que se separaron de la Segunda Iglesia se reunían en la casa de Carlos del Campo primero y, a partir de 1910, al aire libre, en el llamado patio empedrado, en Nataniel 1336.

Con anterioridad, tras cinco meses de reuniones en casas, en febrero de 1910, como resultado de las críticas del metodismo al avivamiento pentecostal, se fundaba la Iglesia Metodista Nacional, concentrada en la calle Romero 2958. En 1913 se trasladó a la calle Erasmo Escala 3096 y en 1916 a Jotabeche esquina Thompson. En 1925 se estableció en Jotabeche 40, donde en 1928 se inauguró el primer templo que sería la cuna de la futura Iglesia Metodista Pentecostal de Jotabeche. El 3 de marzo de 1910 se constituyó la Segunda Iglesia Metodista Nacional con sede en el patio empedrado. En 1912 sus integrantes arrendaron un local en la calle Maule 1070-1078, en junio de 1914 se trasladó a calle Gálvez 1531 y el 21 de octubre de 1919 la congregación arrendó el terreno de calle Sargento Aldea 982, sede del templo que ocupan actualmente. En este se constituyó la Segunda Iglesia Metodista Pentecostal de Santiago que, tras una nueva separación en 1933, se transformaría en la Iglesia Evangélica Pentecostal de Sargento Aldea (Vidal, 2012).

Las posteriores divisiones no representan una oposición entre lo nacional y lo extranjero, como lo han expresado algunos estudios, sino entre un proyecto modernizador y la resistencia al mismo. Las desconfianzas mutuas, de las cuales tenemos antecedentes, se agrandaron a través del tiempo, lo que llevó a una separación que se hizo inevitable. Los episodios de división y separación nunca han cesado y son, en alguna medida, los responsables de la difusión del credo y de la instalación de distintas facciones (y sus templos asociados) en las ciudades del país.

De lo anterior se deduce que, durante la primera etapa, el proselitismo evangélico metodista pentecostal en Santiago tuvo lugar en los barrios donde residía una clase media baja y clase baja, la mayoría de los cuales eran migrantes o hijos de migrantes provenientes del mundo rural chileno que habían constituido familias extendidas. Esto explica su rápida adscripción a la predicación callejera (relacionada con las procesiones y fiestas religiosas rurales), las prácticas rituales de sanación y expulsión de demonios (de la cual tenían alguna formación en la medicina tradicional mapuche), y a la música (parecida a la que se escuchaba en ramadas, bares y chinganas del campo chileno de comienzos de siglo), lo que explica el crecimiento explosivo de este credo durante la primera mitad del siglo XX.

Este sistema de predicación generó una gran cantidad de templos en Santiago, ya que el mundo evangélico pentecostal no tiene como objetivo primario la fundación de escuelas u otro tipo de obras asociadas a la difusión de la fe.

Entre 1909 y 1910, la Iglesia Alianza Cristiana y Misionera, en plena expansión, estaba viviendo su propia experiencia de avivamiento. Tenía su centro más importante en la ciudad de Valdivia, en la Región de los Ríos, que había sido fundado en 1900. Esta congregación recibió la visita de la hermana Elena en 1910[6], la que se extendió a todas las misiones o locales que tenía esta iglesia en la región y en la isla de Chiloé. Estas visitas ya habían generado efectos en Concepción, donde esta misionera pentecostal había tenido encuentros con los miembros de la Iglesia Presbiteriana de Concepción y con feligreses e iglesias de la Alianza Cristiana y Misionera. Lo anterior supuso un avivamiento en el centro y sur del país, y la iglesia presbiteriana fue el único credo evangélico que acogió al pentecostalismo sin dividirse. El proceso de fractalidad evangélica (Vidal, 2012) explica el crecimiento de la población evangélica practicante durante todo el siglo pasado. Se trata de la permanente división de las congregaciones, asociada a la emergencia de liderazgos competitivos que derivan en la salida de un grupo de la congregación original que levantaba un nuevo templo, generalmente en las cercanías de la residencia de los prosélitos y, en consecuencia, no muy alejado de la iglesia principal. La irradiación del credo a sectores alejados de la iglesia principal se realizaba mediante la instalación de "clases", "misiones", "locales", cuya historia generalmente se iniciaba bajo la forma de cultos realizados en la residencia de algún miembro de la iglesia.

Si el grupo original aumentaba, se adquiría un inmueble o un sitio para levantar un templo, y en algunas circunstancias la misma residencia se consagraba para tales fines. La escasez de suelos o su alto costo, sumado a la relativa pobreza de recursos de los evangélicos, derivó en el uso de espacios seculares diversos debido a que estos credos manifestaban un alto nivel de flexibilidad estructural que les permitió ocupar como templos a edificaciones tales como locales comerciales, residencias particulares, garajes, gimnasios, ex cines, restaurantes. Por ende, tanto la fractalidad evangélica como la flexibilidad estructural explican la velocidad de la difusión de implementación de templos en la ciudad de Santiago.

La figura 30 siguiente muestra la localización de templos significativos del catolicismo y evangelismo en la ciudad a principios del siglo pasado. Destacan los templos católicos fundacionales, los santuarios derivados del fervor mariano comentado anteriormente y las iglesias que fueron instaladas tras el avivamiento metodista pentecostal de Santiago y Valparaíso. Por lo menos, desde la perspectiva de las reliquias, se visualiza la evolución de Santiago hacia un paisaje plurirreligioso compuesto fundamentalmente por dos civilizaciones

---

6   La hermana Elena, según un informe emanado desde Gorbea, Región de la Araucanía, visitaba diversas iglesias evangélicas ya constituidas e impulsaba la creación de locales o misiones que posteriormente originarán nuevas iglesias pentecostales en diversos sectores del país (Iglesia Metodista Pentecostal, 1910).

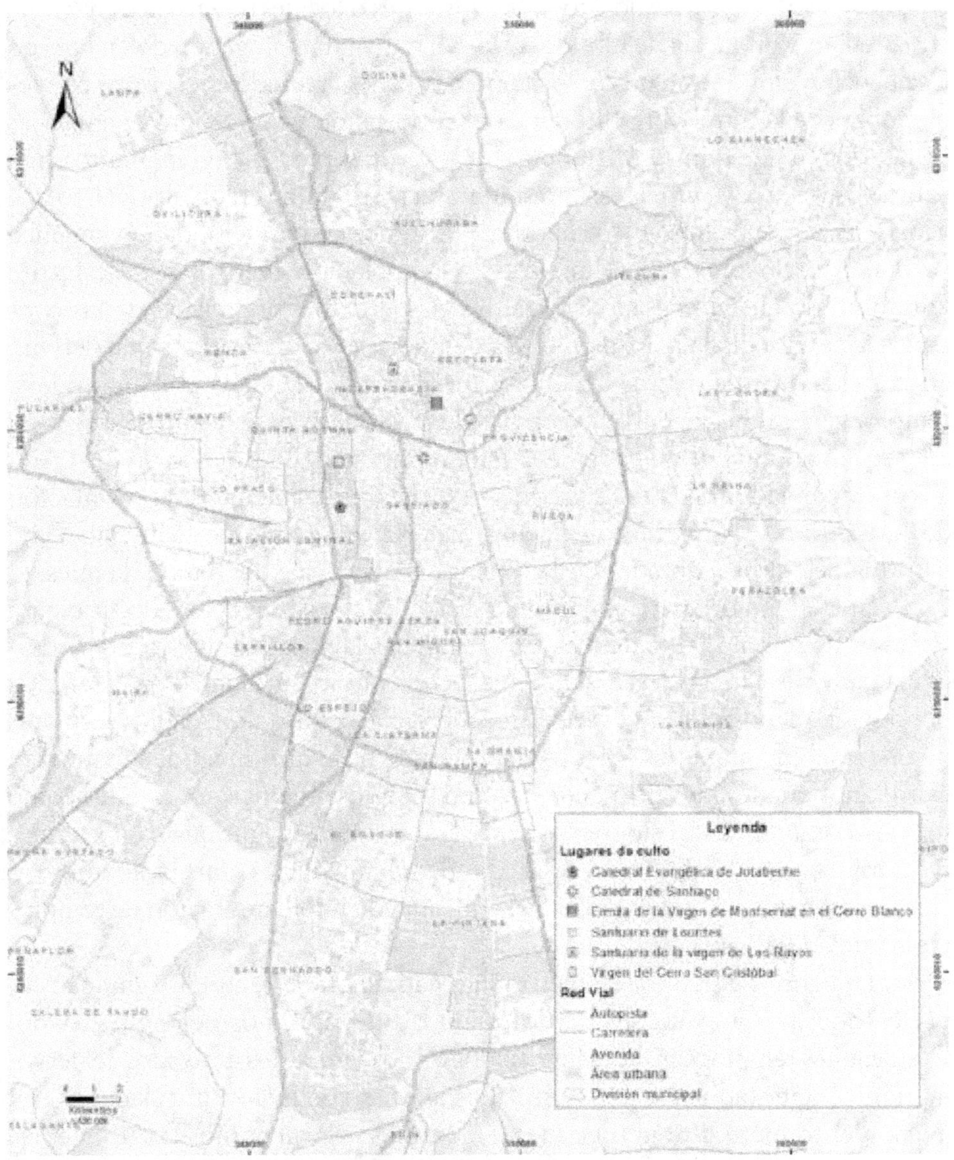

Figura 30: Distribución de edificios simbólicos de las civilizaciones parroquiales católica y evangélica a inicios del siglo XX.

Fuente: Elaboración propia (2018).

parroquiales, la católica tradicional y otra emergente evangélica, mayoritariamente pentecostal.

Este paisaje evolucionó durante la década de los cincuenta en función de los ritmos generados por la lucha de los sectores populares para acceder a la vivienda, en circunstancias que nuestro país aún experimentaba los efectos sobre la producción y el poder adquisitivo de los grupos sociales de la crisis de 1929. A esta coyuntura se sumó una espiral inflacionaria que se dio en dicho período, cuya magnitud es solo comparable con la acontecida posteriormente entre 1970 y 1973. Durante la década de 1950 la inflación atentaba contra el éxito de las políticas públicas. Por ende, también fue un tema que necesariamente debía ser abordado desde el Estado, que contrajo créditos en el exterior para promover el empleo mediante el desarrollo de obras públicas y la instalación de industrias que tuvieron como foco principal a la ciudad de Santiago. Se consideraba además que el desarrollo económico suponía el logro del desarrollo rural, por lo cual se implementaron reformas al agro que incrementaran tanto la productividad del campo como el aseguramiento de una base alimentaria más barata para la población, que hiciese posible mediante un consenso social la limitación de los reajustes salariales de los obreros sindicalizados en el sector industrial.

El mencionado flagelo afectó a los sectores medios y bajos, mermando sus posibilidades de adquisición de bienes muebles e inmuebles, lo que se expresó en la precarización de la vivienda y en la imposibilidad de endeudamiento. Como suele ocurrir, la precariedad social se expresó espacialmente, acentuándose cordones marginales, subempleo, abandono del campo, incremento de las tomas como única opción de acceso a la casa propia y construcción de oferta inmobiliaria en suelos de bajo valor de cambio. En síntesis, la ciudad de las masas que se estaba constituyendo se configuraba como precaria, con baja cobertura en infraestructura de bienes y servicios, marginal, excluyente, foco de descontento social y movilización, especialmente de los sin casa y de los desempleados.

La Iglesia católica chilena en la primera mitad del siglo XX

La figura 31 muestra la distribución de opciones religiosas registrada en el X Censo Nacional de Población de 1930, donde el 97,6% de la población encuestada se declaró católica.

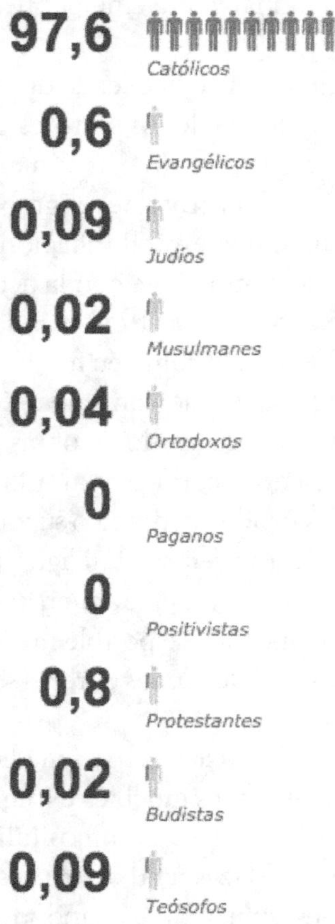

Figura 31: Distribución porcentual de credos declarados por la población chilena en el censo de 1930.

Fuente: Elaboración propia (2018).

Las tendencias expresadas ese año replican al campo religioso chileno decimonónico y constituyen un hito en la evolución de las religiones por cuanto desde 1930 la adscripción al catolicismo registra descensos hasta nuestros días.

Para explicar la baja en el catolicismo se debe considerar los avances de la secularización, como lo sugieren las teorías de la modernización y secularización, superando la tentación de suscribir el análisis exclusivamente al campo religioso. Siguiendo con este razonamiento, el incremento en la alfabetización y en la educación de la población influyó en la baja a la adscripción religiosa de los chilenos en general y santiaguinos en particular durante la primera mitad del siglo pasado. Tal situación coincidió con los hechos registrados en el resto de los países de América Latina durante el mismo período, asociados a la progresiva urbanización y a la aplicación de políticas de industrialización que trajeron consigo la llamada cuestión social (Barrios, 1987; Parker, 1993).

Desde la fundación del catolicismo, la concentración de la población es uno de los criterios empleados para definir la localización de los templos (Comblin & Calvo, 1972). El catolicismo que se instaló en América siguió las directrices de un modelo de conquista que concibió a las ciudades como punta de lanza del avance territorial, lo cual produjo un patrón de templos relacionado con la gravitación de la ciudad con respecto al sistema territorial del cual formaba parte, de manera que la ciudad más importante de cada trozo del territorio hispánico en América tenía también el templo de mayor magnitud (Romero, 2004).

Tal modelo se mantuvo tras la emancipación y se reforzó a partir de la constitución de obispados y arzobispados en los siglos XIX y XX. En la medida en que en una parroquia no eran atendidas las necesidades espirituales de su feligresía, se fundaban en el mismo territorio una o más capillas, considerando la magnitud de la población que debía ser atendida y la disponibilidad de párrocos. También se dio el caso de que muchos templos que pertenecían a las haciendas que rodeaban las ciudades fueron fagocitados por el crecimiento de estas y se transformaron en parroquias locales de la nueva población asentada. A diferencia de los templos, los monasterios y conventos huyeron de las urbes buscando la paz y el sosiego que sus actividades demandaban. Pero, en algunos casos, se produjo la fagocitación de sus dependencias por parte del crecimiento de la mancha urbana y formaron parte del paisaje urbano.

La separación entre Iglesia y Estado de 1925 delegó en la Iglesia católica la responsabilidad de levantar templos, fundar colegios y desarrollar las dependencias que fueran necesarias tanto para la práctica del culto como para las labores de servicio a la sociedad que esta institución desarrollaba desde los albores de la República. Los colegios confesionales tenían templos, lo que permitió sumar este tipo de espacios a la red de lugares de culto y se transformaron en comunidades activas que aglutinaban a las familias en torno al centro educacional que habían elegido para formar a sus hijos. Los colegios se transformaron en proyecciones del catolicismo en algunos municipios desprovistos de la cantidad suficiente de templos.

La pujanza propia del catolicismo de la primera mitad del siglo pasado no solo se expresó en materia de fundación de colegios, sino también en la existencia de organizaciones que funcionaban en distintos aspectos del campo social, político, religioso e incluso económico de la sociedad chilena y santiaguina. Igualmente, se reflejó en la existencia de una especie de capital religioso orientado a la compasión y misericordia, dependiente directamente de la Iglesia o bajo la gestión de católicos comprometidos con los dictámenes de la *Rerum novarum* y de la doctrina social de la Iglesia. Se observó, asimismo, en el hecho de que entre 1930 y 1960 se construyeron más templos que en etapas precedentes y posteriores: aproximadamente el 30 % del total de templos santiaguinos se levantaron durante dicho período, en coherencia con las dinámicas de altos niveles de crecimiento demográfico y urbano registrados durante esos años.

Entre 1541 y 1930 se fundó el 35% del total de templos de la ciudad; vale decir, en el período en el que Santiago fue una ciudad cerrada, conventual, unirreligiosa, no se instalaron edificaciones de manera significativa. De hecho, entre 1541 y 1820 solo se había levantado el 4% del total de templos existentes. Se podría pensar que muchos templos fueron destruidos por sismos u otros tipos de desastres naturales, pero lo más común (salvo en el caso del incendio del templo mayor de la Compañía de Jesús) era que se volvieran a reconstruir. Entre 1891 y 1930 se levantó solo un 17% del total de templos. La figura 32 muestra la fundación de estos entre 1930 y 1960.

Analizando la distribución espacial de los templos, se observa la transversalidad del credo católico, que se instala entre 1930 y 1960 en la mayor parte de los municipios de la capital de Chile. Los años de fundación sugieren que este credo fue acompañando a las clases sociales en sus derroteros de apropiación del espacio urbano.

La Iglesia católica chilena y santiaguina, al igual que en la mayor parte de Latinoamérica, desarrolló su labor en un contexto socioespacial marcado por las consecuencias devastadoras de la crisis económica de 1929, por ensayos de modelos de industrialización sustitutiva, por inflación y por problemáticas sociales y económicas, que agudizaban la pobreza, la exclusión social y la segregación socioespacial. Dussel, refiriéndose a la situación del catolicismo en América Latina durante la primera mitad del siglo pasado, definió a la realidad continental del período como un pueblo evangelizado a medias (Dussel, 1992). Esta fue una concepción alternativa a las posturas que sitúan al continente como una tierra de misión al encontrarse la fe ausente de la masa o ante las

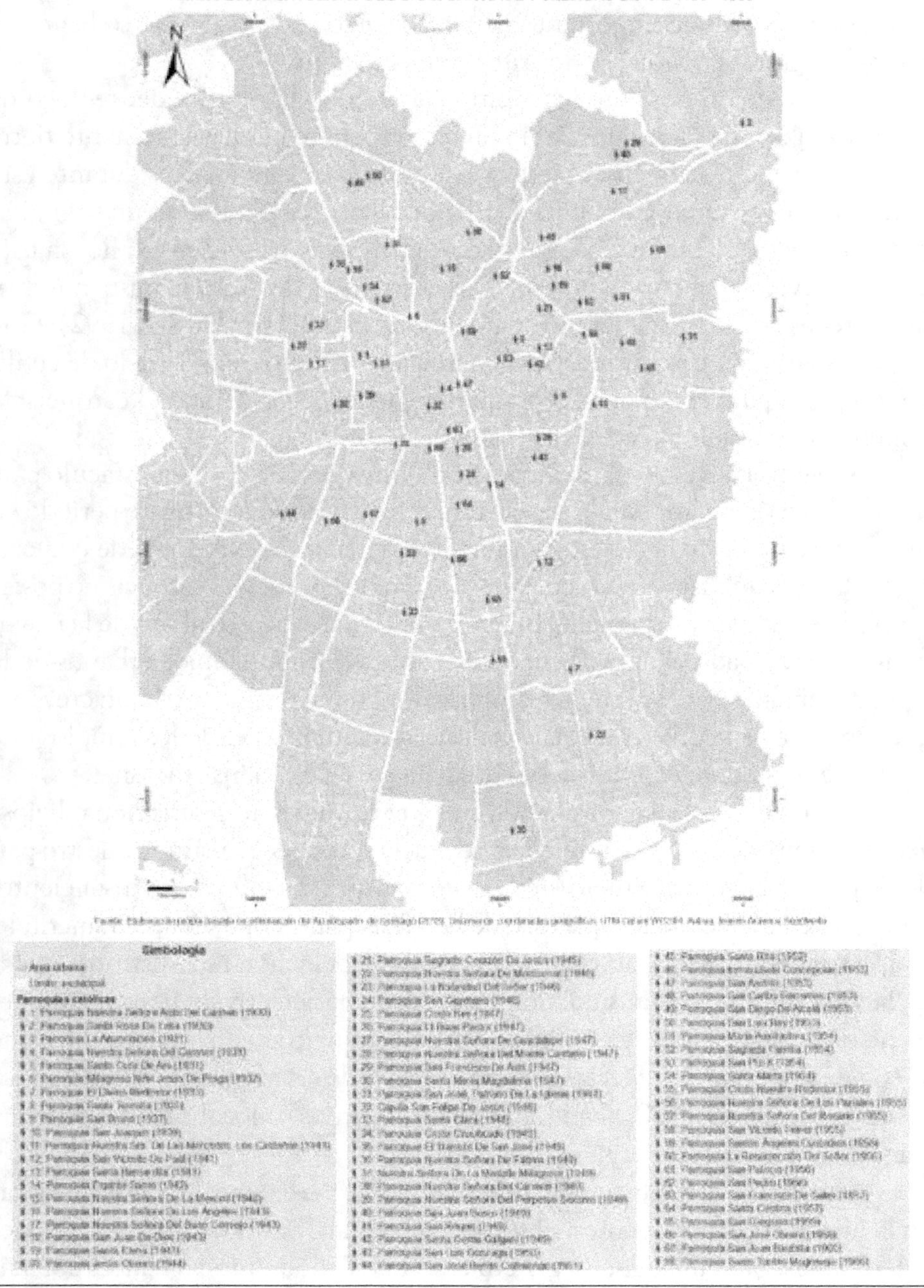

Figura 32: Distribución geográfica templos católicos fundados entre 1930 y 1960.

Fuente: Elaboración propia (2018).

que sustentan la tesis de que la evangelización católica tuvo un completo éxito ya que un porcentaje importante de las poblaciones locales aún se bautiza y muestra alguna simpatía con los ritos y celebraciones.

La situación en Santiago, coincidiendo con la postura del teólogo de marras, era de una ciudad inicialmente católica pero permanentemente tierra de misión, ya que, si bien es cierto las estadísticas demográficas durante este período refieren predominancia del catolicismo, se trataba de una religión declarada pero sin profundización doctrinal en la masa, lo cual explica la baja en la observancia que se manifiesta como tendencia desde 1930 hasta nuestros días, proceso que Dussel definió como descristianización (Dussel, 1992). Con respecto a este proceso, interesa relevar el auge y declive del modelo de civilización parroquial como un aspecto paradojal de la evolución del catolicismo chileno de la primera parte del siglo XX.

Como ya advertimos, la separación Iglesia-Estado no fue obstáculo para la inauguración de un número importante de templos durante este período en distintos sectores de la ciudad, complementado con la existencia de edificios asociados a establecimientos confesionales. Por lo anterior, el catolicismo poseía una red de templos y dependencias que garantizaba el acceso al rito de la mayor parte de la ciudadanía, prácticamente en todos los municipios urbanos de la ciudad, debido a la persistencia testimonial-material de una tradición creyente que vinculaba a la urbe con el catolicismo tradicional, siendo los templos una medida del estado de dicho acervo desde la perspectiva institucional.

Sin embargo, la baja ya aludida en los porcentajes de adscripción religiosa agravó el impacto del déficit histórico de sacerdotes que registraba nuestro país desde prácticamente los inicios de su historia y que, más allá de los insuficientes templos, redundó en la incapacidad de la Iglesia para acompañar sacramental y magisterialmente a los habitantes de la ciudad y del país en sus distintas etapas de la vida. Impidió, asimismo, una resistencia más efectiva a la irrupción del secularismo y de una nueva forma de civilización parroquial, la evangélica, que se comenzó a notar con fuerza en la mayor parte de los municipios santiaguinos desde la década de 1960, abandonando estos credos su localización periférica original (Vidal, 2012).

La crisis de la civilización parroquial católica se expresó en bajas sucesivas en la filiación de practicantes, observantes y en la disminución de vocaciones sacerdotales. Sin embargo, no generó en estos tiempos, probablemente sí más tarde, lo que Dussel definió como descristianización (Dussel, 1992), ya que la ciudad estaba y está plagada de edificios religiosos complementados por espacios con contenido religioso, y el rito y los valores defendidos por el cristianismo siguen vigentes y relevantes para un componente importante de la población de ese entonces, ya que los templos se distribuían de tal forma que cumplían objetivos de aglomeración de una población que participaba activamente en las festividades más importantes del catolicismo, lo cual indica que el cristianismo en general y el catolicismo en particular se encontraban profundamente arraigados en el *ethos* socioespacial santiaguino.

Desde el interior del catolicismo surgían críticas referidas a la marcha de la Iglesia, que aportan a la verificación de la crisis de la civilización parroquial católica ya aludida. Dos textos escritos por el sacerdote jesuita Alberto Hurtado, *La crisis sacerdotal en Chile* (1936) y *¿Es Chile un país católico?*, ejemplifican las voces de quienes miraban con preocupación el presente y futuro del catolicismo en Chile. En el primer trabajo se refiere a la baja cantidad de sacerdotes en el país: 1.658 para 4.500.000 habitantes (Hurtado, 1936). En el segundo libro cuestionaba la autocomplacencia que a su juicio existía en algunos sectores de la Iglesia y que impedía cumplir la tarea misional de alcanzar a todo el país (Hurtado, 1941). Otros aspectos que destaca Hurtado son la baja calidad de la catequesis, la falta de un catolicismo integral, y el retroceso en la acción social y educativa de la Iglesia, entre otras problemáticas (Hurtado, 1936) que explicaban el retroceso del catolicismo practicante en el país (Hurtado, 1941).

El lanzamiento del libro coincidió con la celebración del VIII Congreso Eucarístico Nacional, que fue apoyado activamente por el gobierno del Frente Popular. El Vaticano envió un legado pontificio y la ciudadanía participó activamente en todos los eventos que fueron presididos por altas investiduras nacionales e hispanoamericanas (Espinosa Santander, 2005). En este período la Iglesia contaba con una infraestructura de edificios religiosos cuya distribución aparece representada en la figura 10 siguiente. Los sacerdotes Jean François Motte y Ferdinand Boulard señalaron en 1961 que Chile experimentaba un fenómeno de descristianización global, juicio que coincidía con lo planteado por Alberto Hurtado veinte años antes (Cavallo, 2009).

Relacionado con lo anterior, a diferencia de los evangélicos, la distribución geográfica de las edificaciones católicas respondió a un proceso donde la instalación de templos seguía a los nuevos sectores que se iban poblando, lo que se explica tanto en el hecho de que cada ciudadano del mundo es adscrito a una unidad territorial católica (parroquia) desde su nacimiento a la cual, si procede, se le provee del clero necesario para que funcione adecuadamente (Hervieu-Léger, 2004).

Cuando el clérigo y los recursos con que cuenta un templo no eran suficientes para la población que debía servir, se fundaban nuevos templos (capillas) que dependían de aquel que estaba instalado primero. Por lo tanto, fue común que al interior de una parroquia (el territorio) existiesen varios templos (parroquias, capillas), siendo la parroquia la unidad territorial que acogía, para la administración de los sacramentos, a un monto de población determinado y, si este monto crecía, se iba haciendo necesaria la fundación de nuevos templos al interior de unidades territoriales que se fueron poblando con distinta magnitud y ritmo.

Definiremos al proceso descrito como "fractalidad católica" y explica la difusión de templos en prácticamente todos los espacios habitados de la ciudad. Se caracteriza por una división (fractalización) de áreas de influencia de las parroquias a medida que la población que se debe atender bajo la lógica de la civilización parroquial adquiere un volumen o una densidad que hace imposible la asistencia del párroco a las necesidades de la población a causa del crecimiento desorganizado de la ciudad y sus respectivos municipios.

El cambio demográfico experimentado por la ciudad de Santiago implicó un proceso de expansión de la superficie ocupada por la ciudad que comenzó a gestarse desde que llegaron a la economía nacional los efectos de la crisis mundial de 1929. Esta produjo una gran inflexión en la evolución urbana y rural de Chile, que se expresó, por ejemplo, en la expansión desorganizada y desestructurada de la ciudad de Santiago en dirección oriente, poniente y sur, que tuvo lugar desde la década de 1930 en adelante.

Tales fuerzas, entre cuyos factores se encuentra la presión de los sectores bajos y medios por acceder a una vivienda, desafiaron al Estado, por lo cual los gobiernos se esforzaron en planificar la ciudad, lo que se reflejó en la implementación de reformas políticas tendientes a la remodelación y al cambio urbano, así como en la contratación de más personal técnico para la administración pública y municipal (Gross, 1991).

La velocidad de acción de los mecanismos susceptibles de ser implementados para organizar y ordenar el crecimiento no fue suficiente para revertir el proceso. Un factor que explica esta aparente diferencia de velocidades en la acción de las tendencias planificadoras y de las desorganizadoras es la potestad que cada municipio tenía, según la Ley de la Comuna Autónoma de 1891, para otorgar permisos para la fundación de poblaciones en sus territorios. Asociado a esto, desde 1891 a 1927 se habían creado diez comunas en las inmediaciones del casco histórico de Santiago, cada una de las cuales actuaba descoordinadamente en materia de las políticas de uso que dictaba para los suelos que estaban bajo su administración.

Se produjo entonces una especie de tormenta perfecta: llegada de campesinos a las periferias de la urbe, especulación de suelos, altos precios de arriendos asociados a propiedades de la elite que eran subdivididas para contener la mayor cantidad de arrendatarios posibles y la proliferación de autorizaciones para la instalación de poblaciones por parte de municipios que veían en esto una forma de incrementar sus ingresos. A todo esto se sumaron, desde la década de los 1950, las tomas de terreno y otros procesos asociados a la lucha por la vivienda popular en Chile (de Ramón, 2000; Hidalgo, 2005).

Las ocupaciones ilegales de terreno son casi tan antiguas como la ciudad misma, mas este tipo de ocupación, como fenómeno global capaz de inquietar a las clases altas, data de la década de 1950 y alcanzó su punto más álgido entre los finales de la de 1960 y principios de 1970. Este fenómeno coincidió con el período de mayor expansión de la población de la ciudad de Santiago, cuando el crecimiento intercensal era atribuible en más de un 50% a la llegada de inmigrantes (de Ramón, 2000).

La capital de Chile evolucionó para convertirse en metrópolis en la segunda mitad del siglo pasado, en cuyo último tercio alcanzó el carácter de megalópolis. En la primera parte del siglo, procesos políticos, económicos, sociales y culturales redundaron en un crecimiento desordenado del suelo urbano, lo cual dificultó en alguna medida la labor misional y el levantamiento de infraestructura religiosa de algunos credos, no así para aquellas iglesias evangélicas celulares que levantaban templos con un alto nivel de flexibilidad estructural. Las espacialidades religiosas convivían en el espacio urbano y el catolicismo acompañaba sus tareas litúrgicas con diversas iniciativas de ayuda social en conformidad a los planteamientos de la Santa Sede, explicitados en una carta enviada por el cardenal Domenico Tardini al cardenal José María Caro en 1950, referidos a la actividad política de los católicos chilenos, que eran llamados a lograr la unidad en torno al Episcopado y no en un partido político, con el propósito de resolver los problemas que enfrentaba el país (Cavallo, 2009).

La dinámica migratoria campo ciudad que transcurrió en nuestro país y que registró sus máximos valores entre 1960 y 1970, cambió sustancialmente la performance urbana y rural en Chile. Los datos censales de ambos años permiten inferir que la liturgia y las prácticas evangélicas consiguieron anidarse definitivamente en el naciente proletariado urbano de las áreas metropolitanas más importantes del país, lo cual, entre otras consecuencias, motivó a la Iglesia católica santiaguina a declarar a 1960 como un año de evangelización para los nuevos habitantes urbanos (Barrios, 1987), lo cual coincidió con el inicio de las deliberaciones del Concilio Vaticano II y con la visibilización de diversas corrientes del catolicismo social (Botto, 2009).

Las ciudades son espacialidades materiales y metafóricas. En lo que respecta al hecho religioso, la distribución geográfica de templos y lugares de cultos son expresiones de la primera forma de espacialidad. La dimensión metafórica alude al Santiago imaginado en clave religiosa como expresión de la voluntad divina, un tipo específico de imaginación geográfica. Ambos planos de la espacialidad de la capital de Chile eran desafiados en la década de los sesenta del siglo pasado. Se presentaban como fuerzas transformadoras de la materialidad urbana las dinámicas migratoria y demográfica, el problema del acceso a la vivienda por parte de un proletariado urbano en crecimiento, la implementación de un modelo de industrialización sustitutiva, el incremento de las poblaciones marginales, entre otros aspectos. Con respecto a la espacialidad metafórica, en 1960 la ciudad experimentaba un nuevo ciclo de secularización con especificidades notables aportadas por la refriega política y por la dinámica que imprimieron al proceso grupos de interés y movimientos sociales, por ejemplo. Un elemento común a la secularización de este período con anteriores (dado que se pueden encontrar tendencias secularizantes en Chile desde el siglo XIX) y futuras versiones es que se estaba constituyendo una socioespacialidad afín al modelo estadounidense. Esto, por cuanto a lo menos durante la centuria anterior la fe nunca dejó de ser un referente en el despliegue de las cotidianidades citadinas individuales y colectivas, lo cual se expresaba, por ejemplo, en la relevancia de los edificios religiosos en la estructuración del paisaje urbano santiaguino, que es el ámbito de relevancia que vincula al modelo chileno con el que expresan las ciudades del país del norte. En ambos casos, la religión, más que retirarse del espacio público, como planteó Habermas (Habermas, 1989, 2006), se mantiene desde la fundación de la urbe como un interlocutor influyente en el diseño urbano y en la coyuntura sociopolítica mediante un activo proceso de instalación de lugares de culto, considerando la expansión del suelo urbano, por una parte, y el crecimiento de la población, por otra.

Para ejemplificar la situación descrita, presentamos a continuación la figura 34, referida a la relación entre la localización de los templos católicos y los ciclos de expansión de la ciudad de Santiago desde su fundación hasta 2008.

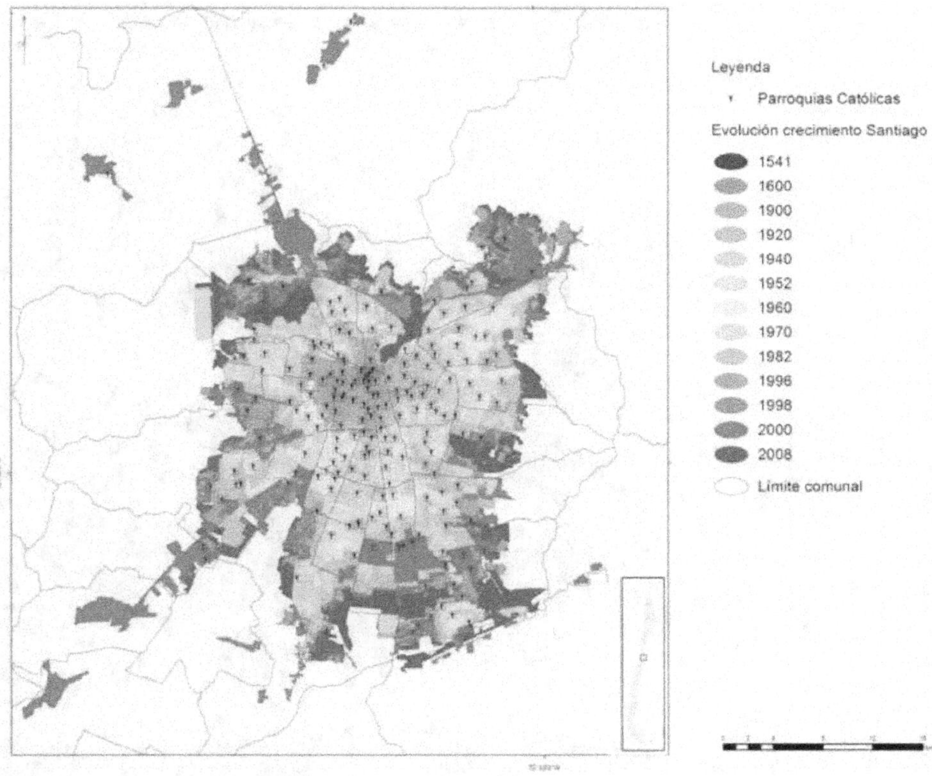

Figura 33: Expansión de la ciudad de Santiago período 1541-2008.

Fuente: Elaboración propia (2018).

La figura 33 nos permite identificar cinco aspectos: (1) que el catolicismo tiene presencia en la mayor parte de las áreas sociales del Área Metropolitana de Santiago, patrón que se repite en el resto de las áreas metropolitanas nacionales. Esta situación desafía a la percepción que incluso se presenta entre líderes y actores católicos en el sentido de que esta religión habría, por ejemplo, olvidado o desabastecido a los pobres. (2) La importancia del período comprendido entre 1930 y 1960 en la fundación de templos, pese a que desde 1925 se decretó la separación Iglesia católica-Estado y que la economía de los feligreses chilenos fue afectada por la crisis económica de 1929 y por diversos eventos socionaturales y sociales. (3) A pesar de la fundación de templos, el porcentaje nacional de católicos en los censos disminuye tendencialmente

Figura 34: Evolución en la localización de templos católicos en Santiago de Chile desde 1894 a 2013.

Fuente: Elaboración propia a partir de información proporcionada por el Arzobispado de Santiago (2018).

Figura 34 (cont.)

desde 1930 hasta nuestros días, lo cual evidencia el fracaso en la instalación del modelo de civilización parroquial católica desde el período de Descubrimiento y Conquista, hasta la actualidad (Hervieu-Léger, 2005). (4) Pese a la menor flexibilidad estructural que muestra el catolicismo, la donación de terrenos por parte del Estado, inmobiliarias y privados se suma a la disponibilidad de suelos que son propiedad de la Iglesia católica como espacios donde se pueden construir templos, lo que ha permitido a este credo instalarse incluso en municipios cuyos suelos presentan un alto valor y demanda en el mercado. Por último, (5) se evidencia la relevancia del catolicismo como agente urbano e inmobiliario en las áreas metropolitanas chilenas.

La figura 34 complementa el análisis anterior al mostrar la trama de templos católicos presentes en la ciudad de Santiago, según el año de fundación, de los cuales 66 se fundaron entre 1930 y 1960, vale decir, durante los años más duros del impacto de la crisis económica mundial de 1929 en nuestro país (Corbo, 1998).

Se incluyeron en la cartografía templos fundados entre 1894 y 1960 por la coincidencia entre este proceso y la emergencia de tendencias secularizadoras maduras durante el siglo XIX (Fernández, 2016). Considerando únicamente a los edificios de culto católicos como lugares y locaciones, se evidencia la participación de la dimensión religiosa en el paisaje urbano santiaguino y en la producción en el citadino de diversos planos de experiencias sociales, psíquicas, culturales y espirituales individuales y colectivas, lo cual se hace más relevante si a la trama descrita integramos los edificios donde funcionaban otros credos y los colegios confesionales, por ejemplo. Se deduce de la ciudad representada que Santiago contenía en 1960 lugares de adoración (ermitas, lugares religiosos significativos, sitios sagrados o de devoción), espacios doctrinales (por ejemplo, colegios confesionales) que aglutinaban individuos y colectividades y que participaron con diversos niveles de intensidad y compromiso, directa o indirectamente, en el debate público del período, ya que este tipo de espacialidad coexiste con otras originadas desde otras fuentes de poder social (Knott, 2005; Lefebvre, 2016; Mann, 1991).

Los espacios representados en la figura 34 ya en 1960 coexistían y se superponían con los pertenecientes a otros credos en un contexto de secularización promovido por el Estado y por otras fuentes sociales de poder. Por otra parte, cada templo es parte de una civilización parroquial y por ello corresponde a un lugar estratificado que muestra inscripciones realizadas en diversos contextos epocales y que, por lo tanto, hace de cada uno de ellos un lugar que encierra tiempos, épocas, formas de compresión espacio-tiempo (de Certeau, 2000b; Defert, 1994; Foucault, 1994; Harvey, 1990; Lefebvre, 2016, 2017).

Era posible apreciar que a causa de la expansión de la ciudad que aconteció en la década de 1960, algunos edificios religiosos que habían sido levantados en propiedades rurales periféricas pasaron a formar parte de la mancha urbana que les alcanzó, pasando a ser parte del patrimonio colectivo de nuevos vecinos que se fueron instalando mediante la construcción de viviendas precarias o que comenzaron a ocupar barrios que el Estado implementaba en suelos del entorno rural. Los templos emplazados en la periferia aportaron a la permanencia de la clave religiosa mediante la mantención de una forma específica de lugares y en el uso de nombres con filiación cristiana en vecindarios, calles, plazas, establecimientos educacionales y, lógicamente, en templos.

La creación de lugares de culto es fundamental para la preservación de los ideales y valores que sustenta el cristianismo, aportando a la producción de coespacialidad entre lo religioso y lo secular, ámbitos que, más que entidades, sugieren centralidades abiertas para la ocurrencia de procesos abiertos de interrelaciones (Álvarez, 2018; Cox, 1984; Knott, 2005; Massey, 2005; Paulsen, 2005a, 2014).

Los credos urbanos y los procesos de secularización

La secularización es una categoría basal del análisis sociológico moderno cuyos orígenes, comportamiento y consecuencia fueron profusamente tratados por los principales referentes de la Modernidad. Sin embargo, esta relevancia no se refleja en el análisis geográfico desde el siglo pasado a la actualidad (Wilford, 2010), concentrándose fundamentalmente en estudios de caso, lo que ha influido en la inexistencia de una teorización endógena y en la utilización de teorías y conceptualizaciones provenientes de otras ciencias humanas y sociales en estancos tales como las geografías de las religiones, cultural, histórica, política y social.

Otro aspecto que llama la atención es la instalación de lo "postsecular" en la geografía anglosajona con prescindencia del tratamiento de los fenómenos causales que lo producen, lo cual imposibilita la aplicación de esta mirada en países que registran una evolución sociohistórica similar a la nuestra, en la cual se piensa lo secular como un conjunto de creencias y prácticas producidas endógenamente con influencias exógenas de meso y macroescala que se expresan en sincronía con los procesos de modernización. Dicho de otro modo, no se pueda asociar la baja de los católicos a la secularización en sí misma, tal como tradicionalmente se ha comprendido y comprende, sino que se debe apreciar como consecuencia de una tendencia de un proceso de "secularización a la chilena". En este, los aspectos racionales asociados a la modernización se mezclan con elementos emocionales, cuestión que nos identifica con las cosmovisiones y formas de pensar del barrio continental al cual pertenecemos, donde lo secular no es lo radicalmente diferente a lo religioso, por lo que los credos mantienen su visibilización y consideración en la mayor parte de la cotidianidad de sujetos e instituciones.

Definiremos a la secularización como el proceso mediante el cual la religión pierde influencia en la producción de idearios y discursos al interior de una sociedad, trasladándose desde el mundo público a la esfera privada. La causa por la cual decae el peso de la religión en el ideario social puede estar en la estrategia de alguna fuente social de poder que manifieste algún tipo de oposición a la Iglesia (generalmente se las define como corrientes laicas), o puede ser un proceso que se dé evolutivamente más que con algún nivel de concertación o premeditación. Resulta en una situación sociocultural en la que la religión o lo religioso pierde capacidad de influencia, a pesar de que el individuo mantenga una total libertad para seguir un credo religioso, y se produce una consecuente disminución de la participación en los ritos de una comunidad creyente, y un menor nivel de aceptación de las propuestas de una fe o de un tipo específico de moralidad por parte de la ciudadanía.

La discusión contemporánea acerca de este proceso considera generalmente a la esfera pública como una especie de ambiente resistente a lo religioso, lo cual no puede homologarse al ámbito de lo espacial. Esto configura como un problema la necesidad de configurar límites teóricos, prácticos y epistemológicos a la investigación de la religión como fenómeno u hecho geográfico, por cuanto estudiar lo religioso precisa, necesariamente, del abordaje de todos los sitios seculares, donde pueden acontecer formas diversas de religiosidad, sobre todo en el contexto latinoamericano. La religión suele definirse de acuerdo a la posesión de atributos específicos de estructura, creencia o práctica, pero, si solo fuese eso, un conjunto de propiedades y cualidades particulares, no sería capaz de limitar y trastornar a los espacios seculares, y los templos estarían localizados en espacios asignados por autoridades seculares, tanto políticas como intelectuales, y no se desplegarían por toda la urbe de modo inclusivo y funcional.

La predominancia de religiosidad en las áreas sociales de Santiago decae naturalmente porque ningún espacio es solo religioso, dado que este carácter trasciende la materialidad y aborda esferas de lo imaginario y lo inmaterial. Tampoco existen espacios formalmente seculares. Por ejemplo, Nolbert Elias atribuye características religiosas a los lugares que en la actualidad están dedicados a los deportes masivos, siendo esencialmente espacios seculares (Elias & Dunning, 1992). En el extremo opuesto, la religión perdió la competencia que alguna vez tuvo para gobernar la ciudad como un todo, debiéndose conformar con algunas dimensiones de la esfera social, separada de lo político y afín a lo privado (Hervieu-Léger, 2005; Knott, 2005). Por las razones anteriormente descritas, religión y secularización desde la perspectiva espacio temporal no son componentes que se superponen anulándose mutuamente, sino que actúan en la lógica foucaultiana de la *"in potentia"*, esto es, una propiedad que hace a cada una el límite permanente de la otra o punto de posible retorno. Esta condición permite diferenciar las formas de secularización imperantes en Europa, Norteamérica y en países como el nuestro, considerando en el análisis lo que pueda estar ocurriendo con el otro proceso.

Podemos entonces distinguir un proceso de secularización al estilo europeo, caracterizado por la transformación y reemplazo de uso de los edificios religiosos, ejemplificado, por ejemplo, en casos como templos transformados en supermercados o discotecas. En consecuencia, la cáscara de los edificios mantiene una impronta religiosa, pero –en términos de uso– son espacios seculares, lo cual determina la reducción de la presencia de esta categoría en el mundo social. Otro tipo de secularización se ejemplifica bajo la forma del modelo norteamericano, caracterizado por la presencia de los templos como componentes fundamentales del paisaje urbano a distintas escalas, lo cual no se correlaciona con la adscripción religiosa de la población. Estos edificios manifiestan secularización en los usos de estos espacios, donde se combinan fines rituales con otros, tales como ayuda a la comunidad, o espacios para reuniones de grupos específicos, con lo cual alternan la esfera social con lo sagrado, siendo usos dominantes estos últimos (Alastuey, 2007; Crockett & Voas, 2006; Dewsbury, 2009; Gökariksel, 2009; Kong, 2012; Warf & Winsberg, 2010).

En materia espacial, como ya se señaló, la secularización limita con la religiosidad, cuyos mojones urbanos son los templos, transformándose así la piedad en una dimensión del espacio, como también las ausencias espaciales reflejarían, de algún modo, el nivel o magnitud de la secularización. Kim Knott señaló que *"Churches and other place of worship, as symbolic place, are one means by which religious ideas about the divine, the human community, and the ritual process of producing sacred spaces are given material presence [....] The force of ideology in not the only way in which power is exercised in space, however, as the performance of resistance and subversion also has spatial consequences"* (Knott, 2005, p. 162).

La secularización en Santiago de Chile es comparable a la norteamericana, especialmente en lo concerniente a la conducta religiosa, donde la baja de la adscripción religiosa al catolicismo que presentan los censos de población desde 1930 se explica fundamentalmente en la mayor disminución en la proporción de practicantes que la que registran los observantes, predominando los llamados "católicos a la chilena", esto es, individuos que adhieren a la religión pero que no practican sus principios y que participan muy esporádicamente en los ritos. Esta condición parece haberse trasladado al mundo evangélico, pues en este último la población que se declara religiosa se habría estancado en un porcentaje cercano al 20%, observándose también una manifiesta baja de los participantes, lo que se expresa en la baja en la construcción de templos construidos, especialmente en el caso de los evangélicos tradicionales (Alcaino & Mackenna, 2017; Paulsen, 2015; Sepúlveda, 1987).

La densidad de edificios religiosos en un municipio supone el mayor desarrollo de la religiosidad en los grupos sociales que la habitan o también puede significar un remanente de la prevalencia de la religión en otros períodos de la historia del lugar. Esto es espacialmente aplicable al mundo católico instalado en sectores que otrora ocupaban conventillos y residencias del proletariado que rodeaban al centro histórico, como lo muestran los siguientes cuadros, que relacionan el municipio en el cual se instalaron templos católicos y el año de fundación.

La estructuración espacial de la secularización en la capital de Chile tiene, como hito, las reformas urbanas iniciadas formalmente por el intendente Benjamín Vicuña Mackenna, ya que antes la ciudad no contó con la materialidad de propuestas urbanísticas o leyes de planificación específicas, y se dio una cierta conducta de desafección de parte de la elite ante los ideales propugnados por el catolicismo español que pensó y fundó la ciudad. Mirando retrospectivamente la historia social de Santiago, podemos afirmar que, si bien la urbe se secularizó, no ocurrió lo mismo con la mayor parte de los ciudadanos. Como se mantiene hasta nuestros días la influencia del cristianismo en sus distintas vertientes en el *ethos* del santiaguino y del chileno, no podemos hablar indistintamente de secularización urbana y secularización social. Sostenemos que, hasta la fecha, esta última no tiene una presencia significativa en los datos arrojados por las encuestas, estudios teóricos y censos de población y vivienda. Dicho de otro modo, la religión sigue siendo una variable significativa para los ciudadanos que moran en la ciudad, razón por la cual el fenómeno religioso origina representaciones espaciales o contra discursos en un espacio secularizado desde el poder central.

Las discusiones acerca de la modernidad identificaron dos factores como los más influyentes en el incremento de la secularización en la esfera privada y pública. Ambos fueron desarrollados desde la reflexión sociológica en referencia a los procesos de modernización que experimentaban Europa Occidental y el mundo anglosajón: el primero es el incremento en la riqueza y el segundo, la mejora en la educación en términos de cobertura y aumento de la escolaridad.

Si analizamos ambos factores, concluimos que no son significativos para explicar el comportamiento de esta variable en los municipios, por cuanto la mayor escolaridad y renta, que se concentra en los municipios ABC1, no implican una disminución de los templos, sobre todo de los edificios católicos. Tampoco estos indicadores presentan una correlación significativa con la declaración ante la pregunta del censo 2002 referida a religiosidad, manteniendo los municipios de ingresos más altos, un alto porcentaje de adscripción a la religión católica. A mayor abundamiento, si analizamos la distribución geográfica de los templos bautistas, encontramos un patrón transversal de ocupación en distintos municipios, independientemente de su nivel socioeconómico, similar a los que comentamos en otras secciones de nuestra investigación acerca de mormones, católicos, Testigos de Jehová, entre otros, lo que implica que el ingreso y los años de escolaridad no diferencian la espacialidad del hecho religioso ni tampoco del incremento de la secularización.

Por esta razón, no se aprecia una conducta socioespacial comparable con los procesos de secularización europeos, expresados, por ejemplo, en la transformación de templos en edificios para otros usos a causa del abandono de la religión por parte de quienes los construyeron, o bien reflejados en la reducción del capital simbólico de las iglesias a solo evidencias patrimoniales de un modo de vida urbano que no se corresponde con la realidad actual. Pero si se dan dinámicas espaciales homologables al modelo estadounidense en lo concerniente a la diversidad de credos, cada uno de ellos representado por una serie de edificios subordinados a uno principal que capta la mayor cantidad de capital simbólico de la congregación (Catedral Metropolitana para los católicos, catedral evangélica para los metodistas pentecostales), una diferencia con el modelo estadounidense estaría en que no fue posible encontrar antecedentes que nos permitieran concluir que existía algún nivel de competencia espacial en la instalación de los edificios por parte de las distintas religiones.

En Santiago, el proceso que opera para decidir una localización con respecto a otras posibilidades, según distintas fuentes, es la sensación de carencia, más que la necesidad de generar competencia. El análisis de la distribución espacial de los credos en la mayoría de los casos estudiados nos muestra una distribución geográfica transversal coincidente con la situación de niveles socioeconómicos que caracterizan a nuestra ciudad, donde la mayor proporción de habitantes no se encuentra en los extremos de los estratos, y los grupos más educados y más ricos manifiestan una fuerte adscripción a la religión, especialmente a la católica, y son atendidos por distintos carismas de esta y por otras religiones, razón por la cual se presentan mayores posibilidades para la configuración de civilizaciones parroquiales católicas en ellos. También en nuestra ciudad, los grupos disidentes al catolicismo (evangélicos tradicionales, pentecostales y neopentecostales), también entre ellos mismos, instauraron en la práctica el principio de la privatización de la fe, definiéndola como una cuestión personal más que congregacional, deliberada más que heredada, que no podía ser impuesta por nadie ni tampoco por una tradición.

A nuestro juicio, este predicamento originó en el espacio un comportamiento individual que ninguna iglesia puede controlar y que provocó que los credos se vieran enfrentados a una cuasi competencia bajo las reglas del mercado, en el sentido de que el individuo se siente confrontado por una multitud de ofertas de sentido global con pretensiones de validez. A esto sumaremos el relativo desprestigio del poder religioso, la pérdida de confianza en sus representantes, desarrollos teológicos que van quedando obsoletos u otros, tales como la teología de la muerte de Dios o la teología de la liberación, que, al surgir desde la misma Iglesia, producen la negación del pasado y la construcción de nuevas formas de explicar y representar el mundo.

Si uno de los efectos de la secularización es la producción del secularismo, vale decir, la reducción de la presencia en la esfera pública de organizaciones o ideas religiosas, y si el espacio urbano es parte y continente de la esfera pública, concluimos que la ciudad de Santiago no es un espacio secularizado por cuanto expresa pluralismo social y religioso, aun cuando se produce relativismo de los valores y de las creencias a causa de la disminución de la adherencia. Esta última variable hace que estos pasen a ser patrimonio de grupos que comparten sus cosmovisiones, lo que erosiona fundamentalmente a credos que se autodefinen como absolutos.

La figura 35 siguiente demuestra la baja de católicos en todos los municipios de Santiago en diez años, siendo más acelerado en los municipios donde residen los niveles socioeconómicos medios y bajos, que son los que desde el último tercio del siglo pasado han experimentado mayores variaciones positivas de ingresos y educación. La tasa de cambio entre los años 1992 y 2002 no permite concluir si hubo un trasvasije de la población católica a otro credo, sino que más bien se trató de un descuelgue religioso que también se percibió en el mundo evangélico.

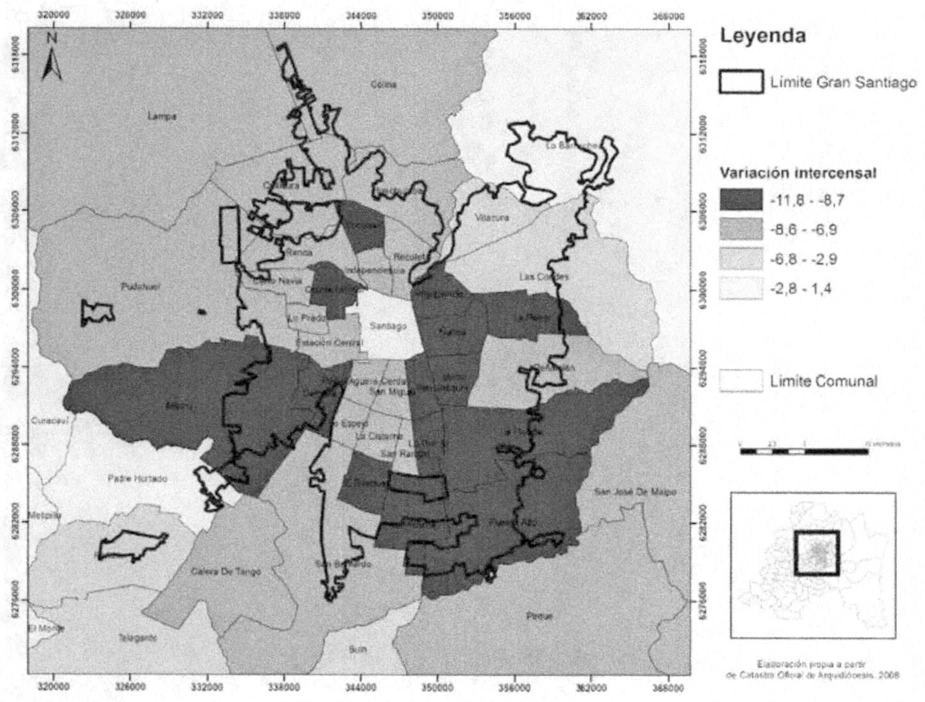

Figura 35: Variación intercensal de católicos, período 1992-2002.

Fuente: Hidalgo, Arenas, Paulsen, et al., 2012, p. 52.

Capítulo IV
Análisis geográfico del campo religioso en Santiago de Chile (1960-2018)

El cristianismo desde sus orígenes se ha pronunciado acerca del problema de lo verdadero y de la verdad. Los primeros cristianos definieron su credo como la adoración de lo verdadero, personificado en Cristo, quien se había declarado a sí mismo como "la Verdad, el (único) Camino y la Vida". Esta declaración de fe les impulsó a la confrontación permanente con lo que era falso en el mundo humano y a la explicación de las formas como lo verdadero trascendía a dicho mundo desde la dimensión divina. A raíz de la centralidad que alcanzó el dualismo entre divulgar la verdad versus combatir lo falso, lo religioso comenzó a ser aplicado a las actividades que demandaba el cultivo de la verdad y a quienes las realizaban, separándolos radicalmente de lo secular, apelativo que definía a los diversos avatares del mundo realizados en tiempos humanos en oposición con las acciones cuyo contexto era la dimensión temporoespacial divina. Charles Taylor sindicaba a esta oposición como fundamental para el cristianismo, cuyo fin era preservar la distancia que debía distinguir a los asuntos de la Iglesia de las cuestiones mundanas, permitiendo la posibilidad de desacuerdo entre el mundo de la fe y lo secular (Butler, 2011; Buttimer, 2015b; Losonczi, 2013; Taylor, 2007). El sentido dualista y de autoafirmación de lo religioso varió tras el advenimiento de la Modernidad, pues el encierro y radical separación de lo religioso de lo público y racional redujo el ámbito de acción del concepto a la diferenciación entre una piedad formal, normalizada, y otra asociada a la superstición. Lo secular pasó a ser el filtro analítico que desde fuera debía iluminar al campo de lo religioso para su normal funcionamiento y para rescatar las deliberaciones éticas y morales requeridas en lo público (Knott, 2005). En las épocas descritas y por razones diferentes fue minusvalorado el estudio de la localización espacial y socioespacial de lo religioso, que emergerá posteriormente en las ciencias sociales como secuela de los debates del siglo pasado referidos a los procesos de secularización o a las relaciones entre Iglesia y Estado. Este contexto supone la retirada de la fe de la esfera pública y, por ende, restringe a quienes estudian lo religioso de los espacios y narrativas seculares. Desde la perspectiva espacial, lo anterior implica que, así como es posible encontrar en el paisaje urbano evidencias de secularización, también es posible identificar nuevos movimientos religiosos, ensamblajes o recomposiciones que acompañaron a la transformación demográfica, sociopolítica y cultural que experimentó la sociedad chilena antes y después de 1960.

La figura 36 muestra a la ciudad de Santiago en expansión durante 1960. Los sectores donde se localizaban industrias y talleres en las riberas del canal San Carlos, en Tobalaba, y Las Condes, sur oriente (Puente Alto) y sur poniente (San Bernardo), se han transformado en espacios residenciales que se conectan con el resto de la ciudad mediante una red caminera y ferroviaria. La figura 36 expresa los cordones industriales como una de las consecuencias espaciales de la implementación, entre 1950 y 1973, de un modelo económico sustentado en el fortalecimiento del sector fabril local con el fin de avanzar hacia la sustitución de importaciones mediante la generación de economías internas y externas de aglomeración (Miranda, 1997). También aparece en esta figura la situación de Maipú, que en 1960 era un poblado separado de Santiago por terrenos agrícolas. En el sector oriente la producción inmobiliaria avanzaba hacia los faldeos cordilleranos, ya que en este período se loteaban predios para venderlos, especialmente aquellos que antiguamente habían albergado a algunas viñas. En cambio, en el sector sur, junto a las viñas existían paños que habían estado dedicados a la producción de chacras y hortalizas, algunos de los cuales comenzaron desde 1957 a ser ocupados mediante tomas ilegales de terreno, que explican la existencia de residencias entre terrenos agrícolas difíciles de defender y, por ende, susceptibles de ser ocupados por quienes necesitaban soluciones habitacionales (Martínez, 2007).

El incremento de los niveles de urbanización y el comienzo del proceso de metropolización en la capital de Chile favoreció la diversificación de prácticas y creencias, así como también el inicio de un ciclo de cambios en las cifras de adscripción religiosa. Aumentó el número de templos construidos por las denominaciones evangélicas, especialmente las corrientes metodista pentecostales y pentecostales que resultaron de la división de liderazgos del metodismo-pentecostalismo original.

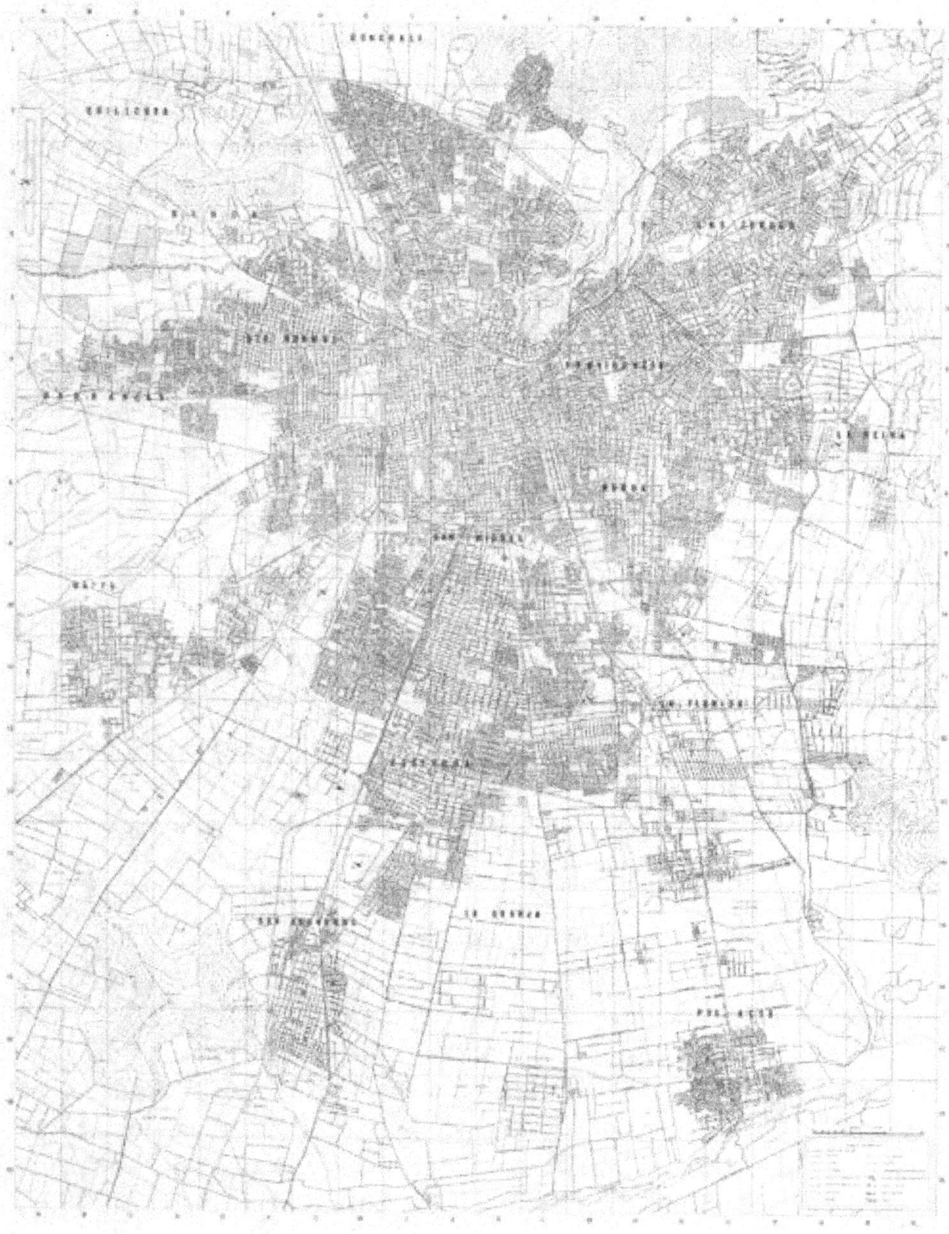

Figura 36: Santiago, ciudad de las masas (1960).

Fuente: Martínez, 2007, p. 111.

También se fundaron templos bautistas, metodistas, asambleas de Dios, entre otros, resultantes del apoyo internacional y el trabajo de misioneros durante el período. El incremento de infraestructura no significó un aumento sustancial de evangélicos –que antes de 1960 eran menos del 5% de la población total y que entre 1960 y 1970 crecieron al 6,1% de esta– cuya presencia se notaba fundamentalmente en los municipios periféricos del sur, poniente y norte de la ciudad (Lehmann, 2001; Valenzuela, Bargsted, Somma, 2013).

Se expresaban en la ciudad diversas experiencias religiosas en un contexto estatal laico y secularizante, donde, más que registrarse la evicción del fenómeno religioso, aconteció el despliegue de diversas formas de religiosidad tanto formales como populares que, en función de lo religioso, definieron memorias colectivas en conflicto y/o tensión y áreas sociales urbanas discernibles unas de otras, pero con la presencia más o menos transversal del catolicismo en materialidades y proporciones demográficas variantes, como queda en evidencia en que el 89% de la población nacional se declaró católica en el censo de 1960, predominancia que se manifestó también en las áreas urbanas más pobladas.

Los pilares de la transformación socioespacial de Santiago entre 1973 y 1985

Tras el quiebre de la democracia en 1973, tuvo lugar un profundo giro respecto al modelo de Estado que se había implementado en Chile, lo que derivó en una profunda reestructuración en todos los aspectos de la vida individual y colectiva nacional sobre la base de la aplicación del modelo económicosocial y espacial de corte liberal. Este implicó una nueva conceptualización de la ciudad, así como su radical transformación mediante la liberalización y privatización del mercado del suelo, la eliminación de la mayor parte de las restricciones que existían a la fecha en materia de limitar el crecimiento urbano, y la derogación de una serie de impuestos y regulaciones urbanas. Todas estas disposiciones apuntaban a la generación de condiciones que favorecieran el desarrollo del sector inmobiliario, atrayendo a los privados a costa de las atribuciones que anteriormente había detentado el Estado, que era reducido a funciones subsidiarias dentro de la lógica del sistema (Davis, 2002; Martínez, 2013; Moulián, 1997).

El proceso de transformación urbana desplegado por la dictadura cívico-militar se sustentó en tres pilares o fundamentos: la Reforma Municipal (1976), Política Nacional de Desarrollo Urbano (1979) y la Restructuración de la División Político Administrativa de la Provincia de Santiago de 1986.

La Reforma Municipal fue precedida por la suspensión de las funciones constitucionales del alcalde y por el decreto ley N° 573 de 1974, que fijaba nuevos estatutos para el gobierno y administración interior del Estado (Ministerio del Interior, 1974). Posteriormente, el decreto ley N° 1289 o Ley Orgánica de Municipios y Administración Comunal (LOM), transformó a los municipios en un centro de gestión económicosocial orientado al desarrollo local (República de Chile, Ministerio del Interior, 1976). A estos se les delegaba la formulación, ejecución y fiscalización de la política y del plan de desarrollo municipal y la administración de los servicios de educación y salud.

El decreto ley N°3.063 sobre Rentas Municipales de 1979 reformó la cantidad y procedencia de los recursos con los que contaba el municipio para su subsistencia y el desarrollo de sus proyectos. Según este decreto el cabildo percibiría el 80% del rendimiento total del impuesto territorial, del cual el 50% sería propio mientras que la otra mitad se destinaría al Fondo Común Municipal (FCM). Esta reforma permitió al municipio absorber servicios que habían sido tradicionalmente responsabilidad del aparato público central, tales como la educación y la salud (atribuciones delegadas al municipio mediante el Decreto con Fuerza de Ley N°1 que reglamentó el traspaso de servicios del sector público a las municipalidades). Más tarde, con el decreto ley N°3.754 de 1980 se estableció que el 100% del impuesto territorial sería recibido por los cabildos, de los cuales un 45% serían ingresos propios y el restante 55% iría al Fondo Común Municipal.

En materia espacial, estas disposiciones y otras complementarias confiaron en los municipios la supervisión de las normas de construcción y urbanización de sus respectivos territorios, las que dependían de un plan de desarrollo que debía formular cada municipio y de las normas técnicas generales que impartía el ministerio respectivo. La posibilidad de existencia de una entidad que regulase toda la ciudad quedaba absolutamente descartada y también se hacía inviable una entidad que resolviera diferencias entre los municipios para así armonizar la infraestructura urbana.

La Política nacional de Desarrollo Urbano (1979) reguló la planificación del desarrollo urbano, la expansión y renovación de las ciudades, vialidad, equipamiento y los programas de vivienda (R. H. Dattwyler *et al.*, 2017; R. A. Hidalgo Dattwyler, Paulsen Bilbao, & Santana Rivas, 2016; Sabatini & Brain, 2016; Trivelli, 1981). Se fundaba en la tesis de que el suelo urbano no era un recurso escaso, sino que "su aparente escasez (era) consecuencia de la falta de concordancia entre las normas técnicas y jurídicas –por las que se rige el proceso de desarrollo urbano– y las condiciones de oferta y demanda de mercado inmobiliario" (Trivelli, 1981, p. 53). En función de este principio, el uso del suelo pasaba a depender de la rentabilidad, ya que "la tierra urbana era un recurso que se transaba en forma libre, con las limitaciones que le imponía la zonificación, las normas técnicas y el interés público para determinadas formas sociales" (Trivelli, 1981, p. 54). El uso del suelo urbano debía regirse por disposiciones flexibles, definidas por los requerimientos del mercado, por cuanto "las características de la zonificación se originan principalmente por las demandas provocadas por las actividades económicas y sociales de la población. Por ello, la incorporación progresiva de nuevas porciones de tierra para usos urbanos y la delimitación de las mismas debe realizarse mediante la observación y estudio riguroso del comportamiento del mercado" (Trivelli, 1981, p. 54).

A la luz de lo anterior, esta política proponía una radical desregulación y privatización del mercado de suelo urbano y la conformación de un poderoso sector inmobiliario privado que adoptara un rol activo en el desarrollo de las ciudades, por lo cual fueron eliminadas las normas precedentes sobre límites urbanos y se demarcó una extensa área geográfica dividida en tres sectores: (1) El área urbanizada, que era la ciudad existente hasta ese momento, que equivalía a 38 mil hectáreas; (2) las nuevas áreas de expansión urbana, que equivalían a 64 mil hectáreas que rodeaban la ciudad, y (3) las áreas restringidas al crecimiento de la ciudad por consideraciones ambientales. Esto provocó que en poco tiempo casi se duplicara la superficie de la capital y con ello se acrecentara el déficit de infraestructura social básica que ya existía (Sabatini, 2000). Además, se traspasó al sector privado la tarea de construcción de viviendas y se impulsó la venta del suelo urbano en manos del Estado o Bancos de Tierra, quedando este sin posibilidades de participar directamente en la asignación de bienes raíces, transformando de facto a la vivienda en un bien de consumo más que era adquirido a las inmobiliarias privadas con el ahorro personal. Se crearon áreas o sectores urbanos con diversos niveles de infraestructura y calidad de las residencias, según la condición socioeconómica de los habitantes. Surgió entonces una nueva racionalización económica y discursiva acerca de la ciudad, que era concebida como un ente articulador y aglutinador de la renta. Fruto de esta mentalidad neoliberal aplicada a la urbe, se constituyó un patrón socioespacial que relegó los campamentos a las periferias, lo que se representa en la figura 37 siguiente.

Las periferias se transformaron en las zonas residenciales de los sectores más vulnerables de la población de la ciudad, que funcionaban como anti-guetos, a consecuencia de la baja calidad de las viviendas y en la dotación de bienes y servicios urbanos (Dammert, 2004; Skewes, 2014; Wacquant, 2007). Se produjo entonces un modelo de ciudad estructurada en función de una sectorización socioeconómica en la cual destacaba un anillo periférico, la "República del Subsidio", que acogió a la mayor parte de la población vulnerable de la ciudad que accedió a una vivienda a través del subsidio habitacional, emplazada en una espacialidad con carencias en materia de dotación de bienes y servicios, insegura, poluta, cuyos habitantes debían recorrer diariamente extensas distancias entre sus fuentes laborales y residencias. Entretanto, otros sectores de la urbe se beneficiaban con un impacto en la plusvalía de los terrenos que habitaban debido a la homogeneización de los grupos sociales asociada a la periferización o segregación socioespacial descrita en la figura 38 ya citada. Se aprecia además la emergencia de nichos residenciales de la elite y de la masa proletaria en distintos sectores de la urbe incrementándose gradualmente la "dispersión urbana" o *urban sprawl*". La elite santiaguina se localizó en "conos" o "cuñas" que conectan al centro de la ciudad con la periferia tras el abandono de los sectores residenciales que habían ocupado entre los siglos XIX y XX en el centro y centro oriente de la ciudad. Junto a los grupos socioeconómicos de ingresos más elevados se localizaron espacios o nichos residenciales de los sectores medios altos y medios. La población de menores ingresos se localizó (o fueron localizados mediante políticas específicas) en la periferia urbana, en sectores que presentaban un bajo nivel de equipamiento e infraestructura, lo que incrementó la sensación de pobreza y debilitó su nivel y calidad de vida.

En el caso de los sectores medios, la oferta inmobiliaria, esencialmente privada, originó proximidad espacial entre grupos socioeconómicamente homogéneos a pequeña escala y nuevas modalidades de segregación socioespacial representadas por el surgimiento de espacios cerrados, "islas enrejadas", "urbanizaciones privadas" o "condominios". A este respecto, Janoschka nos señala que "las urbanizaciones privadas existían desde hace muchos años, pero recién en la década de 1990 estos artefactos se convierten en el factor primario de la expansión espacial" (Janoschka, 2002, p. 12) y que "la producción espacial de una sociedad público-privada es uno de los ejemplos más evidentes del nuevo tipo de producción del espacio urbano. Una característica interesante de estas sociedades es la aparición de restricciones al acceso como un fenómeno generalizado… Un aislamiento mutuo reemplaza el patrón previo de la ciudad abierta e integradora" (Janoschka, 2002, p. 14).

155

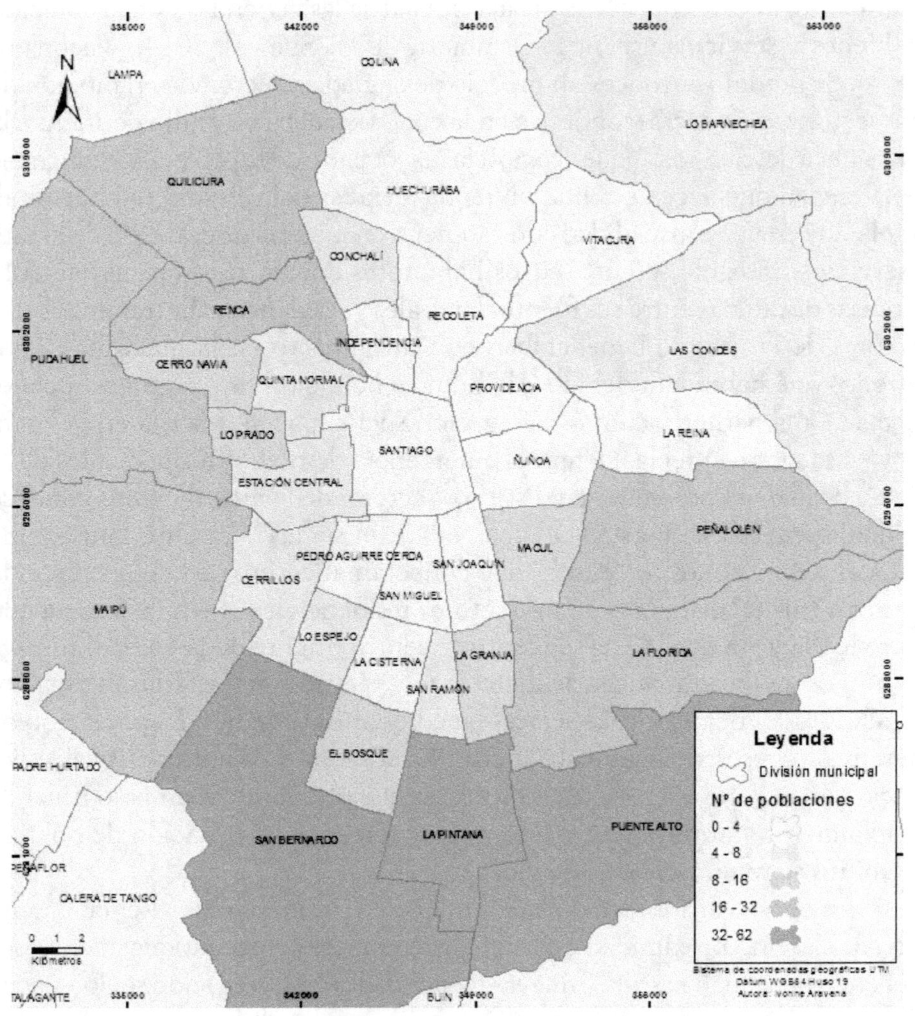

Figura 37: Localización de poblaciones en Santiago, período 1978-2002.

Fuente: Elaboración propia (2018).

Esta forma de fragmentación produjo a lo menos morfológicamente, un nuevo tipo de ciudad y a causa de la diferenciación religiosa que opera en Santiago según estratos socioeconómicos, la producción espacial emergente tuvo importantes efectos en la distribución de infraestructura religiosa.

La erradicación de campamentos y las radicaciones como fórmulas de incremento de la renta de la tierra

A pesar de las medidas implementadas que se señalaron en el apartado anterior, los precios del suelo urbano no experimentaron una baja, lo cual era uno de los objetivos de la liberalización de este recurso con miras a igualar el comportamiento del mercado a las dinámicas que acontecían en otras dimensiones de la realidad (Kast, 1979). Desde 1979 se practicó una política de erradicación de campamentos con el fin de devolver los terrenos a los antiguos propietarios que habían sufrido tomas de predios, sitios eriazos o propiedades, o bien homologar los precios del suelo desarticulando las viviendas que afectaban la plusvalía del entorno inmediato, de modo de hacer de estos paños un bien atractivo para los agentes inmobiliarios. Se esperaba instalar un tipo específico de viviendas para ingresos medios y altos en sectores antes desvalorizados por la presencia de campamentos y viviendas precarias. Algunos investigadores, urbanistas, planificadores que apoyaban este modelo de gestión urbana, sindicaban a las políticas de radicación y erradicación de campamentos como una herramienta para producir un efecto distributivo positivo en la renta de la tierra que beneficiaría a los más pobres, instalándoles viviendas de mejor calidad en sectores cuyos suelos eran más baratos que, desde luego, se encontraban en las periferias de la ciudad.

La figura 38 muestra la dinámica de las erradicaciones en el Área Metropolitana de Santiago. Se desprende de la figura 38 el carácter centrífugo del proceso. Entre 1979 y 1985 se erradicaron aproximadamente 30.000 familias desde distintos campamentos, especialmente desde aquellos localizados en los municipios cuyo suelo tenía más valor y/o mayor demanda por parte de los agentes urbanos, presionando de ese modo la oferta de suelos de algunos municipios y aumentando en prácticamente 3.000 hectáreas anuales los suelos utilizados para viviendas en la periferia urbana entre 1980 y 1985 (R. Hidalgo Dattwyler, 2005).

El modelo que grafica la figura 38 coincide con el neoliberalismo urbano mundial y nacional más extremo, aplicado entre los años 1979 y 1985, regulado mediante un conjunto de normas y políticas aplicadas a la ciudad cuyos efectos segregadores fueron de distinta magnitud y signo. En tal sentido, las radicaciones fueron un segundo momento de intervención urbana, registrado desde 1979. Se trata de un sistema destinado a proveer los servicios básicos de urbanización y de un equipamiento mínimo a antiguos pobladores de campamentos de viviendas precarias que se mantendrían en el lugar en el cual se habían instalado. Se edificaba en cada sitio una caseta sanitaria, cuya superficie variaba entre 6 y 9 m², compuesta por un baño, un ambiente de cocina y conexión para el lavadero. Las familias beneficiadas construirían la vivienda adosada o en conexión con la caseta, según sus intereses y necesidades, apoyados por mecanismos de financiación destinados a la construcción y ampliación de este tipo de residencias.

En 1981 se dictó el Decreto con Fuerza de Ley N°3.260, que estableció una nueva organización territorial para la Región Metropolitana de Santiago, con seis provincias y 51 municipios (municipios), de los cuales 32 pertenecían a la provincia de Santiago, en tanto que 16 de ellos fueron creados por esta disposición, dividiendo municipios preexistentes atendiendo a la condición socioeconómica de los residentes. Los municipios que concentraban población de menores ingresos fueron considerados como focos para la política de erradicación de poblaciones que desarrolló activamente el régimen militar para desarmar los campamentos existentes durante el gobierno de la Unidad Popular (Morales, 1986, p. 22).

En 1985 surgieron las primeras reformas a los planteamientos neoliberales aplicados por la dictadura al espacio urbano mediante la Política Nacional de Desarrollo Urbano (PNUD) "*Ajustada*", que integró a las migraciones, disponiendo que en términos de extensión urbana puede estimarse que cada año deberían agregarse no menos de 1.200 hectáreas a las actuales áreas urbanas; esto, sin considerar todavía lo necesario para superar el actual déficit de viviendas. Estableció también que el Estado era el único agente competente para asegurar una calidad de vida aceptable a la población urbana, conciliando desde una perspectiva superior los intereses de los particulares con el interés del bien común.

Desde 1983 el programa de radicación de campamentos estuvo financiado por el Banco Interamericano de Desarrollo, lo cual dio continuidad a esa política hasta por lo menos 1992 y generó una territorialidad coincidente con la de los planes de erradicación, incrementando el proceso de periferización descrito anteriormente. La expansión de Santiago, a consecuencia de la producción inmobiliaria y la generación de una serie de problemáticas relacionadas con la accesibilidad, control social, gobernanza, atenuó la implementación del paradigma del suelo como bien libre asignable en función de la capacidad monetaria y/o de consumo, que se venía dando hasta esa fecha, y motivó un leve giro en las líneas de acción hacia la densificación y al aprovechamiento de la infraestructura existente. Sin embargo, esto no implicó una transformación

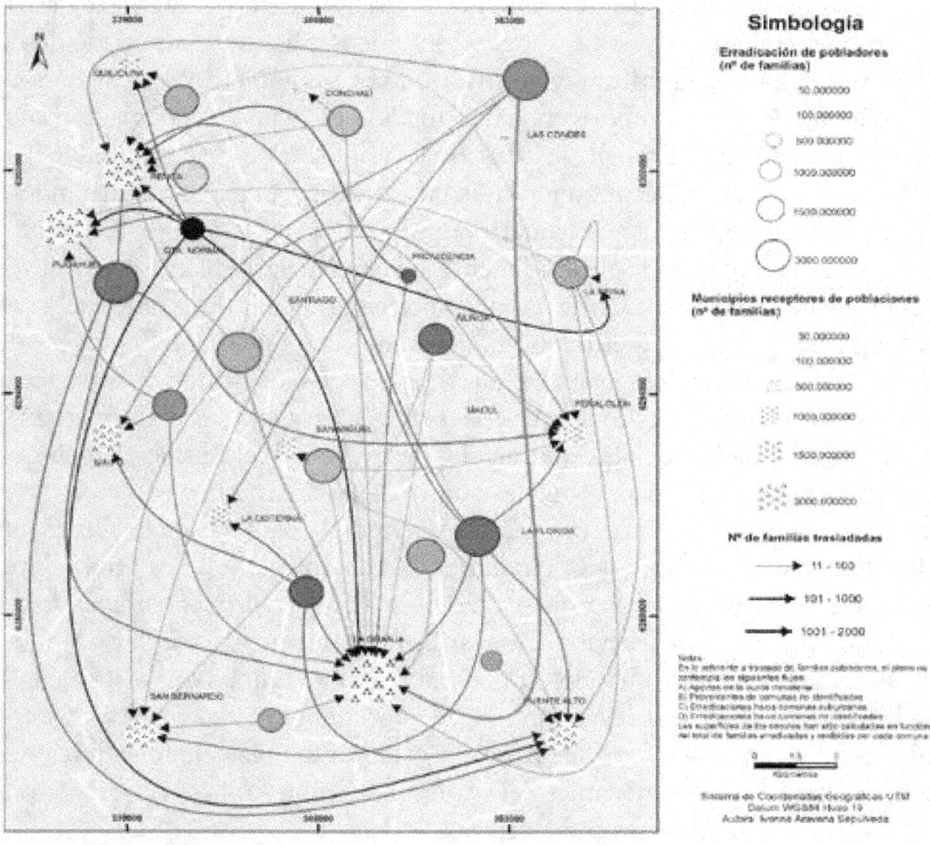

Figura 38: Flujo de los procesos de erradicación y radicación de familias vulnerables en Santiago entre 1974 y 1989, un ejemplo de procesos similares experimentados en todas las áreas metropolitanas chilenas.

Fuente: Elaboración propia, a partir de textos oficiales y publicaciones de la época (2018).

profunda de las políticas estatales que se estaban desarrollando, sino que se mantuvieron las dinámicas de segregación y segmentación socioespacial antes consignadas, que hicieron de la ciudad un bien de cambio por sobre un bien de uso.

Este proceso dual de asentamiento y reasentamiento periférico de espacios residenciales de los estratos socioeconómicos más bajos impulsado desde 1979 por la dictadura militar, y continuado por los gobiernos que siguieron, no solo produjo desequilibrios en la distribución espacial de la población sino también en el capital social, institucional y sinergético disponible para los distintos estratos socioeconómicos que constituyen la ciudad, polarizándose el patrón socioeconómico de la metrópolis.

Una vez recuperada electoralmente la democracia, se planteaban nuevos desafíos para la capital de Chile que al comenzar la década de los años ochenta del siglo XX ya era una metrópoli neoliberal de carácter global. El proceso de metropolización impulsó igualmente la recomposición de las divisiones sociales de los espacios urbanos, de las pautas de segregación socioespacial e introdujo nuevas modalidades sociales y espaciales de exclusión, al mismo tiempo que profundizó las desigualdades sociales dentro de las áreas urbanas.

La figura 39 siguiente corresponde a un templo pentecostal localizado en el sector sur de Santiago que originalmente tenía una planta. Posteriormente, la familia pastoral separó la residencia del espacio de culto, construyendo un segundo piso que tiene las habitaciones que ocupan el matrimonio y sus hijos. Además, en el templo, cuando está cerrado, funciona una panadería a cargo de la esposa del pastor. Era común que en la primera mitad del siglo XX estos usos se dieran en espacios reducidos ya que el pastor también cumplía funciones como sastre, zapatero, mecánico, electricista, carpintero, joyero, yerbatero u otros oficios de semejantes características.

Con anterioridad nos referimos a las relaciones existentes entre las transformaciones que experimentan una ciudad y los modelos políticos que regulan el funcionamiento de la economía y de la sociedad. Constatamos que, hasta la interrupción del sistema democrático en Chile (1973), se experimentaron diversos modelos, cada uno de los cuales tuvo algún nivel de influencia en la evolución del paisaje urbano santiaguino. Además, señalamos que tanto el acceso a la vivienda como la planificación urbana ocupaban espacios de privilegio en la refriega política y en la preocupación social. Podemos deducir entonces que el período comprendido entre 1930 y 1973, al que hemos definido como siglo XX corto (Hobsbawm, 2007), tuvo como característica la polarización política y social (Moulian, 1997), situación que, en alguna medida relegó a un segundo plano a las problemáticas religiosas, a pesar de que se configuraba un modelo de ciudad plurirreligiosa en la que era posible distinguir dos dominios de civilización parroquial y se producía una diferenciación religiosa que se fundaba

Figura 39: Templo evangélico que funciona en un espacio triádico.

Fuente: Colección propia del autor (2018).

en la acogida que tenían los mensajes de distintos credos en cada uno de los grupos socioeconómicos. Este proceso de especialización socioespacial religiosa maduró hasta generar la situación imperante en nuestros días, a causa de una serie de procesos endógenos a los movimientos religiosos que profundizaron la especificidad de sus prácticas proselitistas y la competencia espacial.

A partir de 1973 tuvo lugar la transformación profunda del Estado mediante la implementación de la doctrina neoliberal. Con esto no solo se modificó la acción de los aparatos y servicios públicos, sino que también, indirectamente, se produjeron determinaciones que afectaron el patrón locacional de los credos, sobre todo el de aquellos que estaban funcionando en las residencias de los feligreses. A continuación, analizaremos algunas intervenciones y medidas estatales que tuvieron (y tienen) efectos sobre la distribución de templos en la ciudad de Santiago. Empezaremos dando cuenta de la matriz ideológica desde la cual se intervinieron los espacios urbanos.

Expansión de Santiago y mercantilización del suelo urbano entre 1985 y 2018: procesos y consecuencias

Santiago se presenta en la actualidad como una metrópolis archipielágica fragmentada, morfología que puede asociarse al levantamiento de fronteras y límites al interior del espacio urbano que influyen en la modificación de los patrones de relaciones sociales, continuidad y coherencia espacial, dotación de espacios públicos y distribución de la infraestructura y servicios disponibles para los distintos grupos que cohabitan en la urbe.

Advertiremos preliminarmente que, en el caso de Santiago, el proceso de metropolización tiene cimientos en los orígenes de la vida republicana independiente, y su resultado actual es que más del 85% de la población nacional es urbana y más de dos tercios corresponde a las aglomeraciones de Santiago, Valparaíso y Concepción (Ortiz & Escolano, 2008). Desde comienzos del siglo XX (probablemente, a causa de la implementación del modelo de industrialización sustitutiva y sucesivos colapsos de la producción agrícola en la zona centro sur del país), la concentración de población, actividades, infraestructura y servicios en la capital de la república, ha tenido como resultado un modelo de *urbanización excluyente* (Pereira & Hidalgo, 2008, p. 9), algunas de cuyas características hemos comentado en párrafos anteriores a propósito de la segregación socioespacial.

Santiago evolucionó desde un carácter de metrópoli a ser una megalópolis integrada al mundo y que participa en el proceso de globalización, paso que genera y ha generado importantes transformaciones en la morfología de la ciudad y las formas de vida de sus habitantes. En términos de la expresión de la globalización en el dibujo de la ciudad, siguiendo a de Mattos, diremos que influyó decisivamente la fase de modernización capitalista iniciada en Chile a mediados de la década de los setenta, con la aplicación de una nueva estrategia de liberalización económica. Este proceso produjo transformaciones en la base económica metropolitana, así como cambios en la morfología social marcada por la polarización social y la segregación residencial. Por otra parte, produjo una morfología territorial caracterizada por la periurbanización y la policentralidad, de modo análogo a como había sucedido anteriormente en otras ciudades del orbe (de Mattos, 2007, 2008, 2014).

A raíz de la evolución descrita, se produjo una nueva arquitectura productiva del tipo modelo celular en red, sustentada en la oferta de beneficios y granjerías para captar inversión extranjera directa que se inició en 1975. Tal proceso impulsó la localización, en el espacio capitalino, de nodos o eslabones de varias redes de distinto tipo y nuevos artefactos urbanos, tales como *malls*, supermercados, complejos empresariales, edificios corporativos, hoteles, salas de cine, edificios y espacios cuya existencia refleja los impactos de la globalización en el diseño urbano contemporáneo.

En materia de vivienda social, los gobiernos democráticos post dictadura mantuvieron en líneas gruesas las políticas implementadas a partir de 1979. Los elementos de novedad se relacionaban con la persistente necesidad de viviendas para los sectores más desposeídos y con la necesidad de generar una mejor situación para los allegados, lo cual surge en la década de los años ochenta como resultado de la crisis económica que afecta al país y que limitó las inversiones estatales destinadas a la construcción de viviendas. Lo anterior implica que se mantengan los procesos de periferización e instalación de los estratos socioeconómicos más bajos de la población en los alrededores de la ciudad, tal como apreciábamos tras la aplicación de los planes de radicación y erradicación implementados durante la dictadura militar.

Otro elemento heredado y aplicado con pequeños cambios fue el llamado subsidio habitacional, que databa de 1978. Este instrumento redistributivo estaba destinado a la adquisición directa de vivienda por parte de los sectores más pobres de la población. El planteamiento de fondo era que se premiaba un ahorro previo mediante un crédito en el que participaban el Estado y la banca en cantidades inversamente proporcionales al precio de la vivienda, procedimiento mediante el cual los demandantes podían comprar la casa que quisiesen de acuerdo con sus necesidades e intereses. En lo concerniente a los estratos más bajos, las constructoras que instalaban casas cuyo precio fuese accesible a este sistema, lo hacían en suelos de bajos precios (generalmente, en la periferia urbana) y con criterios de calidad muy deficitarios que, incluso, comprometían la habitabilidad del bien inmueble adquirido.

La implementación de la Política Nacional de 1979 tuvo algunos efectos colaterales de alto impacto territorial. Uno de estos es el incremento de la oferta de suelo urbano que, pese a las lógicas por las cuales se implementaron políticas en este sentido, no significó una baja en los precios sino que un aumento asociado a la especulación. El segundo fue la política de erradicación y radicación de campamentos de la dictadura. Lo anterior involucraba, desde una perspectiva ideológica, que se pretendía que el mercado de suelo urbano se incorporara al proceso de liberalización de la economía, aduciendo que este recurso no era escaso. La liberalización produjo un significativo movimiento de capitales y, nuevamente, tal como en los tiempos de Vicuña Mackenna, estrategias de planificación permitían a los inversionistas recuperar o incrementar sus beneficios facilitándoseles la adquisición de suelos e, indirectamente, la especulación. Se generó un espacio de 60.000 hectáreas, lo que representó la duplicación de la oferta de suelo urbano preexistente mediante una ampliación y casi invisibilización del concepto de límite que caracterizaba las intervenciones estatales anteriores.

La figura 40 siguiente muestra la evolución de Santiago en la lógica aquí aludida. A inicios de la actual centuria, según el censo de 2002, la población alcanzaba aproximadamente los seis millones de habitantes, lo que equivale al 38% del total de la población del país y el 42% de la población urbana nacional. Estas cifras se incrementaron, según lo señalado por el censo de 2012, al 40,19% de la población total del país y al 44,49% del total de población urbana. El censo de vivienda y población realizado en 2012 determinó que la población nacional era 16.634.603 habitantes, de los cuales 14.462.858 correspondían a población urbana. Para el caso de la Región Metropolitana de Santiago, la población total alcanzó los 6.685.685 y la urbana era de 6.434.576 habitantes. En dicho año, la ciudad ocupaba 60.000 hectáreas. Una de las razones que explican su extensión es la radicación de la planificación en los municipios, lo cual ha generado la producción de viviendas en altura con la consecuente densificación en aquellos municipios más demandados por los sectores que pueden comprar viviendas en el mercado inmobiliario, produciendo fenómenos tales como saturación de funciones, densificación descontrolada, congestión y demandas por áreas verdes y mejores sistemas de transporte. La población de menores ingresos ha sido desplazada hacia la periferia, por cuanto el Estado adquiere suelos de bajo precio para construir soluciones habitacionales para los más desposeídos, lo cual grava la calidad de vida de estos grupos socioeconómicos y los constriñe a espacios con baja cobertura de infraestructura de servicios básicos, alejados de los centros de producción y consumo.

Otro fenómeno que explica la expansión de la ciudad es la generación de viviendas para los sectores de mayores ingresos e ingresos medios en el periurbano, bajo la forma de "parcelas de agrado". Se trata de una modalidad de instalación de residencias con las virtudes de la vida rural, pero integradas al espacio urbano mediante vías de comunicación concesionadas a los privados. Esta forma de espacios residenciales coexiste con poblados rurales de antigua data que se han reconfigurado, transformándose algunos de estos en centros de prestación de servicios a la nueva población residente, o bien con lugares donde se han instalado viviendas sociales, originando una mezcla de grupos sociales

Figura 40: Santiago, metrópolis evolucionando a megalópolis en el nuevo siglo.

Fuente: Martínez, 2007, p. 113.

cuya convivencia ha generado algunas problemáticas en pleno desarrollo. De paso, estas parcelaciones se han instalado cambiando el uso de suelos rurales que ha debilitado la interacción entre la economía urbana y el resto de la región.

Los elementos anteriormente descritos, a los cuales se les incluyeron ajustes tendientes a disminuir la inequidad distributiva y apoyar un mayor gasto social, fueron empleados por los gobiernos de la Concertación de Partidos por la Democracia –alianza política que gobernó nuestro país hasta 2010– para abordar el tema de la vivienda social, ya que aún se mantenía un importante guarismo en materia de déficit de viviendas sociales para los sectores más postergados del país. En síntesis, esto implicó la mantención de un dibujo urbano dual, donde la ciudad de los pobres siguió construyéndose en suelos baratos localizados en los municipios de menores ingresos del país.

Destaca en la figura 40 la concentración de puntos en el sector sur de la periferia capitalina, solo comparable con la que se da en el sector norponiente de la urbe. Las poblaciones que se localizaron en estos sectores, sobre todo en el área norponiente, presentaban problemas de accesibilidad y en la dotación de servicios que no han logrado ser superados a la fecha; corresponden a espacios residenciales que se emplazaron en antiguos terrenos agrícolas, industriales e incluso basurales.

Los templos entre la dictadura y la recuperación de la democracia (1973-2012)

El espacio urbano es continente de multiplicidades, de un conjunto de individuos aglomerados bajo diversas formas en unidades territoriales específicas. Dichas multiplicidades conforman la realidad al interior de las ciudades en base a subjetividades, totalizaciones, unificaciones, definidas como "procesos que se producen y aparecen en las multiplicidades" (Deleuze & Guattari, 2014, p. 21) los que "no suponen ninguna unidad, no entran en ninguna totalidad y tampoco remiten a un sujeto" (Deleuze & Guattari, 2014, p. 29). La dictadura militar inhibió las heterogeneidades instalando un modelo de municipios como áreas sociales homogéneas que condicionó el proselitismo de algunos credos, fragmentó el mapa religioso de la ciudad a zonas donde la evangelización era exitosa para algunas religiones y para otras no, lo cual explica la presencia pentecostal y neopentecostal en la periferia urbana y su relativa ausencia en los municipios de mayores ingresos.

Por lo anterior, la distribución geográfica de los templos de las religiones constituye un insumo para comprender la dinámica urbana que caracteriza a una sociedad que ha experimentado cambios profundos, especialmente desde el último tercio del siglo pasado, en materia económica, política, social, geográfica y cultural. Como otras dimensiones de la vida urbana, las religiones han aportado a la configuración de Santiago como una ciudad segregada, conformada por espacios que, más que dialogar, compiten y que, en lugar de generar asociatividades, promueven paisajes diferenciados por la influencia de nuevas formas de apropiación capitalista, las que modelan el consumo de la oferta religiosa en toda la complejidad de sus efectos territoriales, como por ejemplo se expresa en la instalación de los templos mormones y la emergencia de religiones orientales, especialmente en los sectores de ingresos medios de la población.

En Santiago, como en otros rincones del mundo, las religiones que dejaron de ser privadas (dada la separación entre Iglesia y Estado en 1925), se expresaron de diversas maneras tanto en emplazamientos (lugares de culto) como en desplazamientos (trabajo proselitista) con una vitalidad relacionada con la mantención y uso de sus imaginarios en un universo secular racionalista y moderno que les permitió la reinterpretación de la subterraneidad o clandestinidad en la que se fundó todo pensamiento o revolución religiosa, entre ellas el cristianismo. En este sentido, la disposición de su infraestructura fue para el entorno amenaza o inspiración, convicción irreflexiva o desafío profético. Donde estas congregaciones significaban amenaza, los edificios religiosos no se instalaban o tardaron en hacerlo, contrariamente a lo que aconteció cuando eran inspiración, por ejemplo, en los sectores populares.

Un ejemplo de las edificaciones religiosas como oportunidades para el entorno fue la significación que adquirieron durante la dictadura militar, que rompió el tejido social en Santiago, reconfigurando el capital social y sinergético (Boisier, 1998). Ante esta situación, las religiones y los templos se transformaron en espacios donde se mantuvieron posibilidades de reunión, reconocimiento e identidad, al mismo tiempo que, en los templos católicos y en algunas facciones de las iglesias evangélicas tradicionales y luteranas, se dieron las condiciones para preservar el disenso y la reflexión cívico-política.

Por otra parte, como ya hemos visto, las políticas de radicación y erradicación produjeron la movilización de un número importante de familias, algunas de las cuales al trasladarse quedaron imposibilitadas de asistir a sus lugares de culto y, cuando no pudieron integrarse a otro para seguir practicando su fe, se vieron en la obligación de levantar nuevos templos o funcionar en espacios destinados a otros usos. Lo anterior produjo la dispersión de algunos credos durante este período.

Además, se dieron situaciones en las cuales la construcción de sectores residenciales en la periferia santiaguina, orientados a los diversos estratos socioeconómicos, impulsó a los credos a instalar templos en estos nuevos emplazamientos.

Por todo lo anterior, el período aquí analizado significó la instalación de edificios religiosos de los credos en diversos municipios santiaguinos, promovida por factores exógenos a la dinámica y las prácticas religiosas de cada credo. La configuración de una nueva espacialidad religiosa produjo un patrón de distribución de los edificios religiosos que comenzaremos a tratar a continuación.

Religión y ciudad durante la segunda mitad del siglo XX

La espacialización de la fe descrita en la figura 41 se explica en que desde la fundación de Santiago los templos fueron un componente privilegiado del paisaje urbano, que se construía y modificaba. Siempre hubo intereses individuales y colectivos en fundar un edificio o alguna expresión material que contuviera y representara la fe que profesaban los ciudadanos.

Los templos fueron y son elementos distintivos de las áreas sociales que se fueron visibilizando y que suscitaban orientaciones espaciales horizontales y verticales. Tal presencia se mantiene hasta nuestros días, con la salvedad de que el paisaje urbano ha evolucionado desde un patrón unirreligioso a otro variopinto en el cual es posible identificar templos católicos, evangélicos, mormones, mezquitas y sinagogas, entre otras expresiones de la fe de las distintas comunidades que cohabitan la urbe. Además, los credos colonizan espacios profanos mediante actividades misioneras, difusión de sus objetivos a través de material gráfico, multimediales, programas de televisión o por la participación en hitos cívicos, como por ejemplo en las fiestas patrias, partidos de fútbol u otras festividades periódicas o anuales. Por ende, las religiones actúan en distintos lugares que pueden ser sacros/profanos, religiosos/seculares, públicos/privados, a los cuales además de crear puede transformarlos (Knott, 2005), a pesar de que el imperio de la racionalización impidió a los credos gobernar a la ciudad como un todo, obligándolos a especializarse en una o más áreas sociales y confinándolos a lo privado (Hervieu-Léger, 2005, 2008).

Los municipios de Santiago de Chile constituyen áreas sociales específicas por cuanto la población ocupa espacialidades en función de sus respectivos niveles de ingreso. Esto influye en lo religioso por la especialización ya aludida, siendo la excepción la distribución geográfica del catolicismo, cuya predominancia y continuidad histórica explican la transversalidad que manifiesta dada su presencia en todos los municipios de la ciudad mediante templos y colegios confesionales. En cambio, las figuras 41 y 42 expresan la relativa incapacidad del evangelismo para levantar templos en los municipios habitados por los

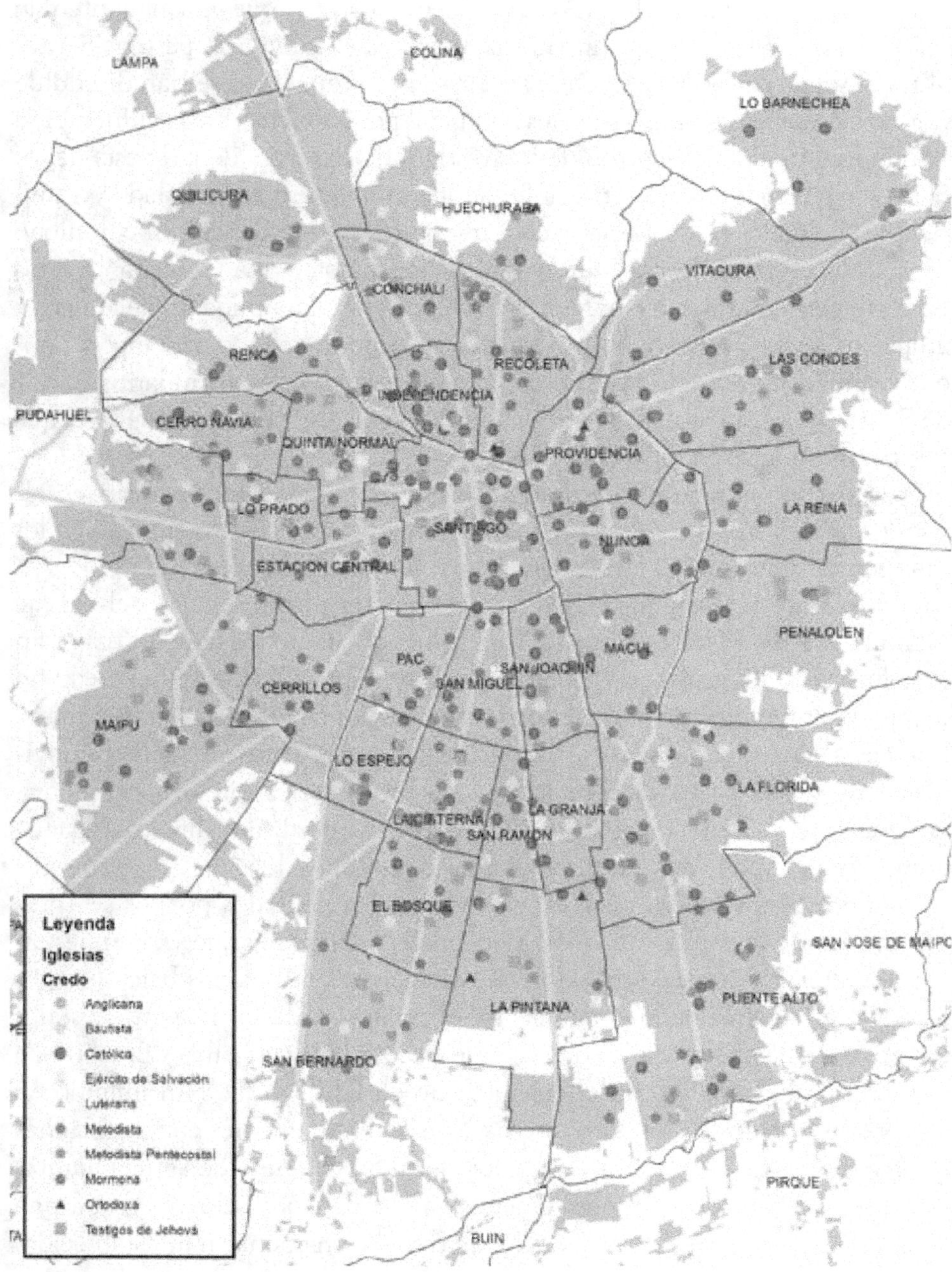

Figura 41: Distribución en Santiago de los credos mayoritarios.

Fuente: Elaboración propia (2018).

grupos socioeconómicos altos (ABC1) y medios (B y C), que se han mantenido fieles al catolicismo, especialmente las familias e individuos pertenecientes al nivel socioeconómico ABC1. Las corrientes evangélicas se han difundido principalmente en las áreas sociales habitadas por los sectores más vulnerables, siendo este también el patrón de los Testigos de Jehová y de la Iglesia de los Santos Apóstoles de los Últimos Días, que también se ha instalado en municipios poblados por clases medias y migrantes que se identifican con dicho credo. No obstante lo anterior, congregaciones como "La Cosecha" y otras de corte pentecostal, cuyo énfasis es la creación de comunidades de amigos y grupos de apoyo, y están orientadas, por lo tanto, a generar vínculos y lazos que reemplacen a los de parentesco, han avanzado en los vecindarios ABC1 de Santiago, lo que se expresa en la adquisición de residencias particulares que son transformadas en lugares de culto.

Las comunidades protestantes (luteranos y anglicanos) mantienen algunos templos en las comunas de mayores ingresos por cuanto allí residen los inmigrantes que practican este tipo de fe o sus descendientes.

En síntesis, la figura 41 expresa el carácter plurirreligioso del paisaje urbano del Área Metropolitana de Santiago, por cuanto los templos expresan la voluntad de un grupo de visibilizarse con fines proselitistas. Si un credo no logra fundar templos, generalmente desaparece por cuanto estos no son materialidades, sino que son agrupaciones sociales en las que coinciden cosmovisiones, objetivos, pautas de conducta y consumo, prácticas rituales, signos, que pretenden ser también compartidas y comunicadas desde un edificio o lugar de reunión en el que se depositan las dimensiones sacras de la fe.

En algunos municipios, especialmente los poblados por los sectores medios y bajos se aprecia una mayor variedad de religiones que se manifiestan con templos. En los sectores de niveles socioeconómicos más bajos (grupos D y E), se han instalado congregaciones pentecostales y neopentecostales cuya existencia obedece a los procesos de fractalidad evangélica y flexibilidad estructural que caracterizan al evangelismo en Chile y que han influido en las formas y ritmos de difusión que ha experimentado. Tales congregaciones se organizan en asociaciones, corporaciones u otras formas de agrupamiento, o bien funcionan como grupos celulares que no dependen de ninguna forma de autoridad o jerarquía ajena a aquella que internamente han establecido. Algunas iglesias celulares logran establecer misiones o templos que dependen del edificio central y pueden desde esa situación evolucionar a organizaciones mayores. En función de los resultados de entrevistas y trabajo de campo,

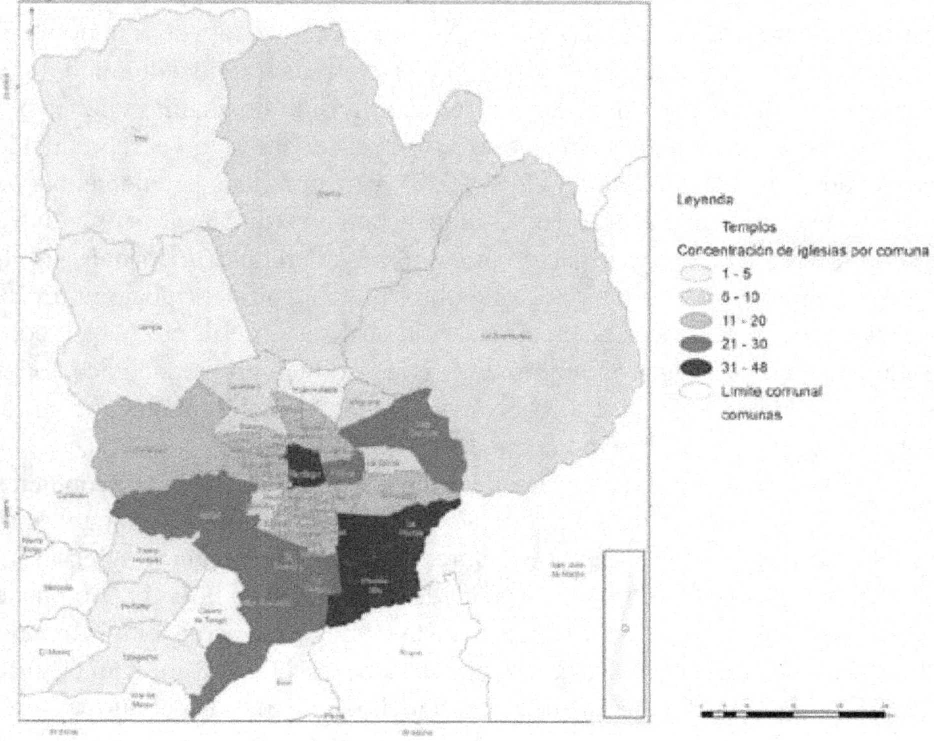

Figura 42: Diversidad de templos según municipios, en Santiago.

Fuente: Elaboración propia (2018).

estimamos que solo en Santiago existen a lo menos 3.800 denominaciones que podrían ser agrupadas en una gran categoría a causa de presentar una doctrina o práctica vinculada al pentecostalismo del siglo pasado, reduciéndose muchas a solo un templo donde funciona una célula liderada por un pastor o autoridad equivalente.

Lo anterior es coherente con el hecho de que en la figura 42 los municipios más plurirreligiosos son aquellos donde se presentan con mayor frecuencia las corrientes evangélicas y, en especial, las pentecostales y neopentecostales. En cambio, las comunas con mayor homogeneidad social y de más altos ingresos presentan menor variedad de expresiones materiales religiosas a causa de la prevalencia del catolicismo entre los residentes.

171

Queremos insistir en la importancia de la fractalidad para explicar la dinámica evangélica en el paisaje urbano santiaguino. Se trata de un fenómeno multicausal que varía en términos de la situación que produce finalmente la ruptura. Vidal sostiene que es un proceso de división de algunas iglesias por diversas causas, el cual es característico de todo el cristianismo y es reproducido en la pentecostalidad chilena (Vidal, 2012), y que produce la emergencia de nuevos liderazgos que derivan en la salida de un grupo que levanta una nueva iglesia separados de la congregación original, con diferencias doctrinales insalvables, aumento en el número de miembros que dificulta el trabajo unitario, establecimiento de "misiones" en otros sectores bajo la forma de cultos realizados en la residencia de algún miembro de la iglesia o bien en otras edificaciones destinadas a fines religiosos, o problemas de carácter moral que inciden en la comunión de los miembros de un credo.

Como puede observarse, la fractalidad puede ser consecuencia de conflictos en las iglesias o de acuerdos relacionados con la extensión del evangelismo, pero se explica en situaciones que acontecen al interior de una congregación, o bien en la necesidad de practicar la fe de un miembro o líder que no puede acceder a su iglesia y que se ve forzado a formar una nueva agrupación. Cuando el número lo permite, se compran inmuebles o un sitio para levantar una iglesia y en algunas circunstancias la misma residencia de quien forma el nuevo grupo se consagra para tales fines.

La escasez de suelos en las áreas metropolitanas o su alto costo en municipios de ingresos medios y altos, sumados esos factores a la pobreza de los evangélicos, deriva en una forma de fractalidad asociada a flexibilidad estructural. La fractalidad evangélica y la flexibilidad estructural han contribuido a la difusión de iglesias en la ciudad de Santiago. La división de iglesias evangélicas tradicionales y pentecostales a causa de conflictos en las áreas marginales de la ciudad donde ellas son más abundantes, afecta más frecuentemente a las iglesias celulares, según fue posible determinar mediante una serie de entrevistas en profundidad semiestructuradas a líderes religiosos de diversos credos (Paulsen, 2014).

Una peculiaridad relacionada con el carácter conflictivo de la fractalidad en sectores marginales es la superposición de áreas de influencia entre una iglesia y otra, proceso que hemos denominado "superposición por fractalidad" (Paulsen, 2014). Esto se debe generalmente a que un grupo que se escinde busca mantener su iglesia cerca de la residencia de sus miembros, para que estos puedan participar activamente en todas las actividades de la semana y así lograr la mantención de la cohesión del grupo.

Sea cual fuere la causa, se trata de un proceso presente en la historia del pentecostalismo chileno. De hecho, el metodismo pentecostal surgió a causa de una división (Hoover, 1932; Sepúlveda, 1987; Vidal, 2012) y, como ya señalamos, este factor está también presente en la aparición de los grupos evangélicos de segunda generación y entre las iglesias neopentecostales. Cuando ocurre, generalmente actúa como un incentivo para que las partes segregadas incrementen el número de miembros –como lo sugieren algunos estudios del mundo evangélico chileno– y para la fundación de nuevas iglesias (Sepúlveda, 1987; Vidal, 2012; Paulsen, 2014). Se pudo constatar en entrevistas realizadas a líderes religiosos pentecostales entre 2016 y 2018 la normalidad con la cual estos perciben dicho proceso y el carácter positivo que mayoritariamente le asignan al percibirlo como oportunidades para retener la población evangélica, captar más prosélitos y desarrollar liderazgos, y como estrategia para mantener la pureza de los principios básicos de la fe.

Un posible modelo evolutivo de una iglesia que experimenta una división o fractalidad reconocería a lo menos tres etapas. La primera etapa o etapa de fundación acontece en un edificio construido para el culto por sus propios miembros u otros que pertenezcan a una iglesia distinta o en un espacio que comparte con otros usos. Representa, por ejemplo, el caso de una misión, local, capilla o iglesia que es fundada en otro sector por una iglesia de la cual depende. También puede ocurrir que corresponda a una iglesia surgida por la fractalidad o fisión.

La segunda etapa corresponde al proceso de fractalidad. Se trata de una fase en la cual la división de una congregación determina la fundación de una nueva iglesia, la que funciona generalmente en las cercanías de la iglesia original como una forma de mantener el criterio de localización de las iglesias a corta distancia de la casa de los respectivos miembros. En algunos casos, como por ejemplo, entre los bautistas, existen acuerdos formales o informales de evitar esta situación con el fin de alcanzar a otros sectores de la población, lo que generalmente no se cumple por el propósito de mantener la condición de distancia ya señalada. En el ciclo de vida de las iglesias que experimentan fractalidad, esta corresponde a una etapa donde ambos grupos se consolidan e intentan aumentar la cantidad de miembros, por lo cual se trata de una fase primero centrípeta y posteriormente expansiva.

La tercera etapa de madurez se caracteriza por la consolidación de los liderazgos internos, lo que permite a la iglesia alcanzar con un bajo nivel de disenso los fines que se propone. De no surgir liderazgos competitivos, la iglesia se estabiliza, pero también puede ocurrir una nueva fractalidad que influye en la producción de nuevas iglesias y la consecuente densificación de los evangélicos en determinados sectores de la ciudad.

Se concluye entonces que la instalación de templos considera la expansión de la ciudad y la localización de nuevas áreas residenciales, lo cual depende de la disponibilidad de recursos humanos y financieros. Por ejemplo, son los feligreses católicos los que en definitiva generan las condiciones para que se instale una parroquia cooperando con el financiamiento, en tanto que la denominación metodista pentecostal suma templos adquiriendo edificios a otras congregaciones, comprando terrenos para levantar iglesias mediante el trabajo gratuito de los miembros de la congregación. Una situación análoga caracteriza las estrategias locacionales de las denominaciones pentecostales. Los credos protestantes (luteranos y anglicanos) se han emplazado en los municipios donde residían los migrantes que practicaban esa religión y que se integraron tempranamente a la clase dirigente o, en su defecto, a los sectores medios altos. También instalaron templos en otros municipios, ya sea por sus programas de ayuda social (como el caso de los anglicanos en Quinta Normal y, originalmente, los luteranos en San Bernardo) o por la posición contraria que algunos de sus feligreses tuvieron con respecto al golpe militar de 1973 que explica la división de la iglesia luterana en distintas agrupaciones, en función del apoyo o rechazo a la violación sistemática de los derechos humanos durante la dictadura (Paulsen, 2014).

La figura 43 relaciona la oferta total de sitios eriazos en 2012 en la Región Metropolitana de Santiago y los precios según el avalúo fiscal vigente en la fecha en Unidades de Fomento[7] de un metro cuadrado. Dicha disponibilidad se ha reducido a la fecha, por lo cual disminuyen también las posibilidades de instalar edificios religiosos considerando otros usos competitivos, especialmente en los municipios donde residen los niveles socioeconómicos de más altos ingresos.

---

7 Las Unidades de Fomento, comúnmente llamadas "UF", corresponden a una forma chilena de unidad monetaria de existencia no física. Se utiliza para ajustar las transacciones comerciales, contables y bancarias de acuerdo a la inflación. Esta equivalencia monetaria fue creada el 20 de enero de 1967 y desde entonces ha funcionado como unidad de revaloración que se actualiza según la inflación. Para el 31 de enero de 2020, su valor está fijado en $28.338,25, aproximadamente US$35.

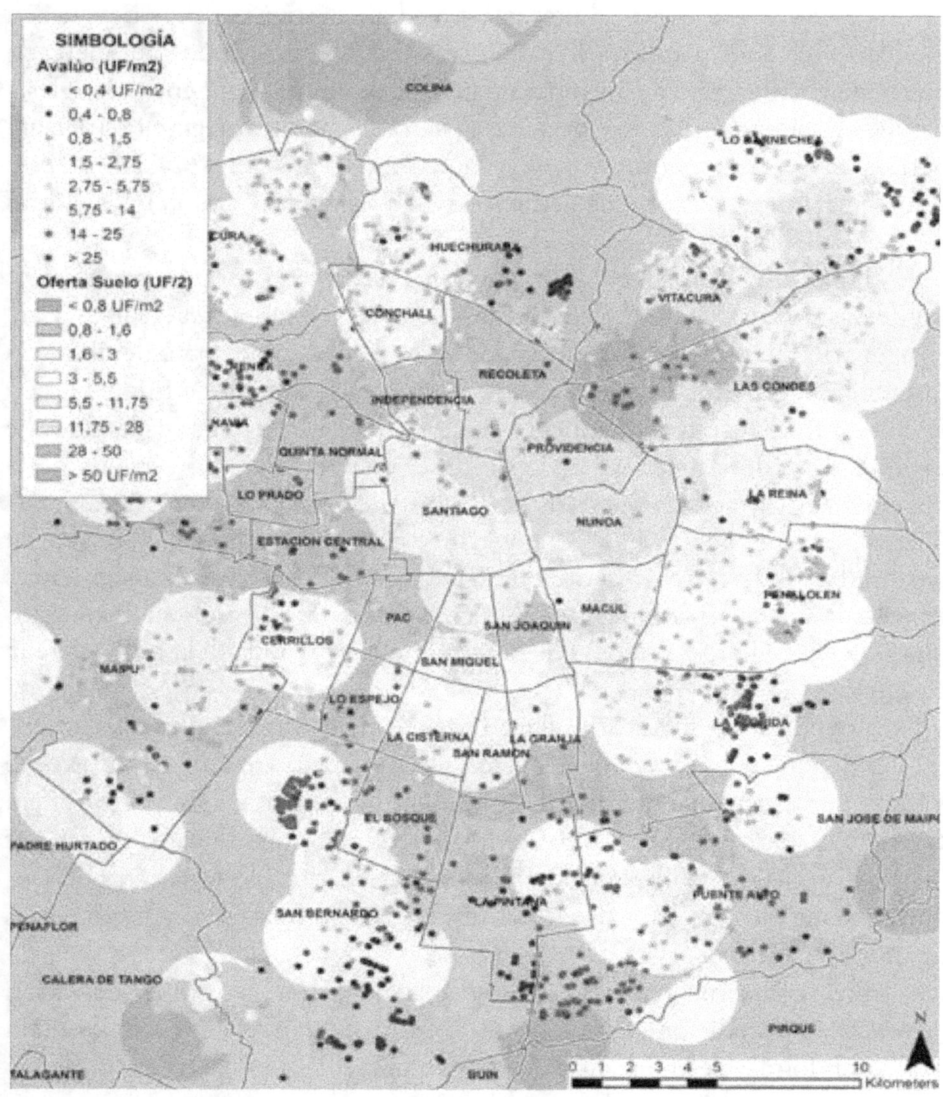

Figura 43: Comparación de los avalúos versus el precio de suelo del mercado, expresados en unidades de fomento (UF), Santiago, 2012.

Fuente: Elaboración propia a partir de datos proporcionados por Facultad de Arquitectura, Diseño y Estudios Urbanos, Universidad de Chile; Dirección de Extensión de Servicios Externos (DESE), Observatorio de Ciudades UC, 2012 (2018).

Las donaciones son una alternativa mediante la que las religiones pueden acceder a terrenos para levantar templos fuera de la dinámica del mercado inmobiliario. Este tipo de acciones ha beneficiado principalmente a la Iglesia católica debido a que la mayor parte de la población santiaguina se declara perteneciente o simpatizante a ella, lo cual motiva a la realización de este tipo de acciones por parte de actores privados, empresas, municipios y otras instituciones este tipo de acciones.

Por este motivo, los credos evangélicos generalmente optan por adquirir viviendas, locales comerciales, gimnasios, cines, restaurantes, teatros, para convertirlos en templos. Sin embargo, esta práctica tiene como debilidad la distribución geográfica de los precios de los bienes muebles e inmuebles en la ciudad, y la necesidad de que los templos queden cerca de los hogares de los miembros de la iglesia. Por lo tanto, el comportamiento espacial de la disponibilidad y de los precios de los suelos encapsula a los templos a determinados municipios de la urbe y restringe a determinadas religiones en su posibilidad de hacerse presente en algunas comunas. Los establecimientos educacionales confesionales cumplen en situaciones de carencia de templos una función paliativa esencial que mantiene la presencia del credo entre la población.

Los precios de los suelos influyen además en la distribución de los condominios de viviendas sociales destinados a la población vulnerable que accede a este tipo de beneficio fiscal mediante el subsidio habitacional. Esto genera carencia de parroquias en los municipios periféricos que se caracterizan por la baja disposición de infraestructura de bienes y servicios privados y públicos que presiona para que, si existen, los terrenos disponibles se destinen a otras funciones urbanas.

En lo concerniente a las iglesias fundadas por la tercera y cuarta generación de evangélicos tradicionales santiaguinos, más que templos, ellas corresponden a distintas formas de agrupación que funcionan en residencias particulares, lo que puede ser su situación definitiva o bien un paso previo antes de la adquisición de un bien raíz o un terreno donde construir su templo.

Generalmente estos grupos se constituyen como misiones de una iglesia madre en sectores de urbanización reciente, a causa del interés de mantener el credo por parte de individuos y familias que se trasladan de un lugar de la ciudad a otro. Puede ocurrir que el nuevo templo sea equivalente a cambios en el habitus y campo de algunos feligreses, o a causa de la obtención de una vivienda mediante el subsidio habitacional en sectores cada vez más lejanos al casco histórico de la ciudad.

Señalamos anteriormente que las religiones son materialidades y agrupamientos sociales, de lo que se deriva que las colectividades que logran construir templos para la práctica sistemática de los ritos aportan a la difusión de sus creencias en el paisaje urbano. Si baja la población que adscribe a una religión, se pierden posibilidades de inaugurar nuevas edificaciones religiosas y de, incluso, mantener adecuadamente funcionando las existentes, especialmente cuando son los creyentes los que financian estas obras. Lo anterior se expresa en la secularización espacial, entendida como el proceso mediante el cual las edificaciones religiosas pierden notoriedad en la ciudad y las creencias desaparecen del espacio público, replegándose a lo privado. En términos estadísticos, las condiciones basales desde las cuales se produce la secularización se asocian al incremento en quienes se descuelgan de las religiones, cuestión que acontece en Chile en general y en Santiago en particular.

Al respecto, la figura 44 siguiente compara la evolución de la adscripción religiosa desde 1960 hasta nuestros días, declarada en los censos nacionales de población y vivienda y en las encuestas UC - Adimark.

Constatamos el ascenso en el porcentaje de quienes se declararon evangélicos en los censos nacionales de población y vivienda entre 1960 y 2002, y el incremento y las alzas sucesivas de los que declararon que no tenían ninguna religión entre 1992 y 2008. La progresión del aumento de los sin religión, agnósticos o ateos no permite concluir que estemos ante un proceso de fastsecularización, entendido como el incremento estadísticamente significativo en períodos breves de tiempo de esta opción, en comparación con lo que experimentan las confesiones religiosas. Además, si se suman las opciones religiosas, el porcentaje de creyentes supera en todos los años a los que no creen (Valenzuela, Bargsted, Somma, 2013). De esto se concluye que la religión sigue teniendo una importancia significativa para las personas, ya sea al analizar las cifras de adscripción religiosa o atendiendo al acervo de creencias que se manifiestan en las conductas individuales y colectivas. En tanto dimensión del comportamiento, las religiones reciben la influencia de procesos socioespaciales que no solo opera sobre las prácticas, sino también sobre la distribución y carácter de las materialidades en las cuales se practica el rito. Nos detendremos a continuación en el análisis de posibles asociaciones.

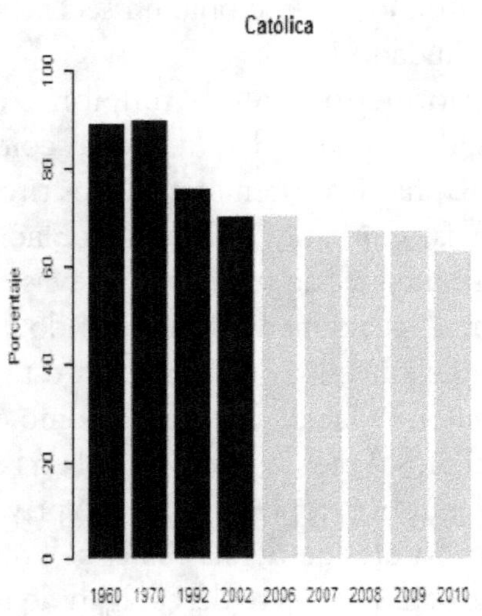

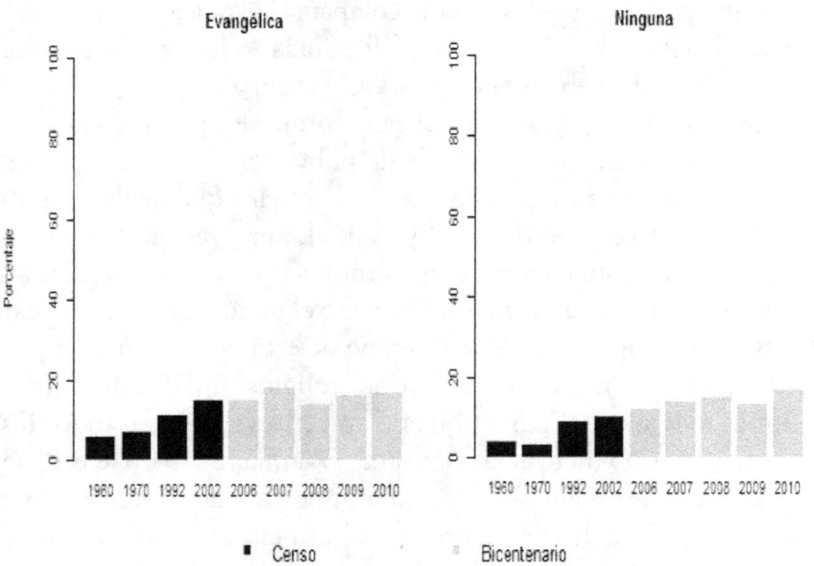

Figura 44: Distribución de credos a nivel nacional, según información proporcionada por censos y serie encuestas Bicentenario UC - Adimark.

Fuente: Valenzuela, Bargsted, Somma, 2013, s/n.

La Iglesia católica y la evangelización de la capital de Chile entre 1960 y 1973

Una particularidad de la evolución del catolicismo en Chile ha sido la sintonía entre las reflexiones y orientaciones de la comunidad local con los contenidos y objetivos de las encíclicas. Ejemplifican esta sincronía de intereses los procesos endógenos que se dieron con anterioridad y en paralelo a la promulgación y divulgación de la *Rerum novarum* y los que desde Chile acompañaron al Concilio Vaticano II.

Dicho concilio fue convocado por el papa Juan XXIII el 25 de enero de 1959 e inaugurado el 2 de octubre de 1962 para culminar el 8 de diciembre de 1965, período en el que se promulgaron cuatro constituciones: *Dei verbum*, *Lumen gentium*, *Sacrosanctum Concilium*, *Gaudium et Spes*, más decretos y declaraciones. Este encuentro aportó a la evolución del catolicismo mundial, a la renovación de la presencia de la Iglesia católica en el mundo actual y a la emergencia de nuevos énfasis y desafíos para la evangelización.

En lo que respecta a los templos, la constitución *Sacrosanctum Concilium*, referida a la Sagrada Liturgia, del 4 de diciembre de 1963, declaró el carácter sagrado del templo y las características que debía poseer en tanto lugar de reunión del Pueblo de Dios. Se proponía la introducción de las expresiones artísticas locales en los edificios religiosos, prácticas y acciones de la congregación. Este arte podía complementarse con expresiones de arte sacro, debiéndose cautelar, en ambos casos, el respeto, la dignidad, el honor de este tipo de espacios y la pertinencia de las expresiones con las acciones que debía ejecutar la membresía. La constitución *Sacrosanctum Concilium* señalaba que "al construir templos debe procurarse con diligencia que sean idóneos para seguir las acciones litúrgicas y lograr la participación activa de los fieles" (Conferencia Episcopal Española, 2004, p. 223) y que se debían revisar "los cánones y estatutos eclesiásticos que se refieren a la disposición de las cosas externas pertenecientes al culto sagrado, sobre todo en lo que respecta a la edificación digna y adecuada de los templos…" (Conferencia Episcopal Española, 2004, p. 224).

Como se deduce de lo anterior, no hay mayores disposiciones respecto al emplazamiento de templos, sino que se plantearon recomendaciones referidas a las características, ornato y otros aspectos internos al edificio relacionados con la práctica del culto. El templo, que se nombra en el documento como *iglesia*, concebido ahora como lugar de adoración del "pueblo de Dios", debía funcionar sobre la base de los siguientes principios generales: (1) libertad de estilos artísticos en su ornato; (2) aptitud para el desarrollo de la liturgia comunitaria, siendo esta su función primordial; (3) capacidad simbólica; (4) sencillez y autenticidad en sus aspectos internos y externos; (5) comodidad para la práctica del culto; (6) ser una casa abierta y acogedora; (7) su disposición debe representar a la asamblea reunida, organizada y ordenada, donde cada uno de sus miembros debe encontrarse en posibilidad de ejecutar cada uno de los ministerios, y (8) mantener la presencia en los templos de imágenes sagradas para la veneración de los fieles. Cada uno de estos principios exigía la reforma de las instalaciones preconciliares a los nuevos cánones, abandonando la arquitectura basilical en búsqueda de la sobriedad y la funcionalidad de los edificios.

De modo paralelo y sin que necesariamente el concilio haya sido la fuente inspiradora, el Arzobispado de Santiago decretó a 1960 como un tiempo de misiones y evangelización para todas las poblaciones de Santiago. Se trataba de una iniciativa que buscaba acercar la Iglesia a una ciudadanía cambiante en el contexto del rápido crecimiento de la población tanto por razones vegetativas como por el proceso de migración campo-ciudad que caracterizaba a países del Tercer Mundo, como el nuestro. Se dio inicio entonces a un tiempo prolífico en materia de la fundación de templos en distintos sectores de la urbe, tal como había sucedido después de 1891 y que se representa en la figura 45 siguiente.

En el marco de las reformas que emanaban tanto de la vida de la Iglesia chilena como de las disposiciones conciliares, surgieron las comunidades eclesiales de base (CEB) como nuevos sujetos en la espacialidad católica, coincidentes con el hecho de que la opción misionera del catolicismo se dirigió al sujeto pobre, y que la Iglesia se abrió a un mayor entendimiento y comprensión de la secularización como resultado del juego geopolítico y social imperante. Dichas comunidades corresponden a formas latinoamericanas de fundación, funcionamiento y estructuración de congregaciones mediante el incentivo al conocimiento mutuo entre vecinos católicos que intercambian experiencias y desarrollan su fe en un ambiente de cooperación y compromiso. Concebían a la comunidad de creyentes como el Pueblo de Dios, capaz de renovar las modalidades de funcionamiento con el fin de interiorizar enseñanzas y valores para aplicarlos a la vida diaria (Paulo VI, 2014).

Algunas CEB que se desarrollaron en la ciudad de Santiago, especialmente en las décadas de 1960 y 1970, evolucionaron a templos, mientras otras desaparecieron y algunas no lograron profundizar territorialmente su respectivo proyecto e influyeron en un cambio de rumbo en el derrotero espacial de la Iglesia en Santiago, que avanzó desde sus emplazamientos tradicionales cercanos al casco histórico hacia las áreas sociales periféricas donde se instaló

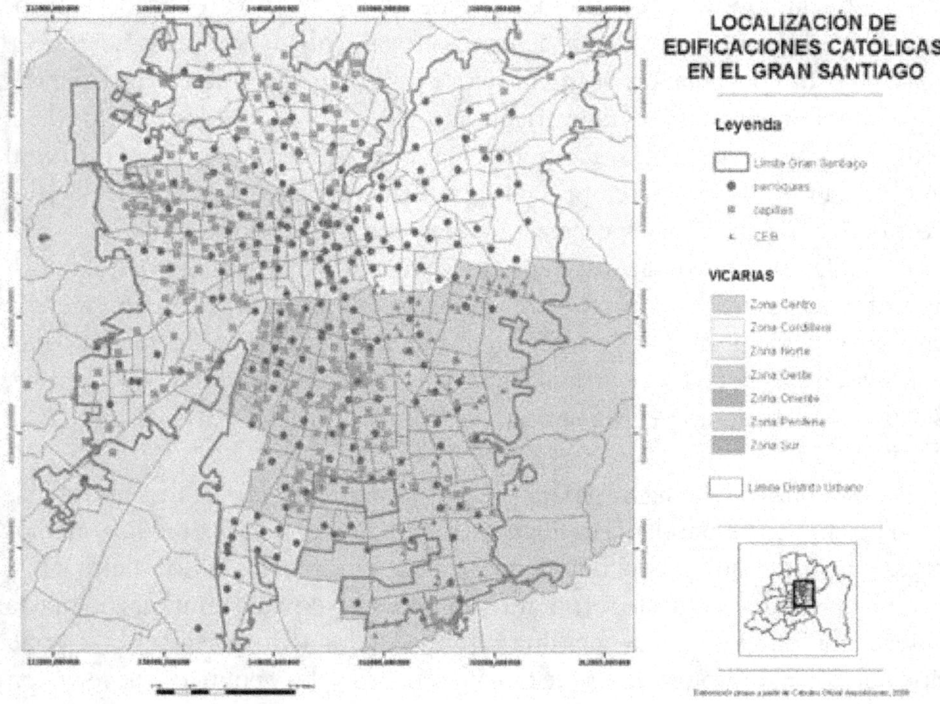

Figura 45: Distribución de las Comunidades Eclesiales de Base en el Gran Santiago, 2012.

Fuente: Hidalgo, Arenas, Paulsen, Timofeew, & Henriquez, 2012, p. 57.

precariamente la población vulnerable. Las comunidades que evolucionaron a templos se pusieron bajo la dependencia de un obispo u arzobispo, que era quien debía dotarlo del sacerdote indispensable para practicar los ritos. Otras comunidades mantuvieron el carácter de reuniones de fieles, pero no evolucionaron a capillas u otro tipo de templo por diversas razones, entre las que se cuentan la imposibilidad de contar con un terreno o de financiamiento para levantar su iglesia, o por la inexistencia del número de sacerdotes necesario para atender las necesidades espirituales de las civilizaciones que se densificaban.

Por otra parte, comenzaron a operar ritos en porciones del espacio público y secular hasta la fecha no utilizados a causa del reemplazo de la centralidad y gravitación del templo como espacio que contenía lo divino a la tesis de que Dios habitaba en y entre su pueblo (Barrios, 1987).

Los cambios en la centralidad del mensaje y del rito provocados por los procesos endógenos y exógenos descritos movió a algunos curas y sacerdotes, ya sea a título personal o por iniciativa de sus congregaciones, a trasladarse a la periferia de la ciudad para evangelizar a los sectores más desposeídos de la sociedad (Hidalgo, Arenas, Paulsen, Timofeew, & Henriquez, 2012), lo cual implicó la instalación de templos y la constitución de comunidades eclesiales de base (CEB) en dichos sectores, tal como expresa la figura 45.

La figura 46 muestra que el inicio y evolución del Concilio Vaticano II, así como su sincronía con procesos endógenos, influyeron en la emergencia de nuevas formas de prácticas espaciales, entendidas como las modalidades que surgen de procesos de articulación de espacialidades sociales (Cosgrove, 2006; de Certeau, 1984; Massey, 2009; May & Thrift, 2001; Santos, 2000; Thrift, 2003).

El análisis de la figura 46 nos permite inferir que las localizaciones más privilegiadas corresponden a municipios habitados por sectores medios, medios bajos y bajos, lo que podría también asociarse a los precios de los suelos y a la evolución de las comunidades durante un intervalo espacio temporal en que la adscripción religiosa no fue más una actividad meramente privada ni racional, sino que coincidió con las metas de movimientos sociales y políticos que se fueron gestando y expresando en la esfera pública antes, durante y después de 1973.

Otras modalidades de espacialidades sociales fueron y son las espiritualidades o religiosidades móviles. Se trata de movimientos, carismas u organizaciones que permiten vivir la fe a católicos en sus lugares de trabajo o de estudio, y que en alguna medida distancian a individuos y familias de la vida parroquial del barrio. Ambas modalidades resignificaron las prácticas espaciales en coherencia con el surgimiento de nuevas maneras de interpretar lo religioso, las que influyen en las concepciones referidas a los templos y lugares sagrados, y que, siguiendo a Eliade y a Otto, son espacios ordinarios que por la práctica del rito se transforman en extraordinarios, donde se localizan mediadores entre Dios y el ser humano que le busca (Eliade, 2004; Otto, 2016).

Además, con mucha fuerza desde la década de los sesenta del siglo XX comienzan a llegar al país una serie de movimientos apostólicos, carismas y espiritualidades católicas, tales como Schoenstatt, Opus Dei, movimientos carismáticos, marianistas, que desarrollaron una prolífica labor evangelizadora, separando, al igual que los colegios, al feligrés católico de la parroquia o capilla de su barrio.

El Cardenal de Santiago, a propósito de una entrevista que sostuvo con el papa Paulo VI en 1963, advirtió de la escasez de sacerdotes, la inadecuación de la pastoral a los tiempos que regían y el alejamiento de la Iglesia de su medio social, como algunas de las causas detectadas por los obispos chilenos más importantes acerca de la pérdida de influencia que experimentaba el catolicismo de esta época. Territorialmente hablando, en 1964 el cardenal Silva Henríquez constituyó un nuevo plan de gobierno de la arquidiócesis con el fin de centralizar el desarrollo pastoral, evitar descoordinaciones que se habían registrado en otras épocas y darle mayor presencia en las decisiones a las parroquias y comunidades. Se esperaba que este modelo organizativo incrementara la influencia de la Iglesia en las diversas áreas sociales de una ciudad en permanente crecimiento (Cavallo, 2009).

Este nuevo plan mantenía la división básica de parroquias y decanatos, y las sujetaba a zonas pastorales, de modo que la Arquidiócesis de Santiago se dividió en seis zonas (Norte, Este, Oeste, Sur, Centro, Rural-Costa) que estaban encabezadas por un vicario general, un delegado episcopal y un responsable de Educación, asesorados por un Consejo Pastoral. Posteriormente estas zonas evolucionaron a vicarías territoriales. El cardenal tenía grandes expectativas en este ajuste, como lo demuestra sus esperanzas en que "Esta Iglesia en movimiento, renovada en la fe y en el servicio a Dios, no sería sorprendida por los nuevos tiempos ni doblada por los vientos de cambio. Afrontábamos sin duda un año de prueba, pero había en nosotros la vitalidad de resistirlo" (Cavallo, 2009, p. 276).

En 1965 con apoyo cardenalicio, se autorizó al Movimiento de Schoenstatt a funcionar en Valparaíso primero y en Santiago al año siguiente, lo cual concordaba con la larga tradición mariana que caracterizó y caracteriza al catolicismo chileno. Esta espiritualidad, sumada a otras que llegaron en tal período como, por ejemplo, el Opus Dei, cuyo primer sacerdote se instaló en Chile en 1950, vitalizaron no solo la piedad, sino que incorporaron un modelo de espiritualidad móvil asociando la práctica de la fe a espacios diferentes a la parroquia local, como tradicionalmente entendía el catolicismo su área de influencia. A pesar de la dinámica que registraba el catolicismo en aspectos como los señalados, una encuesta realizada en 1965 señalaba que el 85% de la población se declaraba católica. Pero solo un 12,9% asistía regularmente a la misa dominical y un 33% oraba habitualmente. Ese mismo año la Iglesia disponía de 1.161 sacerdotes, del aporte económico de 31.698 personas y la catequesis alcanzaba al 67,8% de la clase alta, 22% de la clase obrera, y un 64,6% desconocía qué era la Biblia y el 78,2% no sabía lo que era el Cuerpo Místico (Cavallo, 2009).

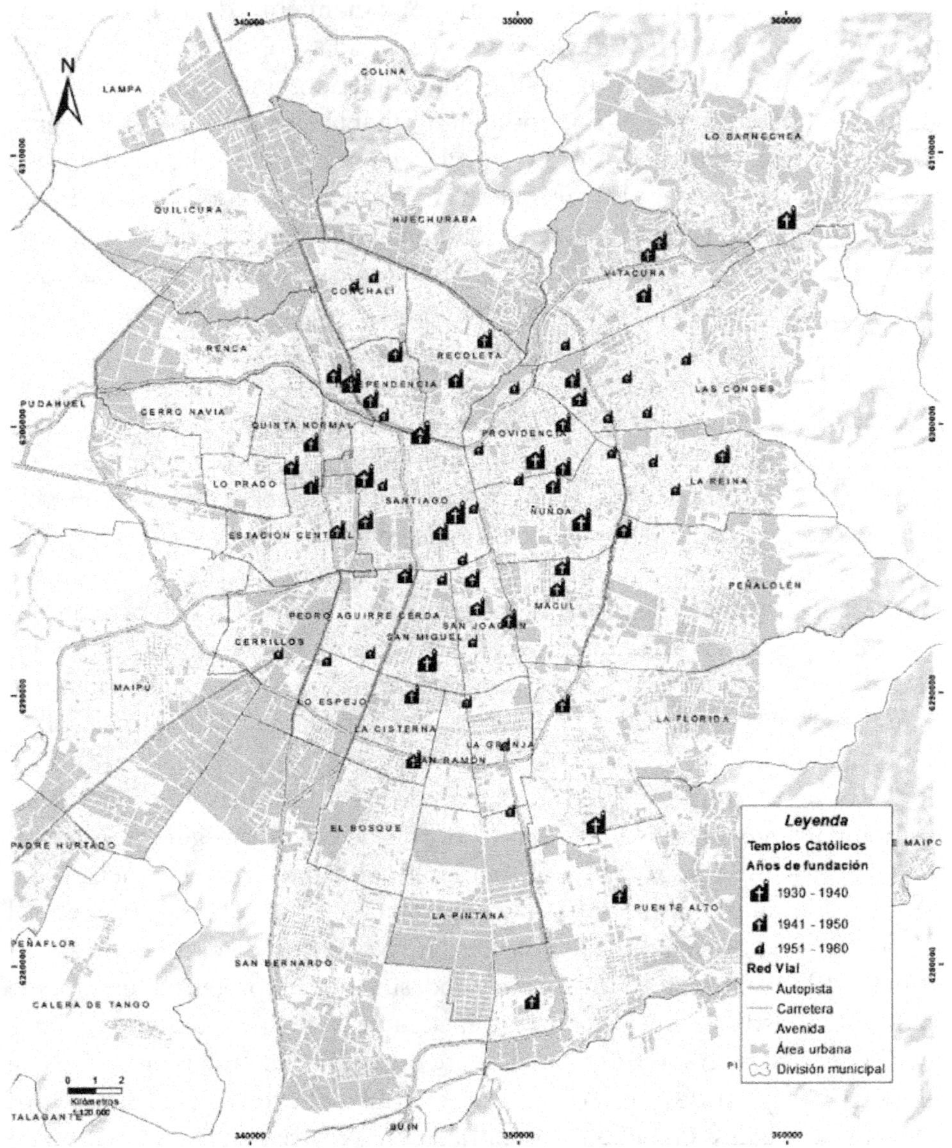

Figura 46: Distribución de templos católicos en la ciudad de Santiago de Chile a inicios de la década de 1960.

Fuente: Elaboración propia a partir de datos del Arzobispado de Santiago (2018).

Si comparamos estos resultados con la distribución de templos y parroquias consignadas en las figuras 45, 46 y 47 siguiente, podemos concluir que la densidad de templos no ha tenido significancia en el proceso de abandono del catolicismo, ya que precisamente en los sectores donde se da una mayor infraestructura de edificios religiosos, como por ejemplo, el centro de la ciudad, se registran niveles importantes de variación intercensal, lo cual puede asociarse a la crisis de la civilización parroquial anteriormente aludida. La figura 47 permite analizar el impacto de la baja del catolicismo entre los censos de 1992 y 2002.

Las figuras 46 y 47 refuerzan la tesis de que el símbolo templo no es por sí mismo un factor de adscripción religiosa en el presente, sino que, por ejemplo, en el caso del casco histórico de Santiago la densidad de templos sería un factor de rezago del uso residencial de barrios que hoy en día están orientados al comercio y a servicios, lo que redunda en una alta cobertura en espacios donde la cantidad de fieles católicos es menor y en un abandono de sectores de reciente urbanización. Por otra parte, complementan a las dinámicas de evangelización otros tipos de edificaciones, como colegios, centros de ayuda social, entre otros, pero esta cobertura no ha logrado impedir el descuelgue de un importante número de católicos observantes y practicantes, según expresan los censos de 2002 y 2012.

En ambos censos, la dominancia de esta religión se expresa también en el resto de los grupos socioeconómicos, lo que explica la distribución geográfica de los templos en casi toda la ciudad. Por otra parte, la oferta inmobiliaria destinada a los beneficiados por la política estatal de subsidio habitacional se localiza en suelos periféricos baratos, generándose de paso una alta concentración de población en estos sectores a una velocidad que no ha podido ser emulada por la instalación de edificios religiosos, lo que explicaría, entre otros aspectos, la profusión de comunidades eclesiales de base en estos sectores y la llegada de nuevas ofertas religiosas competitivas.

En conclusión, la diversidad religiosa en Santiago estuvo asociada al crecimiento explosivo de las vertientes carismático-pentecostales desde los inicios del siglo XX y a la emergencia de distintas transformaciones y sincretismos al interior de la religión católica y protestantes tradicionales, fenómeno que se ha dado con similares características en nuestro país, en el resto de América Latina y en otros países del globo. La figura 47, que relaciona la población que se declara católica según distritos censales y la distribución de templos, manifiesta una incongruencia entre ambas variables.

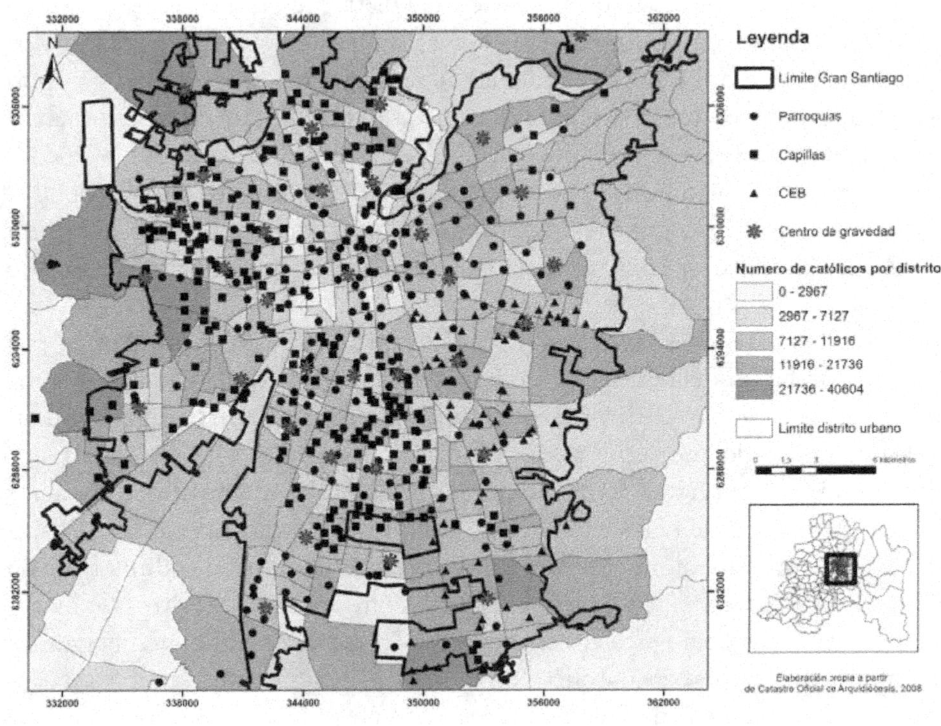

Figura 47: Número de católicos por distrito censal 2002 y distribución de templos en Santiago, 2002.

Fuente: Hidalgo, Arenas, Paulsen, Timofeew, & Henríquez, 2012, p. 58.

Secularización social y globalización: vientos favorables para la irrupción de los credos pentecostales y los neopentecostales

Considerando a las religiones monoteístas, las que manifestaron mayor poder de visibilización en las ciudades occidentales a partir del último cuarto del siglo XX fueron las religiones islámicas y el pentecostalismo, que coinciden en el abandono de lo racional, abordaremos a continuación este aspecto y reflexionaremos acerca de los posibles efectos en materia espacial, centrándonos en los pentecostales y neopentecostales.

Los credos evangélicos tradicionales que se instalaron en Chile hasta la primera mitad del siglo XX fueron herederos de la tradición liberal e ilustrada europea, por lo cual valoraban la racionalidad[8] e intentaban guardar algún nivel de coherencia con esta dimensión como una forma de conquistar a los sectores medios[9] que surgían en ciudades, como Santiago, al amparo de la industrialización sustitutiva, la masificación de la enseñanza y el crecimiento del aparato burocrático del Estado[10]. A diferencia de estos, los pentecostales, primero y los neopentecostales, después, se constituyeron como oferentes de una práctica ritual afín al *habitus* proletario. Tomaron la innovación musical que habían incorporado al imaginario urbano los metodistas pentecostales, esto es, letras simples sobre la base de ritmos y melodías del gusto del migrante campesino (ritmos mexicanos, boleros o melodías populares transformadas en cantos a la divinidad) reemplazaron las procesiones católicas por caminatas en caravanas de predicación en los barrios populares, adoptaron instrumentos musicales tales como la guitarra eléctrica, el pandero y la batería, reforzaron las prácticas de sanidad que ya los católicos desarrollaban en mandas y procesiones (vitales en sectores que quedaron abandonados de la oferta de salud pública y privada).

---

8   Por ejemplo, en los metodistas pentecostales la letra (la educación) "mataba al Espíritu". En cambio, en las religiones evangélicas tradicionales había una valoración positiva de la educación, que se concebía como una instancia que aportaba al progreso social.

9   De hecho, la instalación de un modelo de "evangélico culto" con independencia de su condición socioeconómica, representaba una orientación del proselitismo evangélico en el siglo pasado que intentaba superar el mote de "cultos y religiosidad irracional" con que habían sido identificados los metodistas pentecostales durante el siglo XX. En virtud de esta propuesta, se generaron alianzas y empatías con la masonería u otras formas de luchas intelectuales religiosas contra el catolicismo dominante (Lalive d'Epinay, 2009).

10   A partir de la década de 1930, a raíz del éxito del movimiento metodista pentecostal y pentecostal chileno, llegaron diversas corrientes del mismo tipo desde el extranjero que produjeron una especie de "revival" del movimiento, e instalaron templos cuyo objetivo era colonizar a los sectores medios, dado que los primeros pentecostales seguían siendo fuertes en los sectores más pobres de la población. Expresan este nuevo pentecostalismo la instalación en Santiago de las denominaciones "Asamblea de Dios Autónomas", provenientes de Suecia (1937), "Asamblea de Dios", de Estados Unidos (1942), "Iglesia de Dios" (1950) e "Iglesia de Cristo" (1952), ambas también de Estados Unidos, entre otras. Cada una instaló sus templos en sectores de la ciudad habitados por los sectores medios y medios bajos, donde desarrollaron una intensa labor proselitista mediante misioneros extranjeros y conversos chilenos, construyendo templos en función de los resultados de campañas evangelísticas, trabajo en la calle y del evangelismo puerta a puerta (Sepúlveda, 1987, p. 264). Además, desde estas nuevas corrientes, de los credos evangélicos tradicionales y de las iglesias metodistas pentecostales y pentecostales que existían previamente, se originaron grupos autónomos caracterizados por el abandono de la racionalidad mediante un enfoque que fue "reaccionando frente al proceso global (de cambio) de la sociedad" (Sepúlveda, 1987, p. 265) chilena desde 1973 en adelante.

Sumaron a estas prácticas la renuncia explícita a toda forma de racionalidad en su práctica religiosa, un mensaje simple, emocional y de rápida incorporación en los sectores bajos, mediante el cual lograron establecer un patrón de localización espacial que provocó una "una crisis del mapa evangélico" (Sepúlveda, 1987, p. 265) santiaguino y nacional, produciendo, de paso, nuevas identidades evangélicas en oposición al movimiento evangélico tradicional.

La integración de Chile al mercado global permitió a estas congregaciones el acceso a técnicas de proselitismo internacional (es común, por ejemplo, que sus predicadores copien el acento tropical y formas de alabanza centroamericanas) que incrementaron sus diferencias con el modelo de "canuto y culto" que se instaló previamente. El neoliberalismo, por su parte, les permitió adquirir edificios y espacios seculares sin mayor dificultad, aun cuando la congregación no contase con algún tipo de autorización (ya que no es necesaria) para sus prácticas religiosas.

Tras la recuperación de la democracia, la crisis del mapa evangélico evolucionó tanto por la dinámica que venía dándose como por procesos asociados a las transformaciones socioespaciales que se dieron desde los noventa del siglo XX en adelante. Algunos de esos procesos influyentes fueron la disminución proporcional de la infraestructura católica de templos –que tenía otras formas de evangelización urbana–, la merma en las vocaciones sacerdotales y en la disposición de capital humano para llevar a cabo la evangelización en las periferias, la visibilización de nuevas sectas (mormones, Testigos de Jehová) –que a la fecha son un oferente considerado por la población para satisfacer necesidades espirituales–, la secularización de la sociedad relacionada con los fenómenos de metropolización y globalización, y la imposición de una economía social de mercado de corte laico-liberal.

El estancamiento del proselitismo evangélico tradicional como expresión de la pérdida de capital simbólico y de la instalación de templos en la capital de Chile

Las iglesias evangélicas tradicionales construyeron algunos de sus primeros templos mediante aportes de sus iglesias matrices en el extranjero o de filántropos de otros países del globo. La mayoría de estas iglesias ha cortado sus nexos con las organizaciones internacionales que las fundaron, ruptura concretada mediante un proceso de "nacionalización o independencia" que comenzó en los años ochenta y que tuvo como consecuencia directa el empobrecimiento de los credos que ya no contaban con una fuente de ingresos relevante.

Por este motivo, las lógicas de emplazamiento se han pauperizado. También ha ocurrido un empobrecimiento en las características de las construcciones, que ahora son financiadas directamente por la feligresía mediante el aporte de mano de obra o financiero. Dicha pauperización se manifiesta en que se ocupan casas o antiguos locales comerciales como centros de culto. Otro aspecto que ha tenido influencia en el freno en la construcción de templos de las iglesias evangélicas tradicionales ha sido la influencia de grupos carismáticos que, en pos de un resurgimiento espiritual, han dividido las congregaciones y han restado aportes monetarios (diezmos) que podrían ser empleados en la adquisición de espacios o en la generación de misiones o locales (filiales de las iglesias más antiguas).

La localización del resto de los templos evangélicos representados en la figura 48 responde al proceso que Sepúlveda definió como el "campo evangélico chileno" (Sepúlveda, 1987, p. 267), refiriéndose a que la instalación de los templos de los credos evangélicos tradicionales se explicaba por factores endocongregacionales (como, por ejemplo, la visión proselitista y la adecuación del mensaje a un tipo específico de ciudadano). Sumamos a estos factores las posibilidades económicas de cada clero para la adquisición de suelos o edificaciones.

Desde 1916 los grupos evangélicos tradicionales, la mayor parte de los cuales provenía de Estados Unidos de Norteamérica, acogieron los acuerdos del Congreso de Panamá, que recomendaba a los evangélicos predicar el mensaje en los sectores medios, los que, por su mayor capital cultural, abandonarían las creencias católicas con más facilidad. Para el caso de Santiago, tal conquista no fue posible ya que esta clase se mantuvo católica o, si abandonó esta fe, no abrazó a otra. Diversos estudios muestran que, en la actualidad, las clases media y media-baja se han secularizado. Este fracaso incidió en la producción de los siguientes procesos que se manifestarían socioespacialmente: (1) la relativa pauperización de este tipo de evangélico y de sus templos (los nuevos conversos provendrían de los sectores medios bajos y bajos), (2) la "pentecostalidad" de los evangélicos tradicionales (que refuerza la pauperización comentada), (3) los hijos de evangélicos que ascienden socialmente y que adquieren mayor capital cultural no siguen siendo evangélicos y, por ende, la iglesia pierde jóvenes y se compone de adultos mayores y niños (con bajo poder adquisitivo y menor capacidad proselitista), (4) quienes, a pesar de incrementar su capital cultural y su nivel socioeconómico, siguen participando de la iglesia, establecen nuevas demandas para el templo, influyendo en la arquitectura del mismo y en sus lógicas de instalación (lo que explica el levantamiento de *"misiones"* en sectores de reciente urbanización para las clases medias).

Hasta la década de 1980 el precio no era un aspecto relevante por dos razones: la primera, porque había una oferta de suelos que influía en que su precio fuera más accesible para los grupos religiosos y, segundo, por cuanto la mayor parte de las religiones evangélicas tradicionales tenía apoyo económico para la adquisición de bienes muebles e inmuebles de las iglesias madres que se encontraban preferentemente en Estados Unidos de Norteamérica[11]. Pero, en la medida en que esos apoyos cesaron y que los precios del suelo se incrementaron, se estancaron las lógicas de instalación de templos.

Los metodistas pentecostales son una congregación nacional sin vínculos con el extranjero, que se financia mediante la captación del 10% de los ingresos de cada uno de sus miembros, por lo cual mantuvo una dinámica de construcción de templos sin mayores variaciones hasta la década de 1990 cuando comienzan a delegar, en algunos casos de congregaciones prósperas, la construcción de edificios en empresas constructoras (Orellana, 2013). Antes y en otros sectores de la ciudad, siguen siendo los feligreses quienes financian las construcciones, ya sea mediante horas de trabajo o aporte monetario[12].

---

11   Durante el siglo XIX, como vimos en capítulos precedentes, el movimiento evangélico chileno dependía fundamentalmente de misioneros británicos. Desde inicios de la vida republicana llegaron pastores y evangelistas anglicanos y metodistas de esa nacionalidad a Santiago, Temuco, Concepción y Valparaíso, entre otras ciudades. Este rol sería, durante el siglo XX, asumido por iglesias estadounidenses, las que fundaron diversos templos en las ciudades chilenas, entre los que contamos bautistas, episcopales, pentecostales, cuadrangulares, etc. (Sepúlveda, 2000).

12   Es común que la construcción de un templo metodista pentecostal se financie con la venta de almuerzos u otros tipos de comestibles, cuyo costo y preparación se transforma en una actividad congregacional colectiva, tan importante como los cultos. Esta alternativa de financiamiento hace que el tiempo de construcción de un edificio pueda ser muy prolongado en el tiempo y que dependa de la cantidad de personas que participen de esa congregación (ya que son ellos mismos, amigos y familiares, los que, además de productores, consumen el resultado del trabajo). Tradicionalmente, entre los miembros de la iglesia hay obreros que trabajan en la construcción, quienes aportan con horas de trabajo. Las autoridades de las organizaciones metodista pentecostales y pentecostales más antiguas han generado un tipo de pastor que se traslada con su familia a evangelizar en una zona donde es destinado. Cuando logra una masa crítica, comienza la etapa de instalación del templo, en la que él mismo participa, dirige (y, a veces, lo hace solo) en la construcción del templo (Orellana, 2013).

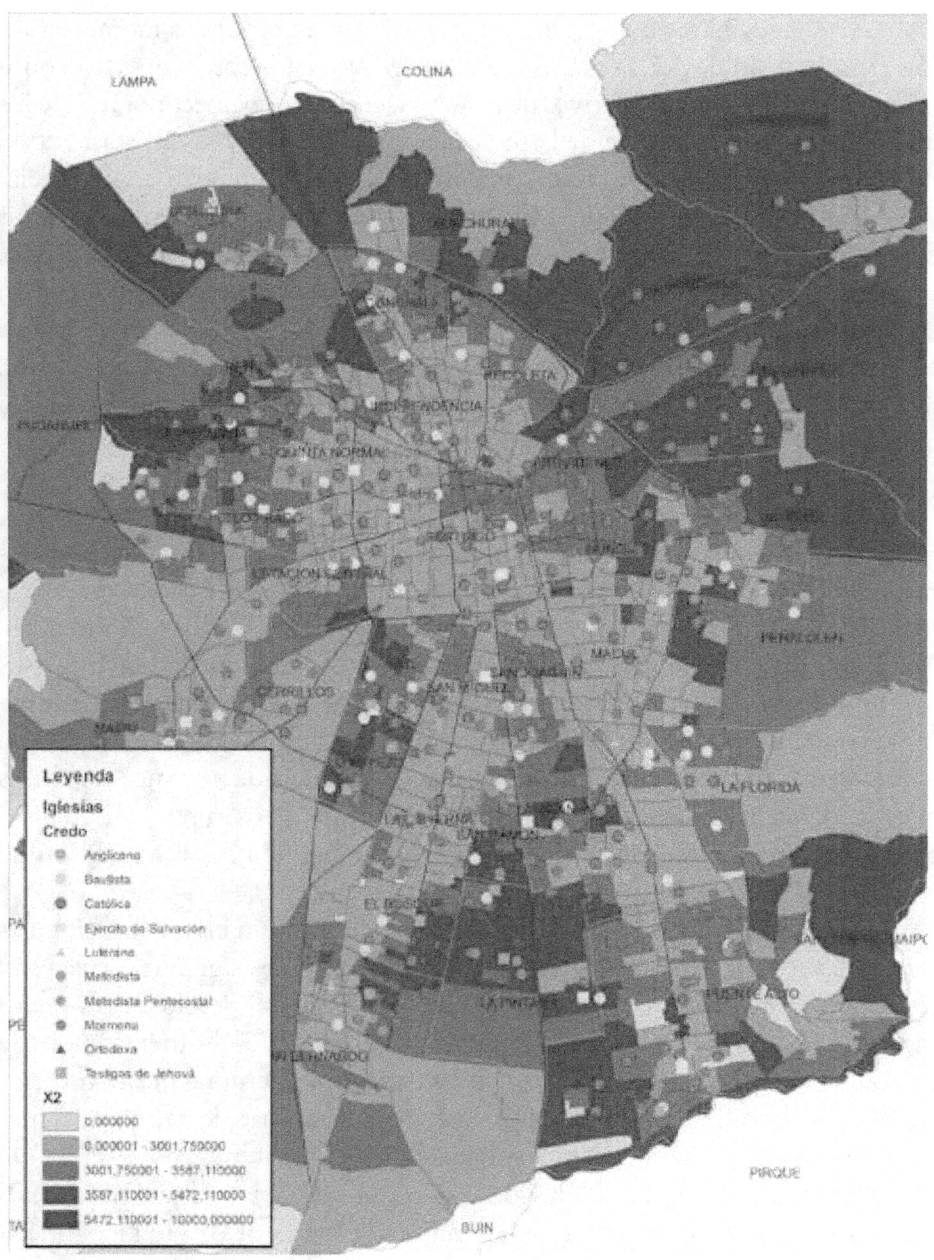

Figura 48: Relaciones entre la segregación socio residencial y el emplazamiento de los templos de las religiones consideradas en el estudio para Santiago, 2012.

Fuente: Elaboración propia (2018).

Volviendo al resto de las congregaciones tradicionales, la merma en los ingresos, los cambios en la praxis religiosa relacionados con el aporte económico a las actividades y objetivos de la iglesia, el estrato socioeconómico de los miembros, la secularización de la sociedad, las decisiones proselitistas, el tipo de liderazgos, entre otros aspectos, han producido una pérdida de capital social y económico en estas religiones que ha derivado en el estancamiento en las construcciones y la consecuente pérdida de visibilidad social. La ciudad creció, minimizó la presencia y fagocitó los templos, los que quedaron integrados en un escenario mayor con una oferta más profusa, sin que se produjera un aumento en la instalación de edificios, pese a que el número de feligreses crecía, como lo muestran los datos censales de 1992 y 2002. Lo anterior derivó en que la mayor parte del incremento de los evangélicos que aparece en ambos censos sea atribuible a las facciones metodistas pentecostales.

Los credos evangélicos tradicionales se han visto obligados a competir con los metodistas pentecostales en la colonización de las áreas sociales pobladas por los grupos socioeconómicos más modestos, de modo que en la lógica del autofinanciamiento no han logrado construir iglesias. Por lo anterior, han optado por realizar cultos familiares en las residencias de conversos que invitan a participar a sus familiares, vecinos o amigos, como extensión e incluso reemplazo a la reunión congregacional. En consecuencia, a causa de la merma en los ingresos y a la disminución de la afluencia de personas conversas al templo, la adquisición de casas o propiedades que se usan para el ritual sin modificarse estructuralmente, redundaron en la pérdida de visibilización de edificios de estos credos.

Reduciendo la escala de análisis, comparando las dinámicas locacionales "entre" los evangélicos tradicionales, se evidencian los siguientes procesos: (1) el efecto regulador de emplazamientos por parte del precio de los suelos susceptibles de ser empleados para levantar templos, (2) la inexistencia de regulaciones en materia de características de la arquitectura e infraestructura de los edificios religiosos, (3) la diversidad de mecanismos de decisión en materia de la instalación de edificios religiosos, (4) competencia espacial, (5) la concepción de congregación, y las formas de gobierno de la iglesia. Definiremos como congregación evangélica tradicional a un conjunto de individuos que se aglutinan autónomamente, o bien como miembros de una familia que aportan distintas formas de capital al grupo mayor y que, a su vez, los reciben de cada grupo para identificarse, incrementar su nivel y calidad de vida mediante la satisfacción de necesidades vitales.

La presencia espacial (densidad) de este tipo de congregaciones se relaciona con la transversalidad de su mensaje, la disponibilidad de suelos para instalarse, el capital disponible, el nivel de cumplimiento de sus objetivos proselitistas, los recursos materiales y humanos que puedan movilizar para evangelizar, el contexto sociopolítico cultural, entre otros. Toda congregación puede asociarse a una familia extensa de tamaño variable, donde practica su fe generalmente más de una generación de individuos vinculados por lazos de parentesco. El núcleo decisorio del grupo mayor recae en la figura del pastor o de otra forma de liderazgo, incluyendo decisiones locacionales. En otras, los liderazgos son apoyados (y supervigilados) por una especie de organismo consultor (que puede incluso extenderse a todos los miembros) que, en todos los casos, asumen la responsabilidad de los costos y de la provisión de los recursos humanos para la instalación y gestión de los centros que puedan surgir. Cada congregación puede llegar a formar una red con otras del mismo credo que se comprende como una comunidad (familia) de fe que comparte lazos materiales y simbólicos, celebraciones, ritos, solidaridades, exclusiones y afectos.

Por lo anterior, la mayor parte de los templos evangélicos se localiza en la periferia urbana, la pasada y la presente, a consecuencia de la fagocitación ya comentada, lo que aparece expresado en figuras y análisis precedentes. La figura 48 siguiente relaciona la distribución de templos de once religiones significativas presentes en el Área Metropolitana de Santiago, demostrando las restricciones financieras que manifiestan los credos evangélicos para instalarse en los municipios que tienen suelos más caros, constituyéndose un proceso de "omisión espacio-funcional-estructural" de las religiones reguladas por el comportamiento del mercado inmobiliario.

Por último, la permanencia de los templos evangélicos tradicionales o el levantamiento de nuevos espacios de culto expresaría la adecuación del mensaje a la cotidianidad de los sujetos que pretende colonizar en áreas sociodemográficas relativamente homogéneas (dicho de otro modo, el nivel de coincidencia que haya entre el mensaje, las prácticas del credo y la cotidianidad de los sujetos a los que el templo pretende alcanzar posibilitarían la existencia de un templo).

Distribución espacial de las sectas mormona y Testigos de Jehová en Santiago

El mormonismo (presente en Chile desde 1956), el adventismo y los Testigos de Jehová (que se instalaron durante la primera mitad del siglo pasado) son las tres grandes religiones americanas del siglo XIX. Aunque comenzaron como grupos radicales liderados por profetas carismáticos, cada uno siguió una trayectoria diferente de oposición y acomodación a la sociedad dominante estadounidense y se han establecido con distintos niveles de éxito en la mayor parte de Latinoamérica (Gooren, 2014, 2015). Para efectos del presente escrito, las hemos aglutinado bajo la concepción de sectas por las siguientes razones: (1) A causa de la aplicación del concepto "secta" a grupos políticos radicales, algunos científicos sociales prefieren aplicar a este tipo de agrupaciones el concepto de "nuevos movimientos religiosos", pero nosotros mantendremos la señalada categorización para reservar el apelativo de "movimientos religiosos" a carismas o espiritualidades que surgen de algunas de las religiones cristianas y que adquieren autonomía; (2) estos credos se caracterizan por el desarrollo de una doctrina que mezcla elementos propios con algunos componentes del cristianismo tradicional (Guerra, 2011); (3) además, son expresiones religiosas relativamente nuevas y, por tanto, no han desarrollado un pensamiento teológico profuso, sino que más bien defienden la validez de revelaciones específicas que no son reconocidas por las demás ramas del cristianismo, por lo cual son herméticas y milenaristas, siguiendo el liderazgo de algunos inspirados que predican una revelación específica para sus seguidores (Santa María, 2011, Berger, 1971; Berger & Luckmann, 1996); (4) poseen un tipo específico y diferenciador de prácticas religiosas; (5) estos grupos han constituido organizaciones con estructuras piramidales que dependen de organizaciones globales y que se caracterizan por su alto nivel de penetración entre los desencantados de la sociedad o entre aquellos que no están adecuadamente cubiertos por la oferta religiosa tradicional, y (6) la adhesión nace de la búsqueda de formas novedosas de fraternización, la búsqueda de mejoras en las condiciones de vida en función de un discurso apocalíptico, excluyente y mesiánico que comienza con el descuelgue de las religiones y posturas políticas dominantes (Kelley, 2006; Wilson, 2015).

Pese al énfasis en la fraternización, camaradería y acogida, el mormonismo ha reducido su impacto mundial entre 1960 y 2007, pero América latina se mantiene hasta nuestros días como la segunda área que le ofrece mayores oportunidades de difusión, lo cual puede implicar que la mayoría de los mormones sea latinoamericana en 2020, siendo Chile el país con más adeptos del subcontinente y que crece casi al mismo ritmo que el total de la población (3,3% del total nacional, según registros de dicho credo con manifestaciones de haberse alcanzado la curva de saturación, esto es, que quienes se convierten son personas que ya han escuchado previamente los aspectos fundamentales de la doctrina), pero con altas tasas de inactividad, que también son las más altas del subcontinente y de Estados Unidos de Norteamérica (Gooren, 2013).

Una de las razones que explica el impacto de esta secta en el país es que, al igual que en el resto de América Latina, corresponde a una creencia que identifica especialmente a las mujeres urbanas jóvenes de los grupos socioeconómicos medios altos y medios bajos que asocia esta religión a los valores asociados al éxito de la clase media y a cierto conservadurismo en la conducta pública, expresado en las enseñanzas referidas a la familia, al manejo de los ingresos y la práctica de una liturgia afín a los gustos de dicho estrato socioeconómico (Gooren, 2013, 2014; Mitchell & Martin, 2006)

La Iglesia Mormona chilena tiene una larga historia. El élder Parley P. Pratt, del Quórum de los Doce, pasó cinco meses en el país en 1851-52, pero finalmente decidió no establecer allí una misión permanente. Un siglo después, en 1956, llegaron los primeros misioneros estadounidenses, quienes bautizaron a los primeros ciudadanos chilenos el 25 de noviembre de 1956. En octubre de 1959, Chile y Perú fueron integrados a la nueva Misión Andes y la Misión Chilena fue finalmente organizada el 8 de octubre de 1961, registrando hasta 2008 una tasa media de crecimiento anual de un 17,2 por ciento (Gooren, 2015).

Los focos del mormonismo fueron Valparaíso, Santiago y Concepción y, según declaran institucionalmente, en la actualidad cuentan con 500.000 seguidores agrupados en aproximadamente 600 congregaciones emplazadas en todas las áreas sociales de las ciudades más pobladas del país. Así puede apreciarse en la figura 48, donde destaca la presencia de templos mormones en los municipios del sur de Santiago y la generación de una especie de medialuna de templos en el abanico sur poniente de la ciudad. En cuanto a la cantidad de miembros, las cifras del censo de 2002 difieren de los registros del credo, ya que reduce la cantidad a aproximadamente 103.735 mormones en todo Chile, equivalente al 0,92% del total nacional. La figura 49 permite contextualizar esta cifra con respecto a todas las opciones religiosas declaradas.

Los valores representados se explican en que la conversión masiva a las corrientes pentecostales por parte de cristianos insatisfechos tuvo lugar entre 1930 y 1960, siendo ese año el inicio de un proceso de reencantamiento de la población con el catolicismo, cuyo fin coincidió con la recuperación de la democracia. Desde 1990 comienza a tener lugar un proceso de secularización que se explica por la mejora en la escolaridad, en los ingresos, el reforzamiento de la clase media, la baja en los índices de pobreza y la recuperación de la vida democrática. Todo lo anterior no frena solo el crecimiento del mormonismo, sino que también se experimentan bajas en la adhesión de todos los credos. Este fenómeno fue explicado por Cragun y Lawson mediante la "teoría de la transición secular", la cual explica la baja o el estancamiento en las adhesiones a los credos a causa de la saturación (esto es, que cada una de las religiones consigue un número máximo de nuevos adherentes, y uno más implica un mayor grado de dificultad a causa del incremento de la secularización, del desencanto o de la existencia de una mayor cantidad de alternativas en el campo religioso) o bien por una reducción de la demanda a consecuencia de los logros de la economía y la mejora en el índice de desarrollo humano (IDH) que registran los países, los que se expresan por el aumento de la brecha entre simpatizantes y observantes, descuelgue religioso expresado en mayores niveles de deserción, aumento de problemas entre prosélitos y liderazgos, entre otros aspectos (Cragun & Lawson, 2010).

A esta situación podemos agregar los planteamientos de la teoría de la privación que señala que el número de adscripciones religiosas se explica en que las personas se acercan más a la religión cuando se enfrentan a situaciones de crisis y estrés social, persecución política, aumento en los niveles de pobreza y riesgo socioeconómico. En tanto, la teoría de la modernización sitúa la operación de la secularización y la baja en la adscripción religiosa en épocas de bonanza económica y de aumento en los niveles educacionales. Todo lo anterior identifica la historia actual de Chile. (Valenzuela, Bargsted, Somma, 2013)

Después de la crisis petrolera de 1973, el crecimiento mormón en el país descendió y luego se incrementó notablemente hasta alcanzar un máximo entre 1976-1985, siendo al inicio del siglo XXI el país con mayor presencia proporcional en América Latina (Gooren, 2013); la figura 50 siguiente muestra la presencia mormona, según los datos del censo de 2002.

Todo lo anterior contribuye a explicar la transversalidad de la presencia de los mormones en los municipios de la ciudad, cuya presencia compite con la territorialidad católica al manifestarse en todos los municipios de Santiago, en los cuales han fundado templos tanto en terrenos baldíos como en medio de zonas residenciales de alta plusvalía y concentración poblacional. Sus templos presentan una especie de "imagen corporativa" inconfundible asociada a su

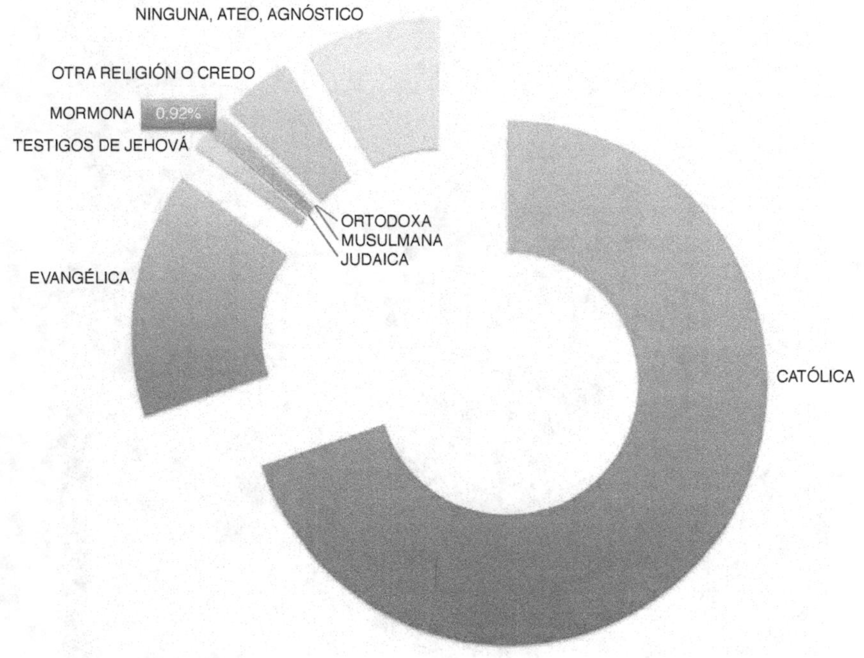

Figura 49: Porcentaje de participación de la religión mormona en el contexto de la espiritualidad nacional, según datos del Censo 2002.

Fuente: Elaboración propia a partir de datos censales 2002 (2018).

visión de futuro, que facilita su visibilidad social y que es en sí misma un mensaje introductorio acerca de sus creencias y planteamientos (Henri Gooren, 2013). La figura 50 muestra la difusión espacial de los templos que ha fundado este credo en Santiago y que corresponde a un patrón presente en el resto de las áreas metropolitanas del país.

Las iglesias de este credo se manifiestan con dos tipos de edificaciones: los templos, que son construcciones de mayor tamaño reservadas para actividades relevantes y otros centros menores, como, por ejemplo, las estacas, que son lugares en donde se realizan las actividades dominicales y que abundan en barrios y municipios de la ciudad y del país. Además, la espacialidad mormona distingue barrios y las ramas, siendo los primeros espacios donde han logrado consolidar presencia y que aglutina varios templos, y las ramas son espacios en posibilidad de evangelizar.

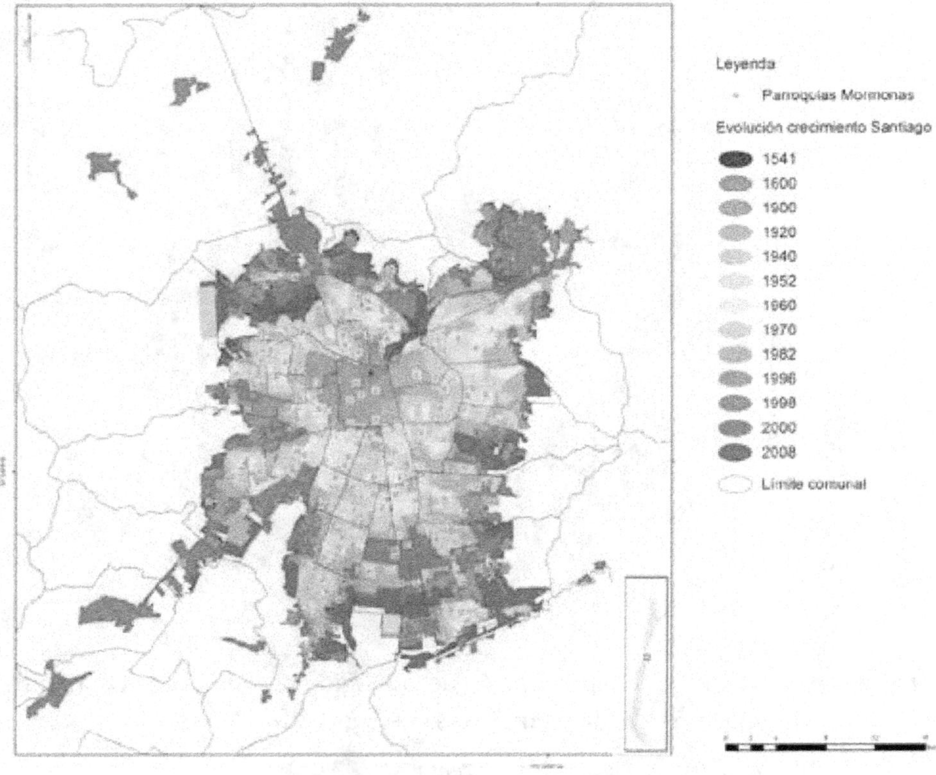

Figura 50: Distribución de los templos mormones en Santiago.

Fuente: Elaboración propia (2018).

Respecto a las decisiones locacionales, estas se regulan por un comité de propiedades que decide la factibilidad de instalar templos según los resultados de la labor misionera y también de acuerdo a características tales como cercanía a las residencias de los miembros, accesibilidad, disponibilidad de terrenos, aislamiento con respecto a otros edificios, entre otras variables. Contrasta la cantidad y extensión de la distribución geográfica de los templos de esta secta con la baja proporción de habitantes de Santiago que, según la información censal disponible, se declaran adherentes o simpatizantes mormones.

En 2009 el líder mundial de esta secta, Thomas S. Monson, anunció que se aumentaría la cantidad de templos construidos en el mundo y Chile sería uno de los cuatro países con mayor inversión en infraestructura. En Concepción, al sur de la capital, se construyó uno de los quince templos más grandes de este grupo en América Latina. De esto se deduce que la instalación de edificios religiosos responde a una lógica global dirigida desde la autoridad central en Estados Unidos, con apoyo económico que considera, en uno de sus ítems, financiamiento para la adquisición de terrenos y para el levantamiento de templos.

Esta situación se asemeja a los regímenes de financiamiento internacional que experimentaron los grupos evangélicos tradicionales al inicio de su tarea misionera en el país, tendencia que desde la llegada de la democracia y la caída de la cortina de hierro no se mantiene a causa de la búsqueda de nuevos espacios para la evangelización en las naciones que fueron parte de la órbita soviética durante la Guerra Fría. Esta situación frenó el despliegue de templos ya que desde fines del siglo pasado son las congregaciones nacionales las que deben financiar por sí mismas las obras. La iglesia mormona tiene un sistema de construcción que contempla la participación en los costos de los miembros de las congregaciones, quienes deben destinar el 10% de sus ingresos para las tareas propias de la obra.

Con respecto a los Testigos de Jehová, la otra secta integrada a este estudio, construyen templos que más parecen residencias ya que muchas veces lo fueron antes de ser empleadas como capillas. Cuando se fundan edificios específicos, ya sea en terrenos baldíos o en espacios más amplios que una casa, sus edificios religiosos destacan por su sobriedad y carencia de signos, lo que constituye una extensión de la forma como desarrollan sus cultos y ceremonias. De hecho, lo único que generalmente les identifica es un cartel en bronce que las define como "Salones del Reino". Este bajo nivel de requerimientos en infraestructura les permite instalarse en diversos sectores de la ciudad, de modo análogo a las iglesias pentecostales. La figura 51 siguiente muestra un Salón del Reino.

Figura 51: Emplazamiento de un templo de los Testigos de Jehová en espacio residencial del municipio de La Cisterna, Santiago, 2018.

Fuente: Colección personal del autor (2018).

La figura 52 presenta la distribución geográfica de la infraestructura religiosa de esta secta en el Área Metropolitana de Santiago, de la cual se infiere que su mensaje ha tenido mayor penetración en los sectores medios bajos y bajos de la ciudadanía, lo que se asocia a su estilo cálido y cordial de predicación puerta a puerta y a su mensaje fundamentalista y excluyente. Este credo, presente en nuestro país desde mediados del siglo XX, ha seguido la evolución de la mancha urbana y se ha instalado en veintiocho municipios de distintos niveles socioeconómicos, con una tendencia a localizarse en bolsones de población de clase media baja y baja.

Llama la atención la lógica anular-periférica que manifiesta la malla territorial de sus templos, coincidente con el desarrollo de la periferia urbana que se fue consolidando e incrementando durante dicha centuria.

Esto se explica en su carácter de secta, ya que estas se difunden entre la población que manifiesta carencias afectivas y/o económicas. Esto ocurre porque esas agrupaciones demuestran capacidad en su mensaje para transformar simbólicamente la realidad y a la sociedad, dejándolas materialmente intactas.

Los cultos de este credo aplican una solución religiosa a una carencia psíquica, en tanto que las iglesias más consolidadas se instalaron generalmente

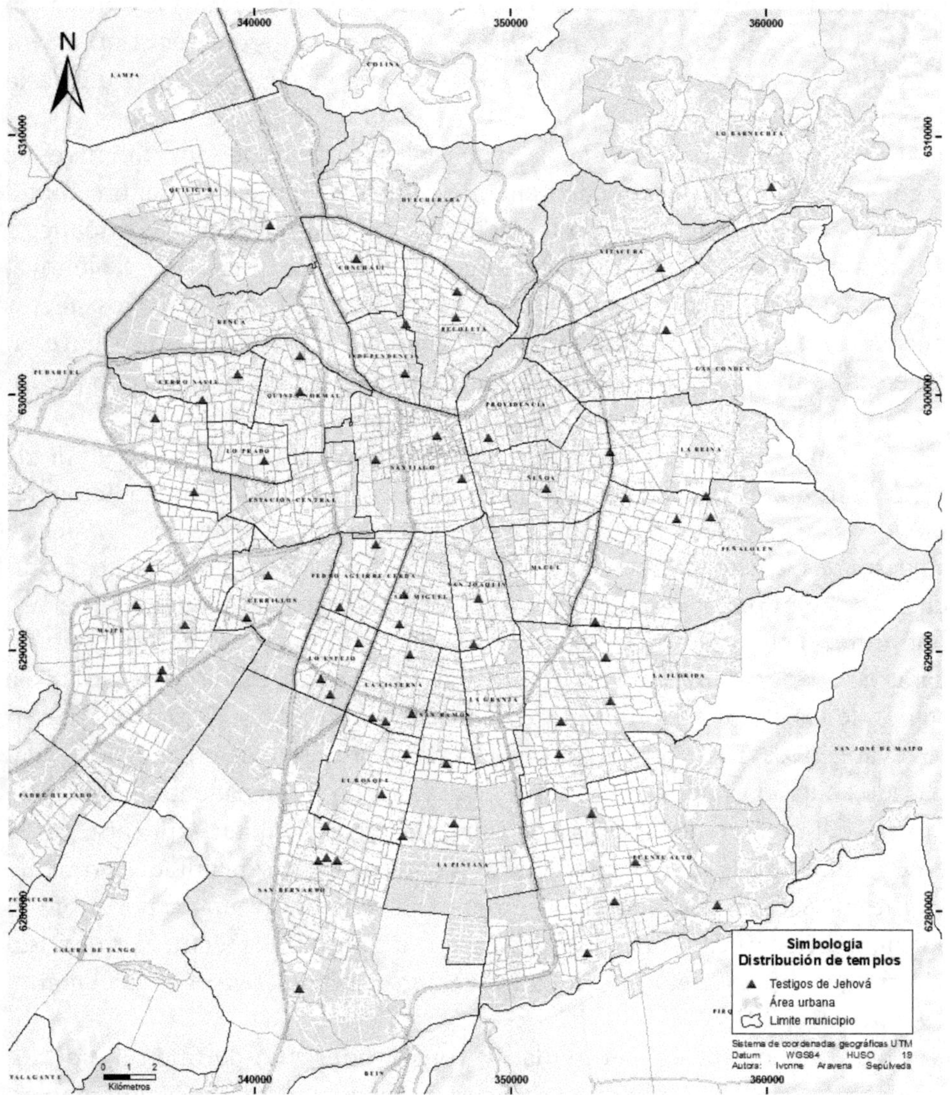

Figura 52: Distribución geográfica de los templos de los Testigos de Jehová en Santiago, 2012.

Fuente: Elaboración propia (2018).

201

donde existían carencias sociales (Arweck, 2005; Kelley, 2006). La presencia de los Testigos de Jehová es característica de municipios que registran mayor porcentaje de población de los estratos sociales más bajos, según indica la figura 53 siguiente.

De acuerdo con la teoría, las sectas y los cultos tienen un bajo nivel de permanencia ya que muy frecuentemente desaparecen tras alcanzar un umbral de crecimiento en nichos de postergación social, étnica, política, económica o de otro tipo (Guerra, 2011). Sin embargo, en el caso de los Testigos de Jehová, su evolución desde culto a iglesia se explica en que, como todos los sujetos pueden experimentar alguna forma de carencia, su mensaje se distribuye en diversos municipios, como se puede apreciar en las figuras 52 y 53, con predominancia de los municipios de clase media baja y baja.

La mayor parte de sus edificaciones corresponde a adquisiciones desde un gobierno central, seguido por donaciones o herencias. Los tradicionales modos de evangelización que empleaban, consistentes en la predicación puerta a puerta, se ha visto afectada por la emergencia de condominios y barrios cerrados, los que impiden el contacto directo con las personas. Como alternativa, han intensificado otra práctica, que es la de realizar actos y reuniones en las casas de los miembros para mantener a las familias fidelizadas y expandirse a través de los círculos familiares y de amistades invitadas a participar. Fueron los evangélicos tradicionales los que instalaron este tipo de estrategia, la cual ha sido adaptada y aplicada por esta secta y que ha significado un lento crecimiento del número de adeptos, cuestión que puede también explicarse por el envejecimiento de la población y el aumento de los desencantados en Chile y en Santiago, entre quienes la pertenencia religiosa primaría por sobre lo social, político y económico, de manera que los impacta la técnica proselitista directa que restituye el tejido social y afectivo perdido (Berger & Luckmann, 1996; Cadge, 2017).

El impacto de la afectividad y conservadurismo del mensaje de los Testigos de Jehová ha sido mayor en los sectores populares más vulnerables, lo que ha conllevado al incremento de posibilidades de fundación de templos. Por ende, más que apreciarse una distribución espacial constituida aplicando alguna forma de racionalidad, se puede inferir el aprovechamiento de oportunidades, situación que origina el fenómeno de traslape por superposición en las localizaciones de los templos, esto es, la coincidencia o cercanía ineficiente de menos o igual a 600 metros entre dos o más templos, como se muestra en las figuras 54 y 55. El criterio de un área de influencia de 600 metros se dedujo de

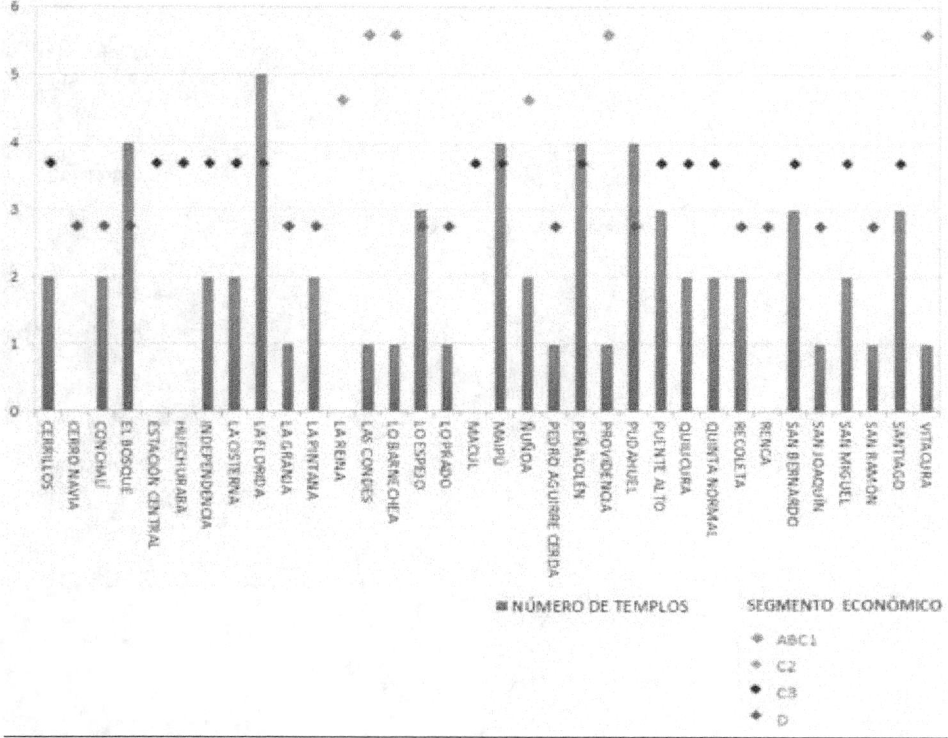

Figura 53: Distribución de templos de los Testigos de Jehová a escala municipal, en la ciudad de Santiago, 2012.

Fuente: Elaboración propia (2018).

los trabajos de Norberg-Schulz, referidos a la distancia que estaban dispuesta a caminar una muestra de personas entrevistadas para acceder a este tipo de servicios (Norberg- Schulz, 1975).

Es posible suponer que el criterio de ofertar templos a distancias accesibles a los miembros de una congregación también explicaría la distribución de templos evangélicos y católicos al interior de las poblaciones de la ciudad. Además, es una de las razones por las cuales, cuando se divide una congregación evangélica, el templo naciente se emplaza lo más cerca posible del antiguo, con el fin de que los miembros sigan invirtiendo el mismo tiempo y esfuerzo en asistir al edifico nuevo que el empleado anteriormente.

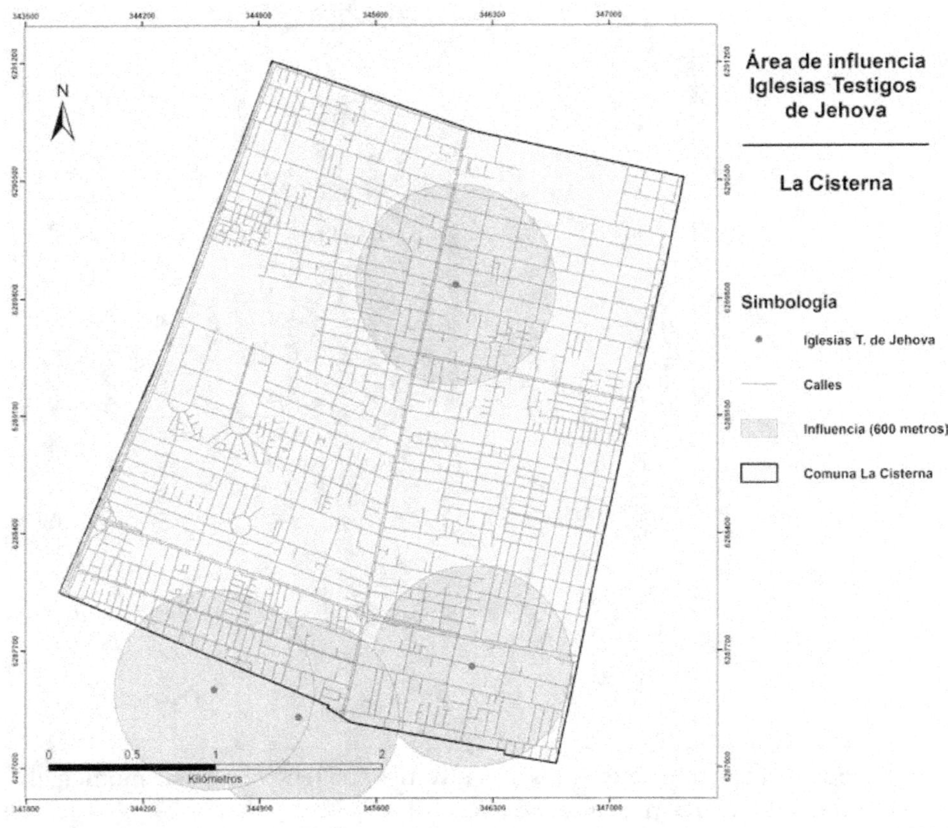

Figura 54: Traslape por superposición de áreas de influencia (600 m.) de templos pertenecientes a la secta Testigos de Jehová, en La Cisterna 2018.

Fuente: elaboración propia (2018).

La distribución espacial expresa que dominan en la instalación de templos de esta secta el aprovechamiento de oportunidades de instalación de templos, obtenidos por cesiones, herencias, a modo de ofrendas para la extensión de la religión, o la adquisición a precios ventajosos en sectores que han sido evangelizados exitosamente por el grupo. Se desprende de lo anterior que no existe una especie de estrategia centralizada para distribuir templos en distintos

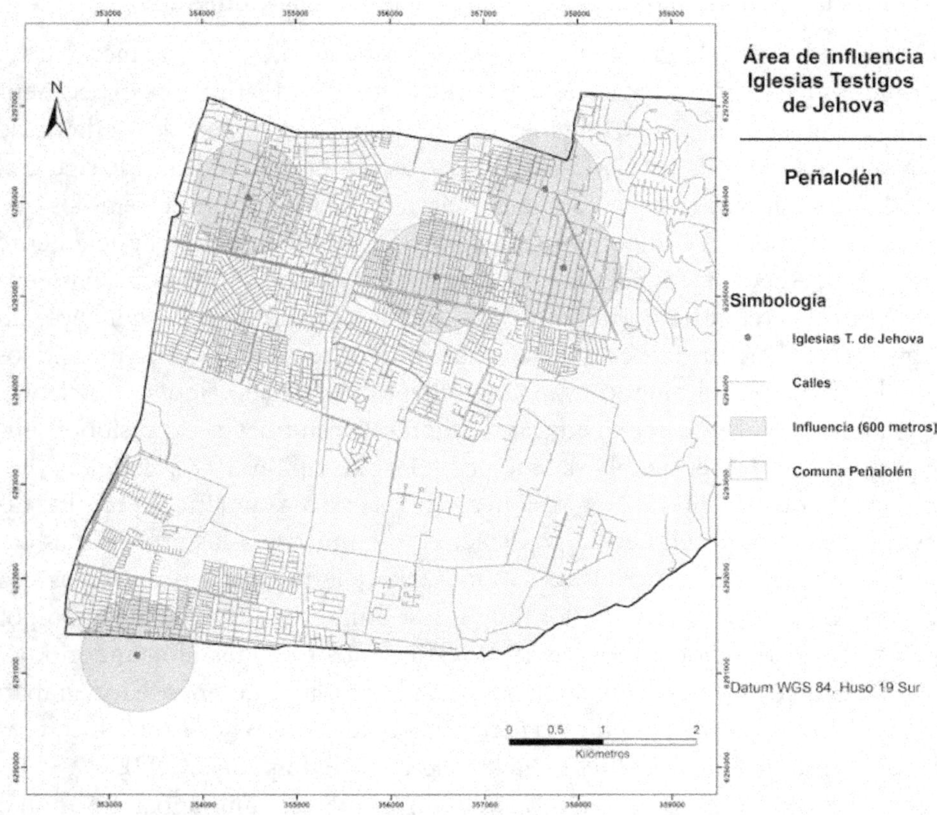

Figura 55: Traslape por superposición de áreas de influencia (600 m.) de templos pertenecientes a la secta Testigos de Jehová, en Peñalolén, 2018.

Fuente: elaboración propia (2018).

sectores de la urbe sustentada en un criterio de coberturas máximas. Sin embargo, según pudimos conocer en entrevistas de campo en el contexto de un grupo que es especialmente hermético, existía una especie de organismo que actuaba como constructor de todos los edificios religiosos de la congregación, aunque aparentemente se reduce solo a esa etapa y no delibera en materia de la búsqueda de localizaciones ventajosas.

Secularización en Santiago: ¿cuestión de las clases medias?

Desde mediados del siglo XX, las sociedades occidentales, especialmente en el Primer Mundo, avanzaron aceleradamente hacia la secularización, experimentando cambios en el campo religioso a consecuencia de procesos de Modernidad y Modernización. La secularización que se dio en la capital de Chile siguió el modelo estadounidense en lo que concierne a la fundación de templos que siguieron siendo un componente relevante del paisaje urbano. Paralelamente surgieron, especialmente desde el mundo católico, nuevas formas de comprender al hecho religioso que, como ya se dijo en relación con los edificios, no significó el abandono de este factor como ordenador de la vida de individuos y colectividades. El mundo evangélico diverso, complejo, generó corrientes que abrazaron el integrismo y otras donde surgieron nuevas expresiones religiosas, "a la carta", ensamblajes, sincretismos (Champion, 1997; Verter, 2003). Evidencia de este tipo de expresiones son las exitosas prácticas proselitistas evangélicas sustentadas en la predicación que imitaba a las procesiones católicas, acompañadas de música con melodías y letras simples, parecidas a la que escuchaban en el campo los migrantes. El mensaje era acompañado por prácticas de sanación, emocionantes testimonios referidos al abandono del alcohol y a la mejora sustancial de la calidad de vida de quienes se integraban a estos credos, lo cual posibilitó la penetración de su mensaje entre los sectores menos educados y más pobres de la ciudad (Lalive d'Epinay, 2009).

A nuestro juicio, la densidad de templos a escala municipal o comunal refleja tanto el nivel y calidad de la clave religiosa como la dinámica e intensidad del proceso de secularización de la sociedad santiaguina.

Kim Knott nos señala, con respecto al templo como atributo especial, que "Churches and other place of worship, as symbolic place, are one means by which religious ideas about the divine, the human community, and the ritual process of producing sacred spaces are given material presence….The force of ideology in not the only way in which power is exercised in space, however, as the performance of resistance and subversion also has spatial consequences" (Knott, 2005, p. 162).

De alguna manera, el espacio urbano secularizado es "interrumpido" por los edificios religiosos, transformándose así la piedad en una dimensión del espacio, como también las ausencias espaciales reflejarían, de algún modo, el nivel o magnitud de la secularización.

La densidad de edificios religiosos en un municipio supone el mayor desarrollo de la religiosidad en los grupos sociales que la habitan, o también puede significar un remanente de la prevalencia de la religión en otros períodos de la historia del lugar. Esto es espacialmente aplicable al mundo católico instalado en sectores que otrora ocupaban conventillos y residencias del proletariado que rodeaban al centro histórico, como lo muestran los siguientes cuadros, que relacionan el municipio en el cual se instalaron templos católicos y su año de fundación.

En el desarrollo de este estudio definimos a la secularización como el proceso mediante el cual la religión pierde influencia en la producción de idearios y discursos al interior de una sociedad, trasladándose desde el mundo público a la esfera privada. La causa por la que decae el peso de la religión en el ideario social puede deberse a una estrategia de alguna fuente social de poder que manifieste algún tipo de oposición a la iglesia (fuente a la que generalmente se la define como corriente laica), o puede ser un proceso que se dé evolutivamente más que con algún nivel de concertación o premeditación. Resulta en una situación sociocultural en la que la religión o lo religioso pierde capacidad de influencia, a pesar de que el individuo mantenga una total libertad para seguir un credo religioso. Se producen una consecuente disminución de la participación en los ritos de una comunidad creyente y un menor nivel de aceptación de las propuestas de una fe o de un tipo específico de moralidad por parte de la ciudadanía.

Para el caso de Santiago, señalamos que esto se comenzó a estructurar a partir de un conjunto de reformas urbanas iniciadas formalmente por el intendente Vicuña Mackenna, pero que antes, sin tener la materialidad de propuestas urbanísticas o leyes de planificación específicas, se produjo como una desafección de parte de la elite a los ideales propugnados por el catolicismo español que pensó y fundó la ciudad. La ciudad se secularizó, no así la mayor parte de los ciudadanos. Como se mantiene hasta nuestros días la influencia del cristianismo en sus distintas vertientes en el *ethos* del santiaguino y del chileno, no podemos hablar indistintamente de secularización urbana ni de secularización social. Sostenemos que, hasta la fecha, esta última no tiene una presencia significativa en los datos arrojados por las encuestas, estudios teóricos y censos de población y vivienda. Dicho de otro modo, la religión sigue siendo una variable significativa para los ciudadanos que moran en la ciudad, razón por la cual el fenómeno religioso origina representaciones espaciales o contra discursos en un espacio secularizado desde el poder central.

Las discusiones acerca de la modernidad identificaron a dos factores como los más influyentes en el incremento de la secularización en la esfera privada y pública. Ambos fueron desarrollados desde la reflexión sociológica en referencia a los procesos de modernización que experimentaban Europa Occidental y el mundo anglosajón. El primero es el incremento en la riqueza, y el segundo, la mejora en la educación en términos de cobertura y aumento de la escolaridad. Si analizamos ambos factores, concluimos que, para el caso de la capital de Chile, no son significativos para explicar el comportamiento de esta variable en los municipios, por cuanto la mayor escolaridad y renta, que se concentra en los municipios ABC1, no implican una disminución de los templos, sobre todo de los edificios católicos. Tampoco estos indicadores presentan una correlación significativa con la declaración ante la pregunta del censo 2002 referida a religiosidad, manteniendo los municipios de ingresos más altos, un alto porcentaje de adscripción a la religión católica.

Para mayor abundamiento, si nos detenemos en la distribución geográfica de los templos bautistas, encontramos un patrón transversal de ocupación de distintos municipios, independientemente de su nivel socioeconómico, similar a los que comentamos en otras secciones de nuestra investigación acerca de los mormones, católicos, Testigos de Jehová, entre otros, lo que implica que el ingreso y los años de escolaridad no diferencian la espacialidad del hecho religioso ni tampoco del incremento de la secularización.

Por esta razón, no se aprecia una conducta socioespacial comparable con los procesos de secularización europeos, expresados, por ejemplo, en la transformación de templos en edificios con otros usos a causa del abandono de los individuos de la religión que los construyó o de la reducción del capital simbólico de las iglesias a solo evidencias patrimoniales de un modo de vida urbano que no se corresponde con la realidad actual. Pero, si se dan dinámicas espaciales homologables al modelo estadounidense en lo concerniente a la diversidad de credos, cada uno de ellos representados por una serie de edificios subordinados a uno principal que capta la mayor cantidad de capital simbó-lico de la congregación (Catedral Metropolitana para los católicos, catedral evangélica para los metodistas pentecostales), una diferencia con el modelo estadounidense estaría en que no fue posible encontrar antecedentes que nos permitieran concluir que existía algún nivel de competencia espacial en la instalación de los edificios por parte de las distintas religiones.

En Santiago, el proceso que opera para decidir una localización con respecto a otras, según distintas fuentes es la sensación de carencia, más que la necesidad de generar competencia. En el análisis de la distribución espacial de los credos en la mayoría de los casos estudiados, se nos muestra una distribución geográfica transversal coincidente con la situación de niveles socioeconómicos que caracterizan a nuestra ciudad, donde la mayor proporción de habitantes no se encuentra en los extremos de los estratos, y que los grupos más educados y más ricos manifiestan una fuerte adscripción a la religión, especialmente a la católica, y son atendidos por distintos carismas de esta y por otras religiones, razón por la cual se presentan mayores posibilidades para la configuración de civilizaciones parroquiales católicas en este segmento de la población.

Si uno de los efectos de la secularización es la producción del secularismo, vale decir, la reducción de la presencia en la esfera pública de organizaciones o ideas religiosas y si el espacio urbano es parte y continente de la esfera pública, concluimos que la ciudad de Santiago es un espacio secularizado por cuanto expresa pluralismo social y religioso, que produce relativismo de los valores y de las creencias, las que dejan de estar respaldadas por la totalidad de la ciudadanía y pasan a ser patrimonio de grupos que comparten sus cosmovisiones junto a otros, lo que erosiona la plausibilidad de credos que se reclaman como absolutos.

También en nuestra ciudad, los grupos disidentes al catolicismo (evangélicos tradicionales, pentecostales y neopentecostales) y entre ellos mismos, instauraron en la práctica el principio de la privatización de la fe, definiéndola como una cuestión personal más que congregacional, deliberada más que heredada, que no podía ser impuesta por nadie ni tampoco por una tradición. A nuestro juicio, este predicamento originó en el espacio un comportamiento individual que ninguna iglesia puede controlar y que provocó que los credos se vean enfrentados a una cuasi competencia bajo las reglas del mercado, en el sentido de que el individuo se siente confrontado por una multitud de ofertas de sentido global con pretensiones de validez.

A esto sumaremos el relativo desprestigio del poder religioso, la pérdida de confianza en sus representantes, desarrollos teológicos que van quedando obsoletos u otros, tales como la teología de la muerte de Dios o la teología de la liberación, que, al surgir desde la misma Iglesia producen la negación del pasado y la construcción de nuevas formas de explicar y representar el mundo.

Por último, la pérdida relativa de presencia espacial del catolicismo puede explicarse en el natural desgaste de las religiones de "fraternidad", sobre todo a causa de su contraste con los sistemas sociales más avanzados, como la economía, con sus exigencias materiales, la política, como estrategia de poder, y la ciencia, como sistema autónomo de conocimiento, que hoy alimenta además buena parte de la conciencia crítica que se vierte contra las iglesias.

No obstante lo anterior, las iglesias católicas siguen manteniendo una presencia transversal en todos lo municipios de la ciudad ya que, según lo conceptualizado por Arjun Appadurai (2004), mantienen su condición de continentes de las aspiraciones de gran parte de la población, entendiendo a las aspiraciones como esperanzas de logro basadas en imaginaciones e ideas culturales que promueven el agenciamiento colectivo para comprometerse y superar problemas urbanos tales como la pobreza y la discriminación (Appadurai, 2007).

La espacialidad religiosa actual en Santiago de Chile, algunas conclusiones

Desde la emancipación del Estado de Chile de la Corona española en el siglo XIX, la sociedad capitalina experimentó dos tendencias en clave religiosa que influyeron significativamente en la morfología urbana. La primera fue la instalación de nuevos credos, especialmente de vertiente anglosajona, que derivaron en la constitución de un paisaje plurirreligioso, y la segunda estuvo en el proceso de secularización, que derivó en la emergencia de una nueva tipología de mojones urbanos, utopías, planeaciones y estructuras en la ciudad orientadas por objetivos no religiosos.

Las transformaciones urbanas en Chile tuvieron diversas magnitudes y orientaciones desde el siglo pasado hasta nuestros días. Los cambios experimentados por las áreas metropolitanas más pobladas desde el siglo XX se complementaron con acontecimientos anidados en las ciudades medias en la centuria actual. En ambos casos, las variaciones de la materialidad y de la dinámica urbana se explican por la sincronía entre procesos sociodemográficos, culturales, económicos y sociales que dieron lugar a coyunturas o líneas de tensión que transformaron el espacio o bien mantuvieron el orden de cosas vigente.

Entre 1930 y 1973 la polarización política y social relegó a un plano menor a las problemáticas religiosas, a pesar de que estas siguieron siendo un elemento sustancial en la diferenciación entre los bloques y las cúpulas políticas operantes durante este período. En el ámbito urbano se fue consolidando un modelo dual de civilizaciones parroquiales, una católica inconclusa y la otra evangélica pseudoefectiva, sustentadas en la orientación preferencial de los credos a la evangelización de grupos socioeconómicos donde su mensaje tuviera mayor éxito. Este proceso de especialización socioespacial religiosa maduró hasta generar la situación imperante en nuestros días, influida también por una serie de factores propios de la dinámica interna de cada uno de los credos, los cuales aportaron al desarrollo de ciertas vocaciones o especificidades en la forma como se dieron las prácticas proselitistas y la competencia espacial.

La capital de Chile afianzó su carácter plurirreligioso en la segunda mitad del siglo pasado cuando ya los templos evangélicos y de otras religiones se distribuían en la mayor parte de los municipios de la ciudad. Además de los evangélicos tradicionales, se visibilizaron la Iglesia de los Santos Apóstoles de los Últimos Días, Testigos de Jehová y un millar de credos neopentecostales. Por su parte, la Iglesia católica determinó realizar un activo trabajo de evangelización desde 1960, coincidente con el inicio del Concilio Vaticano II, cuyas deliberaciones, resoluciones y dictados inspiraron el trabajo de todas sus esferas eclesiásticas y aportó directa o indirectamente al establecimiento de algunos criterios para lo localización de templos, lo cual derivó en la reestructuración espacial del catolicismo en Chile.

El evangelismo aportó también a la constitución del paisaje actual, levantando instalaciones precarias que acompañaron las tomas, erradicaciones-radicaciones, lo que incrementó el carácter plurirreligioso que se venía dando. Este patrón se mantuvo a pesar de la periferización ocasionada por la continua presión por viviendas, las necesidades derivadas del proceso de industrialización o el traslado de la clase dirigente hacia otros municipios de la urbe.

A partir de la década de 1990, la ciudad de Santiago experimentó cambios concordantes con el modelo de ciudad aplicado durante la dictadura militar, los cuales fueron mantenidos durante los regímenes democráticos posteriores, y orientados a la producción de una urbe integrada al mundo y a las dinámicas de la globalización. Más que la transformación urbana en sí misma, lo que destaca en Santiago desde 1985 en adelante es la velocidad de dicho proceso, la que se explica, según de Mattos, en el fenómeno de "mercantilización del desarrollo urbano" (Pereira & Hidalgo, 2008, p. 23) por parte de agentes privados que ven en la urbanización y en el negocio inmobiliario una oportunidad para valorizar el capital financiero móvil y desterritorializado.

Siendo el catolicismo un credo que sostiene el paisaje urbano de la ciudad, destaca en su espacialidad la pervivencia de la asistencia de la población a centros de culto tradicionales, especialmente en fechas importantes del calendario litúrgico, todos los cuales se instalaron en las cercanías de la Plaza de Armas, en el casco histórico. Otra especificidad es que a pesar de que existen templos, parroquias o capillas al interior de colegios católicos instalados en distintos municipios de la ciudad, estos funcionan en días hábiles y restringen el acceso de público en general; por ende, se trata de espacios de culto subutilizados, lo que, en algunos casos, se agrava por la imposibilidad de contar con ministros que puedan administrar los sacramentos periódicamente, a pesar de existir las condiciones de infraestructura requeridas.

Una tercera especificidad de la espacialidad católica tiene que ver con las Comunidades Eclesiales de Base que, como vimos, se distribuyen mayoritariamente en el sector suroriente de la capital, que alberga municipios densamente poblados y con un bajo nivel de cobertura de edificios institucionales. Por otra parte, se localizan en municipios donde fue más notable la baja de católicos entre 1992 y 2002. Por lo anterior, a nuestro juicio, representan una oportunidad para paliar el proceso de descuelgue religioso contemporáneo. Las comunidades eclesiales de base también manifiestan el hecho de que la Iglesia católica, no solo acompañó a los pobladores durante la mayor parte del siglo pasado en términos de los espacios que ocupaban, sino que también lo hizo con sus luchas y demandas sociales y políticas.

La transversalidad de la presencia de templos católicos en Santiago se explica en la capacidad de este credo para producir infraestructura a consecuencia de su predominancia en las preferencias religiosas declaradas por los santiaguinos en los censos de población y vivienda de los siglos XIX y XX, encuestas UC - Adimark y otras investigaciones. Mención especial requiere la instalación de distintas modalidades de evangelización desde la década de 1960, tanto a nivel local como en las derivadas de la acción de las comunidades eclesiales de base, la llegada al país de nuevas espiritualidades o carismas, y los efectos sobre la evangelización del Concilio Vaticano II. Dicha transversalidad solo es comparable con la presencia del mormonismo, toda vez que las religiones evangélicas no han logrado penetrar en los municipios donde habitan los estratos socioeconómicos altos y medios altos.

La mercantilización del suelo urbano produjo un paisaje variopinto en la ciudad que influyó en la dinámica territorial de las prácticas religiosas de los habitantes de las ciudades de Chile, caracterizadas por segregación socio-espacial, fragmentación territorial, metropolización globalización-glocalización, entre otros procesos. En tal contexto, la complejidad del hecho religioso requiere considerar, para la comprensión de su sentido, análisis evolutivo y explicación, la consideración de todos los posibles elementos que lo componen, desde el más sencillo gesto a la más elevada especulación, incluyendo al espacio que, como en la mayor parte de las religiones monoteístas, resulta un factor clave e influyente en la experiencia religiosa del sujeto y en las dinámicas colectivas.

La aproximación geográfica contemporánea a los temas religiosos relaciona la dimensión espacial con aspectos externos, institucionales, prácticos, racionales, materiales e inmateriales que contienen las religiones. Lo anterior ha influido en el desplazamiento del foco de la geografía de las religiones desde lo institucional al análisis de las prácticas y a la experiencia del sujeto, considerando el rol del espacio en la configuración de utopías urbanas y en la producción de ciudad desde esta fuente de poder social.

Conclusiones referidas a los vínculos entre religión y ciudad

Resulta más frecuente en el contexto de la cultura occidental, ligar al fenómeno de urbanización contemporáneo con los procesos de secularización que explicarlo en clave *religiosa*, salvo cuando se trate del análisis de hierópolis o si se está estudiando el origen y evolución de algunas ciudades en concreto. Sin embargo, para el caso latinoamericano en general y chileno en particular, aun es posible *identificar la influencia de las religiones* y las prácticas religiosas en la estructura y dinámica socioespacial de algunos espacios urbanos, como por ejemplo, en las estructuras urbanas surgidas de fenómenos de integración, alienación, exclusión socioespacial, identidad, desarraigo, anomia social, que cuenten con un componente religioso. En el caso chileno, la religión tuvo implicancias en la instalación de diversas formas de templos y en la emergencia de nuevas formas de culto en el espacio público, algunas ligadas a procesos migratorios presentes y pasados, y otras al establecimiento de nuevos credos y de culturas religiosas alternativas. También, como vimos en el caso de las animitas, los ciudadanos permanentemente producen y reproducen lugares sacros en espacialidades seculares, percolando las fronteras de lo moderno con la vuelta a prácticas y cosmovisiones ancestrales.

La descripción y análisis de los paisajes religiosos de Santiago de Chile muestran que esta ciudad siempre ha sido un espacio para el cambio religioso y no únicamente un escenario donde este tipo de sensibilidades manifiestan un claro retiro. Nuestra ciudad sigue siendo un espacio dinámico, creativo en materias vinculadas a la fe, como lo evidencia la actual agitación del campo religioso a causa de inmigraciones recientes, impactos de la globalización, ocurrencia de nuevas formas de adhesión y de avivamientos religiosos, y la mantención de la presencia de respuestas sustentadas en valores religiosos ante las principales problemáticas que enfrentan los citadinos en las diversas esferas donde discurre la vida. Por ello, desde un principio hemos adherido que, de haber secularización, en el caso de la capital de Chile mantiene una impronta a la estadounidense y se aleja de las expresiones europeas, ya que pasará mucho tiempo antes de que veamos una antigua iglesia, especialmente de las religiones más importantes, convertida en supermercado o discoteca. Muy por el contrario, pese a la marcada tendencia a la baja en los porcentajes de población que practica u observa alguna creencia en Santiago y en Chile, a la crisis en las vocaciones sacerdotales y otros fenómenos del mundo de la fe, los templos siguen y seguirán siendo un componente fundamental del paisaje urbano que aglutinan, especialmente en fechas claves del calendario religioso, a una importante cantidad de ciudadanos, e incluso a quienes se declaran ateos o secularizados, según se constata en las encuestas que ha levantado el Centro de Políticas Públicas de la Universidad Católica de Chile. Por otra parte, se siguen manifestando reingresos o reposicionamientos de algunas corrientes religiosas en el espacio público, así como también se integran nuevas sensibilidades, algunas de las cuales instalan costumbres, tradiciones o perspectivas pasadas, funcionando como revivals de formas tradicionales de practicar y experimentar la fe como alternativa a las acciones de planificación urbana promovidas tanto por el Estado como también por el Mercado que redundaron en nuevos significados acerca del ethos, la privatización del espacio y la creación de ciudades de consumo.

En otro orden de cosas, durante el período paisajístico unirreligioso, Santiago funcionó como una urbe organizada en función de lo que José Casanova denominó confesionalización o pilarización territorial, conceptos aplicados paradojalmente, para el caso de la secularización europea (Casanova, 2013, pp. 114-115). Así como posteriormente ocurrió en la Europa reformada, la capital de Chile expresaba en el espacio público la inexistencia de alternativas religiosas, lo que se reestructuró a causa de la irrupción de nuevas corrientes provenientes de los movimientos reformados y posreformados europeos y de, fundamentalmente, el denominacionalismo estadounidense. Este último funciona sobre la base de las afiliaciones institucionales coherentes con la defensa de la libertad individual de todas las esferas de la vida ciudadana, incluyendo la religiosa, lo que invariablemente produce paisajes de diversidad ya que son las motivaciones individuales y no la tradición en si misma las que influyen significativamente en la participación en sensibilidades que se consideran ex ante iguales en términos de la veracidad y fidelidad del mensaje (Davaney,

2009). De lo anterior se deduce que, más que invisibilizar a las religiones, los procesos de secularización y la gran transformación que experimentó Santiago desde mediados del siglo pasado a la fecha, contuvieron a la fe y no la borraron del paisaje urbano, lo cual niega que la secularización haya sido en el caso chileno un proceso de carácter lineal e irreversible: la evolución de esta ciudad no minimizó la presencia de la religión, sino que modificó en alguna medida sus prácticas y sus características. La difusión espacial de condominios de viviendas en la lógica de espacios cerrados, exclusivos para sus residentes, y la consecuente transformación de las prácticas proselitistas "puerta a puerta", son ejemplos de reformas religiosas en la ciudad derivadas de cambios en la materialidad y estructura urbana. Ante tal contexto, los practicantes responden mediante la creación de nuevos sentidos, asumiendo lo religioso como *alter ego* de lo secular, por ejemplo, el uso de la música en espacios públicos, la incorporación del teatro y de diversas formas de protesta y/o movilizaciones como recursos proselitistas tanto en Chile como en otras naciones del orbe (Goh & van der Veer, 2016).

La evolución de Santiago, especialmente en los siglos XIX y XX, muestra el impacto de las religiones, especialmente del catolicismo, en la estructura urbana a partir de dos luchas que tuvieron en la Iglesia católica un importante catalizador: la relevancia de la concepción de familia y de la necesidad de garantizar el acceso a una vivienda digna, espacialmente para los más desposeídos, cuestión que nos retrotrae a la publicación en 1891 de la encíclica de León XIII *Rerum novarum*, que impactó a la feligresía chilena y que posibilitó la emergencia de corrientes higienistas e iniciativas de apoyo a los más desvalidos (Bio Gaidolfi, 2018; Hidalgo, 2005).

Conclusiones vinculadas al problema del auge y declive de las civilizaciones parroquiales como causales de la producción de espacialidades plurirreligiosas en Santiago de Chile

Las civilizaciones parroquiales se estructuran sobre la base de prácticas de acompañamiento de las religiones en las distintas etapas del ciclo de vida de los individuos y familias, por lo cual las ideas, representantes y ritos pasan a formar parte de la memoria individual y colectiva y, en consecuencia, se expresan en todas las dimensiones de la vida social (Hervieu-Léger, 2005). Solidaridad, identidad y espíritu comunitario son los ladrillos con los cuales se construyen las religiones y, paradojalmente, estos mismos valores fueron secuestrados desde el mundo de las creencias a la secularización, lo cual hizo posible, a nuestro juicio, que la concepción moderna de ciudad y, consecuentemente, de vida urbana se ligara al abandono de lo religioso y que las ciudades pasaran a ser centros de secularización, anomia social, anonimato, fragmentación. Incluso la desaparición de la clave religiosa en la vida individual y social fue reconocida como una de las tantas diferencias entre el mundo rural y urbano, por lo menos, en la sociología de los dos siglos precedentes (Burchardt & Becci, 2013). Sin embargo, lo que constatamos en nuestro estudio fue que precisamente las congregaciones evangélicas funcionan como espacios de solidaridad y de construcción de identidades que hacen significativos a individuos que en el contexto urbano amplio aparecen invisibilizados y excluidos. Por ende, probablemente uno de los mayores aportes de la instalación de civilizaciones parroquiales evangélico-pentecostales y mormonas en la periferia urbana es que son espacios que funcionan como instituciones totales cuyos límites, más que materiales, tienen que ver con la posibilidad de alcanzar identidad y obtener en las congregaciones los lazos familiares que la vulnerabilidad –bajo la forma de signos designificadores– niega a los más pobres de la ciudad participación no solo en la distribución de la riqueza, pues también les hacen merecedores de concepciones y prejuicios que les aíslan y excluyen permanentemente (Goffman, 1970, 2001, 2006). En tal sentido, destaca en el mundo evangélico instalado entre los más pobres de Santiago, especialmente al interior de corrientes pentecostales y neopentecostales, la mejora sustancial en los niveles de participación, reconocimiento, empoderamientos y liderazgo de mujeres pobres al interior de las congregaciones, que comienzan a ser validadas por sí mismas y no como "esposas de líderes" o por su actividad en determinadas organizaciones al interior de la iglesia. Por lo anterior, pudimos constatar en el desarrollo de este trabajo la aparición de nuevas centralidades de civilizaciones parroquiales, donde el sujeto estructurante pertenece al sexo femenino, lo que requiere ser estudiando con mayor profundidad en trabajos futuros.

¿Cómo y quién adopta las decisiones en materia de la instalación de templos en la capital de Chile?

Logramos determinar a través del trabajo de campo que existen distintas modalidades organizativas, responsabilidades e institucionalidades que responden esta pregunta. En el mundo católico y mormón existe un claro organigrama que define la existencia de una entidad que centralizadamente define la localización de templos, considerando siempre las necesidades que manifieste en tal sentido una determinada comunidad, a la cual se le incorpora y compromete en el proceso de construcción e instalación. En el caso de los evangélicos, si bien es cierto en las congregaciones más numerosas existen constructoras especializadas, las decisiones son tomadas por los liderazgos, que combinan sus acciones entre posibilidades de adquisición de terrenos baldíos o inmuebles (que pueden haber sido antes iglesias pertenecientes a otras congregaciones, o también puede tratarse de edificios seculares que se adquieren con el fin de transformarlos en templos), y no han sido pocos los casos en que algunos grupos evangélicos han adquirido edificios de culto que pertenecían a otros grupos religiosos. Las opciones señaladas previamente conviven con la fórmula tradicional de levantar templos mediante el trabajo de los propios feligreses, ya sea en terrenos previamente comprados o recibidos por donaciones.

Con respecto a los Testigos de Jehová, la mayor parte de sus templos corresponden a antiguas residencias de conversos, aun cuando también compran terrenos baldíos, especialmente en la periferia, para levantar nuevos edificios religiosos.

En síntesis, la mayor parte del paisaje urbano religioso chileno y santiaguino ha sido construido por iniciativa de grupos de creyentes que desean instalar signos de sus esperanzas y creencias en la ciudad en la cual habitan, razón por la cual cada templo representa un estado inicial que pretende avanzar hacia la consolidación de sueños y expectativas mediante la visibilización de distintas geografías del cielo.

REFERENCIAS BIBLIOGRÁFICAS

Acevedo, S., & Cortés, C. (2016). Animitas y espacio público: apropiación informal de una expresión popular. *Hombre y Desierto*.

Agamben, G. (2013). *Opus Dei. Arqueología del oficio*. Valencia: Pre-Textos.

Alastuey, B. (2007). *El fenómeno religioso. Presencia de la religión y de la religiosidad en las sociedades avanzadas*. Sevilla: Centro de Estudios Andaluces.

Alcaino, M., & Mackenna, B. (2017). "Leaving the Faith of Our Fathers": Intergenerational Persistence and Class Cleavage of Evangelicals in Chile. *Review of Religious Research*, 59(3), 269-291. https://doi.org/10.1007/s13644-017-0287-4

Alemparte, J. (1966). *El Cabildo de Chile colonial (Orígenes municipales de las repúblicas hispanoamericanas)*. Santiago: Editorial Andrés Bello.

Álvarez Bravo, P. (2018). La Chimba del Valle del Mapocho: historia de una alteridad en construcción (siglos XVI-XIX). *Espacios*. https://doi.org/10.25074/07197209.1.317

Ammerman, N. T., & Stark, R. (2007). One True God: Historical Consequences of Monotheism. *Sociology of Religion*. https://doi.org/10.2307/3712312

Amunátegui, M. L. (1882). *El terremoto del 13 de mayo de 1647*. Santiago: Rafael Jover.

Anttonen, V. (2007). Rethinking "Religius" Cognition: The Elidean Notion of the Sacred in the Light of the Legacy of Uno Harva. *Temenos*, 43(1), pp. 53-72. Retrieved from https://journal.fi/temenos/article/view/4606/12457 antone,rethinking the sacred

Appadurai, A. (2007). The Capacity to Aspire: Culture and the Terms of Recognition (short version). In *Cultural Politics in a Global Age: Uncertainty, Solidarity and Innovation*. https://doi.org/10.1017/CBO9781107415324.004

Arweck, E. (2005). *Researching new religious movements: Responses and redefinitions. Researching New Religious Movements: Responses and Redefinitions*. https://doi.org/10.4324/9780203642375

Assman, J. (2008). *Religión y memoria cultural*. Buenos Aires: Lilmod, Libros de la Araucaria.

Barrios, M. (1987). *La Iglesia en Chile*. Santiago: Editorial Universitaria S.A.

Barrios, M. (1995). *La espiritualidad chilena en tiempos de Santa Teresa de los Andes 1860-1930*. Santiago: Talleres gráficos Pía Sociedad de San Pablo.

Bastian, J.-P. (1997). *La mutación religiosa de América Latina. Para una sociología del cambio social en la modernidad periférica*. México: Fondo de Cultura Económica.

Bastian, J.-P., & Cunneen, J. (1998). The new religious map of Latin America: Causes and social effects. *Cross Currents*.

Bastian, J. (1999). Los nuevos partidos políticos confesionales evangélicos y su relación con el Estado en América Latina. *Estudios Sociológicos*.

Bastian, J. P. (2006). The New Religious Economy of Latin America. *Social Compass*.

Benavente, A. (2011). Las "animitas": Testimonio religioso e histórico de piedad popular en Chile. *Estudios atacameños*. https://doi.org/10.4067/S0718-10432011000100008

Berger, P. (1971). *El dosel sagrado: para una teoría sociológica de la religión*. Barcelona: Kairós.

Berger, P. L., & Luckmann, T. (1996). Modernidad, pluralismo y crisis de sentido. *Estudios Públicos*.

Berman, M. (1993). *El debate modernidad - postmodernidad*. Buenos Aires: El Cielo por Asalto.

Bio Gaidolfi, C. M. (2018). La cuestión social desde la *Rerum novarum* hasta la Octogesima adveniens. *Studium Veritatis*. https://doi.org/10.35626/sv.18.2014.35

Blanchard, D. A., & Rambo, L. R. (1994). Understanding Religious Conversion. *Contemporary Sociology*. https://doi.org/10.2307/2074335

Bloch - Hoell, N. (1964). *The Pentecostal Movement*. London: Allen & Unwin.

Botto, A. (2009). Algunas tendencias del catolicismo social en Chile: reflexiones desde la historia. *Teología y Vida*. https://doi.org/10.4067/s0049-34492008000200019

Brace, C., Bailey, A. R., & Harvey, D. C. (2006). Religion, place and space: A framework for investigating historical geographies of religious identities and communities. *Progress in Human Geography*. https://doi.org/10.1191/0309132506ph589oa

Brito, A. (1995). Del rancho al conventillo. Transformaciones en la identidad popular femenina. Santiago de Chile, 1859-1920. In *Disciplina y desacato: construcción de identidad en Chile, siglos XIX y XX* (pp. 27-69). Santiago: Ediciones SUR - CEDEM.

Brunhes, J. (1948). *Geografía humana*. Madrid: Juventud.

Burchardt, M., & Becci, I. (2013). Introduction: Religion Takes Place: Producing Urban Locality. In *Topographies of Faith*. BRILL. https://doi.org/10.1163/9789004249073_002

Butler, J. (2011). *Why we need a radical redefinition of secularism. The power of religion in the public sphere*. https://doi.org/10.1093/jaarel/lft026

Buttimer, A. (2015a). Lar, horizontes de alcance e o sentido de lugar. *Geograficidade*.

Buttimer, A. (2015b). Nature, culture and the quest of the sacred. In *The Changing World Religion Map: Sacred Places, Identities, Practices and Politics*. https://doi.org/10.1007/978-94-017-9376-6_2

Cadge, W. (2017). The Sacred Canopy: Elements of a Sociological Theory of Religion. *Journal of the American Academy of Religion*. https://doi.org/10.1093/jaarel/lfx076

Calvino, Í. (2017). *Las ciudades invisibles*. Madrid: Ediciones Siruela.

Capel, H. (1981). *Filosofía y ciencia en la Geografía contemporánea. Una introducción a la Geografía*. Barcelona: Editorial Barcanova S.A.

Casanova, J. (2013). Religious Associations, Religious Innovations and Denominational Identities in Contemporary Global Cities. In *Topographies of Faith*. https://doi.org/10.1163/9789004249073_008

Castillo Navasal, M. J. (2011). Nuevos altares a María. En *Historia de la Iglesia en Chile. Tomo III Los nuevos caminos: la Iglesia y el Estado* (pp. 537-579). Santiago: Editorial Universitaria S.A.

Cavallo, A. (2009). *Memorias Cardenal Raúl Silva Henríquez*. Santiago: Ediciones Copygraph Ltda.

Celarent, B. (2013). Review of The dynamics of morals. *American Journal of Sociology*. https://doi.org/10.1086/671113

Centro UC Políticas Públicas - Adimark. (2016). *Encuesta Bicentenario*. Santiago: Centro de Políticas Públicas de la Pontificia Universidad Católica de Chile.

Champion, F. (1997). Lo religioso flotante, eclecticismo y sincretismos. En *El hecho religioso (una enciclopedia de las religiones hoy)* (pp. 535-557). México: SIGLO XXI.

Chueca Goitia, F. (1985). *Breve historia del urbanismo*. Madrid: Alianza editorial.

Claval, P. (1999). *La geografía cultural*. Buenos Aires: EUDEBA.

Cloutier, Denise S.; Martin-Matthews, Anne; Byrne, Kerry; Wolse, F. (2015). The space between: using 'relational ethics' and 'relational space' to explore relationship-building between care providers and care recipients in the home space. *Social & Cultural Geography, 16*(7), 764-782.

Comblin, José; Calvo, F. J. (1972). *Teología de la ciudad*. Pamplona: Editorial Verbo Divino.

Conferencia Episcopal Española. (2004). *Concilio Ecuménico Vaticano II. Constituciones, decretos y declaraciones*. Madrid: Biblioteca de Autores Cristianos (BAC).

Corbo, V. (1998). Problemas, teoría del desarrollo y estrategias en América Latina. *Estudios Públicos*.

Cornejo, Luis; Gandolfo, Pedro; González, Francisco Javier; Guarda, Gabriel; Pérez de Arce, Rodrigo; Rodríguez, Hernán; Sagredo, Rafael; Warnken, C. (2010). *Santiago de Chile, catorce mil años*. Santiago: Museo de Arte Precolombino.

Corrêa, R. L., & Rosendahl, Z. (2004). Brazilian studies in cultural geography. *Social & Cultural Geography*. https://doi.org/10.1080/1464936042000317758

Cosgrove, D. (2006). Carto-City. *Else/Where: Mapping New Cartographies Of Networks And Territories, J. Abrams And P. Hall*.

Cox, H. (1984). *La religión en la ciudad secular*. Santander: Sal Terrae.

Cragun, R. T., & Lawson, R. (2010). The secular transition: The worldwide growth of mormons, Jehovah's Witnesses, and Seventh-day adventists. *Sociology of Religion: A Quarterly Review*. https://doi.org/10.1093/socrel/srq022

Crang, M. (1998). *Cultural Geography*. London: Routledge.

Crockett, A., & Voas, D. (2006). Generations of Decline: Religious Change in 20th-Century Britain. *Journal for the Scientific Study of Religion*, 45(4), pp. 567-584. https://doi.org/10.1111/j.1468-5906.2006.00328.x

Dammert, L. (2004). ¿Ciudad sin ciudadanos? Fragmentación, segregación y temor en Santiago. *EURE (Santiago)*, 30(91), pp. 87-96. https://doi.org/10.4067/S0250-71612004009100006

Dando, W. A. (2009). A Review of "The Geography of Religion: Faith, Place, and Space." *The Professional Geographer*, 61(4), pp. 567-568. https://doi.org/10.1080/00330120903103213

Dattwyler, R. A. H., Paulsen Bilbao, A. G., & Rivas, L. D. S. (2016). The subsidiary neoliberalism and the search for justice and equal access to social housing: The case of Santiago de Chile (1970-2015). *Andamios*, *13*(32).

Dattwyler, R. H., Terán, P. U., Peterson, V. A., & Paulsen Bilbao, A. P. (2017). Displaced and forgotten people? Contradictions regarding residential satisfaction in Bajos de Mena, Puente Alto, Santiago, Chile. *Revista INVI*, *32*(89).

Davaney, S. G. (2009). The Religious-Secular Divide: The U.S. Case. *Social Research*.

Davis, M. (2002). Planeta de Ciudades-Miseria. *Challenge*. https://doi.org/10.15446/bitacora.v26n1.51454

Dawson, C. (2010). *La religión y el origen de la cultura occidental*. Madrid: Ediciones Encuentro S.A.

De Certeau, M. (1984). Spatial Practices - Walking in the City. In *The Practice of Everyday Life*.

De Certeau, M. (2000a). *La invención de lo cotidiano: 1. Artes de hacer. La invención de lo cotidiano: 1. Artes de Hacer*.

De Certeau, M. (2000b). Prácticas de espacio. *La invención de lo cotidiano: 1. Artes de Hacer*.

De Mattos, C. (2007). Globalización, negocios inmobiliarios y transformación urbana. *Nueva Sociedad*.

De Mattos, C. (2014). Gobernanza neoliberal, financiarización y metamorfosis urbana en el siglo XXI. *Revolución urbana. Estado, mercado y capital en América Latina*.

De Ramón, A. (2000). *Santiago de Chile*. Santiago: EDitorial Sudamericana.

de Rosales, D. (1989). *Historia general del reino de Chile Flandes indiano*. Santiago: Editorial Andrés Bello.

Defert, D. (1994). El cuerpo utópico. Las heterotopías. *2010*.

Deffontaines, P. (1948). Geographie et religions. *Geographie Humaine*.

Deleuze, G., & Guattari, F. (2014). *Mil Mesetas: Capitalismo y esquizofrenia. Igarss 2014*. https://doi.org/10.1007/s13398-014-0173-7.2

Delumeau, J. (1997). *El hecho religioso: Una enciclopedia de las religiones hoy*. México: SIGLO XXI.

Descola, Philippe, G. P. (1996). *Nature and Society. Anthropological perspectives. Nature and Society: Anthropological Perspectives.* https://doi.org/10.1017/CBO9781107415324.004

Dewsbury, J. D. C. P. (2009). Spiritual landscapes: existence, performance and immanence. *Social & Cultural Geography, 10*(6), 695-711.

Didi-Huberman, G. (2008). *Cuando las imágenes toman posición.* Pensamiento.

Dietrich, D. J. (2013). Saving God: Religion after Idolatry. *The European Legacy.* https://doi.org/10.1080/10848770.2013.814886

Dittmer, J. (2007). Intervention: Religious geopolitics. *Political Geography.* https://doi.org/10.1016/j.polgeo.2007.03.004

Dotov, D., Wit, M. de, & Nie, L. (2012). Understanding affordances: history and contemporary development of Gibson's central concept. In *The Journal of the Philosophical-Interdisciplinary Vanguard.*

Durkheim, E. (1980). *Las reglas del método sociológico.* México: Ediciones Quinto Sol.

Durkheim, E. (2008). *Las formas elementales de la vida religiosa.* Madrid: Alianza editorial.

Durston, A. (1994). Un régimen urbanístico en la América Hispana Colonial: El trazado en damero durante los siglos XVI y XVII. *Historia, 28,* pp. 59-115.

Dussel, E. (1992). *Historia de la Iglesia en América Latina: Medio milenio de coloniaje y liberación (1492-1992).* Madrid: Mundo Negro - Esquela Misional.

Dussel, E. (2000). Europa, modernidad y eurocentrismo. *La colonialidad del saber: Eurocentrismo y Ciencias Sociales. Perspectivas Latinoamericanas.*

Eberhardt, E. (1916). *Historia de Santiago de Chile.* Santiago: Editorial Zig-Zag.

Eliade, M. (1999). *Mito y realidad.* Barcelona: Kairós.

Eliade, M. (2004). Lo sagrado y lo profano. *1957.* https://doi.org/10.1017/CBO9781107415324.004

Elias, Nolbert; Dunning, E. (1992). *Deporte y ocio en el proceso de civilización.* Madrid: Fondo de Cultura Económica.

Enríquez, L. (2012). El Patronato en Chile de Carrera a O'Higgins (1812-1824). *Hispania Sacra.* https://doi.org/10.3989/hs.2008.v60.i122.66

Enríquez, L. (2014). ¿Reserva pontificia o atributo soberano? La concepción del patronato en disputa. Chile y la Santa Sede (1810-1841) I. *Historia Crítica.* https://doi.org/10.7440/histcrit52.2014.02

Espinosa, G. (2015). William J. Seymour and the Origins of Global Pentecostalism: A Biography and Documentary History. Duke University Press.

Espinosa Santander, P. P. (2005). ¿Es Chile un país católico? Polémica en torno a un libro del padre Hurtado. *Teología y Vida, 46*(4), pp. 625-674. https://doi.org/10.4067/S0049-34492005000300008

Fabre, D. (2001). Conversión religiosa e imaginario social: El discurso como elemento de análisis. *Convergencia Revista de Ciencias Sociales, 8*(25), pp. 277-308.

Fernández, F. (2006). Geografía cultural. En *Tratado de Geografía Humana* (pp. 220-254). Barcelona: Anthropos.

Fernández, M. (2016). Cambio histórico, sociedad secular e Iglesia: Interpretaciones del mundo católico ante un contexto de transformación. Chile, 1960-1964. *Teología y Vida*. https://doi.org/10.4067/s0049-34492016000100002

Ferreccio, A. P. (1981). Notas sobre el II Concilio Provincial de LIma (1582-1583) Segunda Parte. *Teología*, 31-40.

Flores, F. (2007). ¿De qué hablamos cuando hablamos de geografía cultural? Un balance historiográfico. *Interpretaciones. Revista de Historiografía Americana*, pp. 4-21.

Foster, H. (1988). *Vision and visuality*. Seattle: Bay Press.

Foucault, M. (1994). El cuerpo utópico. Las heterotopías. *2010*.

Fraga Iribarne, M. (1962). El bien común nacional y supranacional. En *De la Rerum novarum a la Mater et Magistra* (pp. 121-189). Madrid: Centro de Estudios Sociales de la Cruz del Valle de los Caídos.

Franchetti Pardo, V. (1999). *Historia del urbanismo. Del Occidente cristiano al Oriente musulmán (siglos V-XV)*. Barcelona: Ediciones Omega S.A.

García Gutiérrez, J. (1941). *Apuntes para la historia del origen y desenvolvimiento del Regio Patronato indiano*. México: JUS.

Gazmuri, C. (2005). Alberto Edwards y la fronda aristocrática. *Historia*, pp. 61-95.

Gensburger, S. (2008). Lugares materiales, memoria y espacio social. *Anthropos. Huellas Del Conocimiento*.

George, P. (1974). *Compendio de Geografía Urbana*. Barcelona: Ariel.

Gerard, H. (2005). *O cosmos de Humboldt*. Rio de Janeiro: Objetiva.

Gibson, J. (1966). *The Senses Considered as Perceptual systems*. Boston: Houghton-Mifflin.

Gibson, J. (1979). *The Ecological Aproach to Visual Perception*. Boston: Houghton-Mifflin.

Glacken, C. J. (1996). *Huellas en la playa de Rodas* (H. U. de B. Capel, Ed.) (Capel, Hor). Barcelona: Ediciones del Serbal.

Godoy, O. (2002). Creencias y prácticas religiosas en Chile: Un caso de inconsistencia. *Estudios Públicos, Chile*, (85), pp. 41-46.

Goffman, E. (1970). Internados: Ensayos sobre la situación social de los enfermos mentales. *Biblioteca de Sociología*.

Goffman, E. (2001). Sobre las características de las instituciones totales. En *Internados. Ensayos sobre la situación social de los enfermos mentales*.

Goffman, E. (2006). *Estigma: la identidad deteriorada*. Buenos Aires: Amorrortu.

Goh, D. P., & van der Veer, P. (2016). Introduction: The sacred and the urban in Asia. *International Sociology, 31*(4), pp. 367-374. https://doi.org/10.1177/0268580916643088

Gökariksel, B. (2009). Beyond the officially sacred: religion, secularism, and the body in the production of subjectivity. *Social & Cultural Geography*, *10*(6), pp. 657-674. https://doi.org/10.1080/14649360903068993

Goody, J. (1961). Religion and Ritual: The Definitional Problem. *The British Journal of Sociology*. https://doi.org/10.2307/586928

Gooren, H. (2014). The Mormon Quest for Glory: The Religious World of the Latter-day Saints. *Sociology of Religion*. https://doi.org/10.1093/socrel/sru050

Gooren, H. (2013). Comparing Mormon and Adventist Growth Patterns in Latin America: The Chilean Case. *Dialogue: A Journal of Mormon Thought*.

Gooren, Henri. (2015). The Growth and Development of Non-Catholic Churches in Chile. *Review of Religious Research*. https://doi.org/10.1007/s13644-014-0180-3

Gourou, P. (1966). *Asia*. Barcelona: Editorial Labor.

Gross, P. (1991). Santiago de Chile (1925-1990): planificación urbana y modelos políticos. *EURE (Santiago)*, pp. 27-52.

Guarda, G. (2016). *La Edad Media de Chile. Historia de la Iglesia desde la fundación de Santiago a la incorporación de Chiloé 154-1826*. Santiago: Ediciones UC.

Guerra, M. (2011). *Las sectas*. Valencia: EDICEP.

Habermas, J. (1989). Modernidad: Un proyecto incompleto. *El Debate Modernidad Posmodernidad*.

Habermas, J. (2002). El futuro de la naturaleza humana. ¿Hacia una eugenesia liberal? Barcelona: Editorial Paidós.

Habermas, J. (2006). Religion in the public sphere. *European Journal of Philosophy*, (14), pp. 1-25.

Harvey, D. (1990). La experiencia del espacio y el tiempo. En *La condición de la posmodernidad: investigación sobre los orígenes del cambio cultural*.

Hawley, A. H., & Mumford, L. (1961). The City in History: Its Origins, Its Transformations, and Its Prospects. *American Sociological Review*. https://doi.org/10.2307/2090208

Hervieu-Léger, D. (2004). *El peregrino y el convertido. La religión en movimiento*. México: Ediciones del Helénico.

Hervieu-Léger, D. (2005). *La religión, hilo de la memoria*. Barcelona: Herder Editorial.

Hervieu-Léger, D. (2008). Producciones religiosas de la modernidad. En *Modernidad, religión y memoria* (pp. 15-39). Buenos Aires: Ediciones Colihue S.R.L.

Hidalgo Dattwyler, R. (2005). *La vivienda social en Chile y la construcción del espacio urbano en el Santiago del siglo XX*. Santiago: DIBAM.

Hidalgo Dattwyler, R. A., Paulsen Bilbao, A. G., & Santana Rivas, L. D. (2016). El Neoliberalismo subsidiario y la búsqueda de justicia e igualdad en el acceso a la vivienda social: El caso de Santiago De Chile (1970-2015). *Andamios, 13*(32), 57-81. Retrieved from http://www.redalyc.org/articulo.oa?id=62847468004%3E ISSN 1870-0063

Hidalgo, R., Arenas, F., Paulsen, A., Timofeew, T., & Henríquez, P. (2012). Localización de la infraestructura católica, dinámicas socioterritoriales y geografía de las religiones: El caso del Área Metropolitana de Santiago de Chile. *Eure.* https://doi.org/10.4067/S0250-71612012000300003

Hinzpeter, Ximena; Lehmann, C. (1999). Mapa de la religiosidad: ¿Cuán religiosos somos los chilenos? *Puntos de Referencia,* (207), 1-11. Retrieved from https://www.cepchile.cl/cep/site/artic/20160304/asocfile/20160304092652/pder207_lehmann.pdf

Holloway, J., & Valins, O. (2002). Editorial: Placing religion and spirituality in geography. *Social and Cultural Geography.* https://doi.org/10.1080/14649360120114107

Hoover, W. C. (1932). *Historia del avivamiento pentecostal en Chile.* Valparaíso: imprenta Excelsior.

Hurtado, A. (1936). *La crisis sacerdotal en Chile.* Santiago: Ediciones Spledor.

Hurtado, A. (1941). *¿Es Chile un país católico?* Santiago: Ediciones Spledor.

Ibarra, Macarena; Barrientos, M. (2011). La manzana de la Catedral en Santiago de Chile: expansión y contracción urbana, 1874-1913. *Historia,* pp. 91-129.

Ingold, T. (2002). Building, dwelling, living: how animals and people make themselves at home in the world. In *The Perception of the Environment.* https://doi.org/10.1207/S15327884MCA0902

Ingold, T. (2004). Culture on the ground: The world perceived through the feet. *Journal of Material Culture.* https://doi.org/10.1177/1359183504046896

Insunza, C. (2011). La cuestión social y la encíclica *Rerum novarum.* En *Historia de la Iglesia en Chile. Tomo III Los nuevos caminos: la Iglesia y el Estado* (pp. 305-365). Santiago: Editorial Universitaria S.A.

Isaac, E. (1963). Myths, Cults and Livestock Breeding. *Diogenes, 11*(41), pp. 70-93. https://doi.org/10.1177/039219216301104104

Isaac, E. (2004). Ecology and religion in history. *Journal of Historical Geography.* https://doi.org/10.1016/0305-7488(76)90147-x

Ivakhiv, A. (2006). Toward a geography of "Religion": Mapping the distribution of an unstable signifier. *Annals of the Association of American Geographers.* https://doi.org/10.1111/j.1467-8306.2006.00505.x

Janoschka, M. (2002). El nuevo modelo de la ciudad latinoamericana: Fragmentación y privatización. *Eure.*

Jansen, Y. (2011). Postsecularism, piety and fanaticism. *Philosophy & Social Criticism.* https://doi.org/10.1177/0191453711416083

Jindra, I. W. (2011). How religious content matters in conversion narratives to various religious groups. *Sociology of Religion: A Quarterly Review.* https://doi.org/10.1093/socrel/srq089

Johnson, D. P., Christiano, K. J., Swatos, W. H., & Kivisto, P. (2003). Sociology of Religion: Contemporary Developments. *Review of Religious Research.* https://doi.org/10.2307/3512222

Kast, M. (1979). El uso del suelo en las ciudades. *AUCA (Arquitectura/Urbanismo/Construcción/Arte), 37,* pp. 38-39.

Kelley, M. (2006). Why Conservative Churches Are Still Growing. *Journal for the Scientific Study of Religion.* https://doi.org/10.2307/1386160

Kepel, G. (2005). *La revancha de Dios.* Madrid: Alianza editorial.

Knott, K. (2005). The location of religion: a spatial analysis. London: Equinox Pub.

Knott, K. (2009). From locality to location and back again: A spatial journey in the study of religion. *Religion, 39*(2), 154-160. https://doi.org/10.1016/j.religion.2009.01.003

Kong, L. (1990). Geography and religion: Trends and prospects. *Progress in Human Geography.* https://doi.org/10.1177/030913259001400302

Kong, L. (2001a). Mapping 'new' geographies of religion: politics and poetics in modernity. *Progress in Human Geography.* https://doi.org/10.1191/030913201678580485

Kong, L. (2001b). Mapping "new" geographies of religion: Politics and poetics in modernity. *Progress in Human Geography.* https://doi.org/10.1191/030913201678580485

Kong, L. (2012). No place, new places: Death and its rituals in urban Asia. *Urban Studies.* https://doi.org/10.1177/0042098011402231

Krebs, R. (1981). *Catolicismo y laicismo. Las bases doctrinarias del conflicto entre la Iglesia y el Estado en Chile.* Santiago: Ediciones Nueva Universidad.

Krebs, R. (2002). *La Iglesia de América Latina en el siglo XIX.* Santiago: Ediciones Universidad Católica.

Küng, H. (2005). Religion, violence and "holy wars." *International Review of the Red Cross.* https://doi.org/10.1017/S1816383100181329

Lagos, Humberto; Chacón, A. (1987). *Los evangélicos en Chile: una lectura sociológica.* Santiago: Ediciones Literatura Americana Reunida.

Lakoff, G. (2011). *Filosofía de carne y hueso.* Barcelona: Crítica.

Lalive d'Epinay, C. (2009). *El refugio de las masas. Estudio sociológico del protestantismo chileno.* Concepción: CEEP Ediciones.

Lambek, M. (2005). Formations of the Secular: Christianity, Islam, Modernity. *American Anthropologist.* https://doi.org/10.1525/aa.2005.107.2.276

Latinobarómetro, C. (2014). *Las religiones en tiempos del papa Francisco.* Santiago. Retrieved from http://www.latinobarometro.org/latNewsShowMore.jsp?evYEAR=2014&evMONTH=4

Latinobarómetro, C. (2018). *El papa Francisco y la religión en Chile y América Latina*. Santiago. Retrieved from http://www.latinobarometro.org/latNewsShowLatest.jsp

Lefebvre, H. (2016). *La producción del espacio*. Madrid: Capitán Swing.

Lefebvre, H. (2017). *El derecho a la ciudad*. Madrid: Capitán Swing.

Lehmann, C. (2001). Chile: ¿Un país católico? *Puntos de referencia*, (249), pp. 1-4. Retrieved from https://www.cepchile.cl/cep/site/artic/20160304/asocfile/20160304092828/pder249_lehmann.pdf

Levine, G. J. (1986). On the Geography of Religion. *Transactions of the Institute of British Geographers*. https://doi.org/10.2307/621934

Losonczi, P. (2013). The Power of Religion in the Public Sphere. *Political Theology*. https://doi.org/10.1558/poth.v13i6.775

Mann, M. (1991). *Las fuentes del poder social. Volumen I. Una historia del poder desde los comienzos hasta 1760 d.C. 1986*.

Mansilla, M. Á. (2007). El neopentecostalismo chileno. *Revista de Ciencias Sociales*, (18), pp. 87-102.

Marshall, R. (1991). Power in the Name of Jesus. *Review of African Political Economy*, (52).

Martin, D. (1990). *Tongues of Fire*. Oxford: Basil Blackwell.

Martínez, C. (2013). ¿Qué es el neoliberalismo? Un intento de respuesta desde Milton Friedman y la escuela de Chicago. *Revista científica de la Universidad de Mendoza*.

Martínez, R. (2007). *Santiago de Chile los planos de su hhistoria. Siglos XVI a XX. De Aldea a Metrópolis*. Santiago: Centro de Investigaciones Barros Arana.

Massey, D. (1994). *Politics and Space/Time. Space, Place and Gender*. https://doi.org/10.1049/el:19990302

Massey, D. (2003). Spaces of Politics. In *Kulturgeographie. Aktuelle Ansätze und Entwicklungen*.

Massey, D. (2005). For Space. In *For Space*. https://doi.org/10.1016/j.futures.2009.04.019

Massey, D. (2009). Talking of space-time. *Transactions of the Institute of British Geographers*. https://doi.org/10.1111/1475-5661.00019

Mauss, M. (1979). *Sociología y antropología*. Madrid: Tecnos S.A.

May, J., & Thrift, N. (2001). *Timespace: Geographies of Temporality. Critical Geographies*. https://doi.org/10.1017/CBO9781107415324.004

McClelland, J. L., Foucault, M., & Clark, A. (1978). Phenomenology of perception. *Science (New York, N.Y.)*. https://doi.org/10.1126/science.201.4359.899-a

Medina, J. T. (1952). *Historia del Santo Oficio de la Inquisición en Chile*. Santiago: Fondo Bibliográfico José Toribio Medina.

Meentemeyer, V. (1989). Geographical perspectives of space, time, and scale. *Landscape Ecology*. https://doi.org/10.1007/BF00131535

Merino Espiñeira, A. (1962). *Crónica de las relaciones del Estado y la Iglesia de Chile durante la Anarquñia (1823-1830)*. Santiago: Memoria, Facultad de Derecho Pontificia Universidad Católica de Chile.

Merleau-Ponty, M. (1980). The Nature of Perception. *Research in Phenomenology*. https://doi.org/10.1163/156916480X00037

Merleau-Ponty, M., & Landes, D. A. (2013). *Phenomenology of perception. Phenomenology of Perception*. https://doi.org/10.4324/9780203720714

Mills, Kenneth; Grafton, A. (2003). Introduction. In *Conversion: Old Worlds and New* (pp. IX-XVII). New York: University of Rochester Press.

Ministerio del Interior, R. de C. Decreto Ley N°573 (1977). Chile.

Miranda, C. (1997). Expansión urbana intercensal del Gran Santiago 1875-1992. *Estadística y Economía*, (15), pp. 77-104. Retrieved from http://historico.ine.cl/canales/menu/publicaciones/revistas_economicas/15/ceciliamiranda.pdf

Mitchell, C. T., & Martin, W. R. (2006). The Kingdom of the Cults. *Review of Religious Research*. https://doi.org/10.2307/3510044

Mitchell, W. J. T. (2009). *Teoría de la imagen*. Madrid: Akal.

Molina, Irene; Rivera, C. I. R. M. (IRM). (1986). La ciudad de Santiago. En *Geografía de Chile* (pp. 143-216). Santiago: Instituto Geográfico Militar (IGM).

Moulián, T. (1997). *Chile actual. Anatomía de un mito*. Santiago: LOM-ARCIS.

Mumford, L. (1956). The Natural History of Urbanization. *Man's Role in Changing the Face of the Earth Volume I*. https://doi.org/10.1136/pgmj.36.421.662

Mumford, L. (2011). What is a city? *City Reader*.

Munch, E. (2010). Usos y costumbres chilenos: Rasgos antropológicos de nuestra identidad. *El Mercurio*.

Natter, W. (2005). Friedrich Ratzel's Spatial Turn Identities of Disciplinary Space and its Borders Between the Anthropo- and Political Geography of Germany and the United States. In *B/ordering Space*.

Nora, P. (1984). Entre Memoria e Historia: la problemática de los lugares. *Les Lieux de Mémoire. 1: La Republique*.

Nora, P. (2008). Entre memoria e historia: la problemática de los lugares. In *Les Lieux de mémoire*.

Norberg- Schulz, C. (1975). *Existencia, Espacio y Arquitectura. Nuevos caminos de la Arquitectura*. Barcelona: Blume.

Offutt, S., Probasco, L. E., & Vaidyanathan, B. (2016). Religion, Poverty, and Development. *Journal for the Scientific Study of Religion*. https://doi.org/10.1111/jssr.12270

Ojeda Ledesma, L., & Lautaro. (2011). Hologramas de la muerte imprevista : Pregnancia urbana de las animitas en Chile. *Geograficando 2011 7 (7)*. https://doi.org/10.1111/j.1365-2141.2011.08789.x

Ortega, O. (1985). El cité en el origen de la vivienda chilena. *Ciudad y Arquitectura (CA)*, (41), pp. 18-21.

Ortega Varcárcel, J. (2000). *Los horizontes de la geografía. Teoría de la geografía*. Madrid: Editorial Ariel.

Ortiz, Jorge; Escolano, S. (2008). Migraciones intrametropolitanas y sus efectos en la estructuración del espacio sociorresidencial del Gran Santiago. En *Producción inmobiliaria y reestructuración metropolitana en América Latina* (pp. 69-87). Santiago: Instituto de Geografía Pontificia Universidad Católica de Chile. Serie GEOlibros.

Oslender, U. (2010). La búsqueda de un contra-espacio : ¿Hacia territorialidades alternativas o cooptación por el poder dominante ? *Geopolítica(S)*.

Otto, R. (2016). *Lo santo. Lo racional y lo irracional en la idea de Dios*. Madrid: Alianza editorial.

Pace, E. (2007). *Sociology, Religion and Grace. Contemporary Sociology: A Journal of Reviews*. https://doi.org/10.1177/009430610703600624

Paloutzian, R. F., Richardson, J. T., & Rambo, L. R. (1999). Religious conversion and personality change. *Journal of Personality*. https://doi.org/10.1111/1467-6494.00082

Park, C. (1994). *Sacred Worlds. An Introduction to Geography and Religions*. London: Routledge.

Parker, C. (1993). *Otra lógica en América Latina. Religión popular y modernización capitalista*. México: Fondo de Cultura Económica.

Paulo Cesar Xavier Pereira; Rodrigo Hidalgo (Eds). (2008). Producción inmobiliaria y reestructuración metropolitana en América Latina. En *Producción inmobiliaria y reestructuración metropolitana en América Latina* (pp. 7-20). Santiago: Instituto de Geografía Pontificia Universidad Católica de Chile Serie GEOlibros.

Paulo VI (2014). *Evangelii Nuntiandi*: Carta Magna de la evangelización. Papa Pablo VI. *Chile Misionero: Revista de las obras misionales pontificias*, 40(278), p. 17.

Paulsen, A. (2005a). Los espacios de redención en las ciudades contemporáneas. Geografía del avivamiento pentecostal de 1909 en Valparaíso, Chile. *Scripta Nova. Revista Electrónica de Geografía y Ciencias Sociales*, IX(194). https://doi.org/http://dx.doi.org/10.1344/sn2005.9.1014

Paulsen, A. (2005b). Propuesta de análisis del fenómeno religioso desde una perspectiva espacio - temporal. *Revista de Historia y Geografía*, 233-249.

Paulsen, A. (2009). Geografía del cielo. Hacia una espacialidad de los mundos contenidos en nuestros mundos. Conductas territoriales asociadas al desarrollo de un tipo de religiosidad mística en Valparaíso, Chile (1902-1909). *XII Encuentro de Geógrafos de*

América Latina (Egal). Retrieved from http://observatoriogeograficoamericalatina.org.mx/egal12/Geografiasocioeconomica/Geografiacultural/65.pdf

Paulsen, A. (2014). *Las iglesias y la configuración del espacio social en Santiago de Chile (1541-2012)*. Universidad Autónoma de Madrid.

Paulsen, A. (2017). Espíritu y Piedra: Las intersecciones entre religión y paisaje urbano en Santiago de Chile. *Revista Planeo*, (N° 34 Territorios Religiosos). Retrieved from http://revistaplaneo.cl/2017/12/04/espiritu-y-piedra-las-intersecciones-entre-religion-y-paisaje-urbano-en-santiago-de-chile/

Paulsen Bilbao, A. (2015). Discursos e imaginarios de cielo de líderes evangélicos de Santiago de Chile (2012-2014): ¿Concepciones teocéntricas o antropocéntricas? *Revista de Geografía Norte Grande, 61*, pp. 65-89. https://doi.org/http://dx.doi.org/10.4067/S0718-34022015000200005

Pérez Riobello, A. (2004). Merleau-Ponty: percepción, corporalidad y mundo. *Eikasia. Revista de Filosofía.*

Plath, O. (1995). *L'animita: hagiografía folklórica*. Santiago: P&P Editorial.

Pontificia Universidad Católica; ADIMARK Investigaciones de Mercado, O. P. (Chile). (2010). *Encuesta nacional bicentenario UC - Adimark 2006-2010: Los chilenos del bicentenario*. Santiago: Ediciones Universidad Católica de Chile.

Pontificia Universidad Católica; ADIMARK Investigaciones de Mercado, O. P. (Chile). (2017). *Encuesta nacional bicentenario UC - Adimark 2017*. Santiago: Ediciones Universidad Católica.

Prado, J. G. (2007). *La estampida de los fieles*. Santiago: Editorial Alba.

Pratt, K. (2012). Rethinking community: Conservation, practice, and emotion. *Emotion, Space and Society*. https://doi.org/10.1016/j.emospa.2011.08.003

Proctor, J. (2006). Introduction: Theorizing and studying religion. *Annals of the Association of American Geographers*. https://doi.org/10.1111/j.1467-8306.2006.00504.x

Ra'ad, B. L. (2005). Sacred geographical constructions on palestine. *Arab World Geographer*.

Racine, Jean - Bernard; Walther, O. (2006). Geografía de las Religiones. En *Tratado de Geografía Humana* (pp. 481-506). Barcelona: Anthropos.

Raposo, G. (2013). La memoria emplazada : proceso de memorialización y lugaridad en post-dictadura. *Revista de Geografía Espacios*.

Raposo Quintana, G. (2012). Territorios de la memoria: La retórica de la calle en Villa Francia. *Polis (Santiago)*. https://doi.org/10.4067/s0718-65682012000100012

Rodriguez García, J. A. (2003). *Urbanismo y confesiones religiosas*. Madrid: Editorial Montecorvo S.A.

Romero, A. (2001). Origen y desarrollo de la geografía cultural. En *Espacio Geográfico* (pp. 7-39). México: Universidad Autónoma del Estado de México.

Romero, J. L. (2004). *Latinoamérica. Las ciudades y las ideas*. Buenos Aires: SIGLO XXI.

Rosas Vera, J., & Pérez Villalón, E. (2013). De la ciudad cerrada de los conventos a la ciudad abierta de los espacios públicos: Santiago 1710-1910. *Revista de Geografía Norte Grande*, (56), 97-119. https://doi.org/10.4067/S0718-34022013000300006

Rosendahl, Z. (2009). Espaço simbolismo e religiao: resenha do simpósio temático. *Revista Brasileira de História Das Religiões - ANPUH*.

Sabatini, F. (2000). Reforma de los mercados de suelo en Santiago, Chile: efectos sobre los precios de la tierra y la segregación residencial. *EURE (Santiago)*, 26(77), pp. 43-80. https://doi.org/10.4067/S0250-71612000007700003

Sabatini, F., & Brain, I. (2016). La segregación, los guetos y la integración social. *Eure*. https://doi.org/10.4067/S0250-71612008000300001

Sahgal, N., & Bell, J. (2014). Religión en América Latina: Cambio generalizado en una región históricamente católica. *Pew Research Center*.

Salinas, René; Valenzuela, J. (2002). Las liturgias del poder. Celebraciones públicas y estrategias persuasivas en Chile colonial (1609-1709). *Historia*, pp. 514-517.

Santos, M. (2000). La Naturaleza del Espacio. Técnica y tiempo. Razón y emoción. *Ariel S.A.* https://doi.org/B. 7.500-2000

Sapkota, K. (2017). Humanistic Geography: How it blends with human geography through methodology. *Geographical Journal of Nepal*. https://doi.org/10.3126/gjn.v10i0.17394

Sauer, C. (1975). *Man in Nature: America Before the Days of the White Man*. Berkeley: Turtle Island Press.

Seibert, S. E., Kraimer, M. L., & Liden, R. C. (2001). A social capital theory of career success. *Academy of Management Journal*. https://doi.org/10.2307/3069452

Sepúlveda, J. (1987). El nacimiento y desarrollo de las iglesias evangélicas. In *Historia del Pueblo de Dios en Chile* (pp. 247-291). Santiago: Ediciones Rehue.

Shaikh, A. (1999). Explaining the Global Economic Crisis. *Historical Materialism*. https://doi.org/10.1163/156920699100414481

Simpson, P. (2013). The Memory of Place: A Phenomenology of the Uncanny. *Emotion, Space and Society*. https://doi.org/10.1016/j.emospa.2012.08.002

Sjoberg, G. (1988). Origen y evolución de las ciudades. En *Antología de Sociología Urbana* (pp. 9-25). México: UNAM.

Skewes, J. C. (2014). Poblaciones agredidas, disputas urbanas y escenarios posibles: La producción de la ciudad desde las periferias. *Revista INVI*. https://doi.org/10.4067/s0718-83582014000200001

Sommer, R. (1974). *Espacio y comportamiento individual*. Madrid: Instituto de Estudios de Administración Local.

Sopher, D. E., & Gay, J. D. (2006). The Geography of Religion in England. *Geographical Review*. https://doi.org/10.2307/213274

Stepan, A. (2012). Religion, Democracy, and the "Twin Tolerations." In *Rethinking Religion and World Affairs*. https://doi.org/10.1093/acprof:oso/9780199827978.003.0005

Studstill, R. (2000). Eliade, phenomenology, and the sacred. *Religious Studies*. https://doi.org/10.1017/S0034412500005175

Stump, R. W. (2008). *The geography of religión: faith, place and space*. Lanthan: Rowman & Littefield Publishers.

Sudjic, D. (2017). *El lenguaje de las ciudades*. Barcelona: Editorial Ariel.

Synam, V. (1997). *The Holiness-Pentecostal Tradition: Charismatic Movements in the Twentieth Century*. Grand Rapids, Michigan: William B. Eerdmans Publishing Company.

Synan, V. (2004). The Pentecostal Movement in North America and Beyond. *Journal of Beliefs & Values*, 25(2), pp. 153-165. https://doi.org/10.1080/1361767042000251573

Taylor, C. (2007). *Varieties of Religion Today*. American Catholic Philosophical Quarterly. https://doi.org/10.5840/acpq200781157

Thomas, S. (1997). *Sacred Worlds: An Introduction to geography and religion*. Political Geography. https://doi.org/10.1016/S0962-6298(97)86331-7

Thrift, N. (2003). Space: the fundamental stuff of geography. *Space: The Fundamental Stuff of Human Geography*. https://doi.org/10.4135/9781446261965

Trivelli, P. (1981). Reflexiones en torno a la política nacional de desarrollo urbano. *Revista Latinoamericana de Estudios Urbano Regionales (EURE)*, pp. 43-64.

Tse, J. K. H. (2014). Grounded theologies: "Religion" and the "secular" in human geography. *Progress in Human Geography*. https://doi.org/10.1177/0309132512475105

Tuan, Y.-F. (1968). *The hidrological cycle and the wisdhom of God: theme in geoteleology*. Toronto: University of Toronto, Departament of Geography.

Tuan, Y.-F. (2001). *Space and place. The perspective of experience*. Minneapolis: University of MInessota Press.

Tuan, Y.-F. (2007). *Topofilia*. Santa Cruz de Tenerife: Editorial Melusina S.L.

Tuan, Y.-F. (2009). *Religion. From Place to Placeness*. Chicago: The Center of American Places at Columbia College Chicago.

Turner, B. S. (2006). *Religion. Theory, Culture & Society*. https://doi.org/10.1177/0263276406062530

Udías, A., Madariaga, R., Buforn, E., Muñoz, D., & Ros, M. (2012). The large Chilean historical earthquakes of 1647, 1657, 1730 and 1751 from contemporary documents. *Bulletin of the Seismological Society of America*. https://doi.org/10.1785/0120110289

Uhde, B. (2014). ¿Dios ha muerto? La frase nietzscheana sobre la " muerte de Dios " y la vitalidad de los monoteísmos en la Modernidad. *ARETË Revista de Filosofía*.

Unwin, T. (1995). *El lugar de la geografía*. Madrid: Cátedra.

Valdés Valdés, I. (1917). *La transformación de Santiago*. Santiago: Sociedad Imprenta Litografía Barcelona.

Valdivieso, R. V. (1899). *Obras científicas i literarias de Rafael Valentín Valdivieso (1899-1904)*. Santiago: Imprenta San Buenaventura.

Valenzuela, Eduardo; Bargsted, Matías; Somma, N. (2013). *¿En qué creen los chilenos? Naturaleza y alcance del cambio religioso en Chile*. Santiago: Centro de Políticas Públicas UC. Retrieved from https://politicaspublicas.uc.cl/wp-content/uploads/2015/02/serie-n59-en-que-creen-los-chilenos-naturaleza-y-alcance-del-cambio-religioso-en-chile.pdf

Verter, B. (2003). Spiritual Capital: Theorizing Religion with Bourdieu against Bourdieu. *Sociological Theory*. https://doi.org/10.1111/1467-9558.00182

Vicuña Mackenna, B. (1869). *Historia crítico - social de la ciudad de Santiago desde su fundación hsata nuestros días (1541-1868)*. Valparaíso: Imprenta de El Mercurio de Recadero S. Tornero.

Vidal, R. (2012). *Entender el templo pentecostal. Elementos, fundamentos, significados*. Concepción: CEEP Ediciones.

Vincent, Jeanne - Françoise; Dory, Daniel; Verdier, R. (1995). *La construction religieuse du territoire*. Paris: Éditions L'Harmattan.

Vries, H. de. (2008). *Religion: beyond a concept. The future of the religious past*. https://doi.org/10.1177/0008429812460353c

Wacquant, L. (2007). *Los condenados de la ciudad. Gueto, periferias y Estado*. Buenos Aires: SIGLO XXI.

Wagner, P. (2002). Cultura y geografía: un ensayo reflexivo. *Boletín de la Asociación de Geógrafos Españoles*.

Warf, B., & Winsberg, M. (2010). Geographies of megachurches in the United States. *Journal of Cultural Geography*. https://doi.org/10.1080/08873631003593216

Webb, M. S., Joseph, W. B., Schimmel, K., & Moberg, C. (2006). Church Marketing: Strategies for Retaining and Attracting Members. *Journal of Professional Services Marketing*. https://doi.org/10.1300/j090v17n02_01

Weber, M. (2001). *Ensayos sobre sociología de la religión*. Madrid: Taurus.

Weulersse, J. (1931). *Noirs et Blancs. À travers l'Afrique nouvelle, de Dakar au Cap*. Paris: Armand Collins.

Weulersse, J. (1940). *Le pays des Alaouites*. Paris: Arrault & cie maîtres imprimieurs.

Wilford, J. (2010). Sacred archipelagos: Geographies of secularization. *Progress in Human Geography*. https://doi.org/10.1177/0309132509348558

Wilson, B. R. (2015). Millennialism. In *International Encyclopedia of the Social & Behavioral Sciences: Second Edition*. https://doi.org/10.1016/B978-0-08-097086-8.84018-0

Withers, C. W. J. (2006). History and philosophy of geography 2003-2004: Geography's modern histories? - International dimensions, national stories, personal accounts. *Progress in Human Geography*. https://doi.org/10.1191/0309132506ph592pr

Woodhead, L. (2011). Five concepts of religion. *International Review of Sociology*. https://doi.org/10.1080/03906701.2011.544192

Woods, O. (2012). The geographies of religious conversion. *Progress in Human Geography*. https://doi.org/10.1177/0309132511427951

Wulf, A. (2017). *La invención de la naturaleza. El nuevo mundo de Alexander von Humboldt*. Santiago: Taurus.

ÍNDICE DE TABLAS Y FIGURAS